面向 21 世纪创新型电子商务专业系列

电商运营与管理

主　编　钟肖英　陈　潇

副主编　郭美文　周持苣　张　莹　郭兴成　佘碧蓉　田入文

中国水利水电出版社
www.waterpub.com.cn
·北京·

内容提要

本书系统、全面地介绍了淘宝店铺货源选择、开店、装修、推广、客户关系管理等的基本方法与技巧,注重基本知识、基本技能的阐述与训练,帮助读者提高网店运营能力以及掌握网店运营技巧。

本书共 8 章,主要介绍了电子商务概述、网上开店准备、网店规划与货源选择、商品发布与店铺管理、网店的设计与装修、网店推广和营销、网店物流与客户关系管理及网店运营数据分析等内容。

本书具有可操作性强的特点,既可作为电子商务专业以及经济管理类专业的核心教材,也可供广大网店运营、文案策划、新媒体运营等岗位的企业工作人员和网店创业人员参考,还可供想学习电商运营基本知识的人员使用。

图书在版编目(CIP)数据

电商运营与管理 / 钟肖英,陈潇主编. -- 北京:
中国水利水电出版社, 2024.9. --(面向21世纪创新型
电子商务专业系列). -- ISBN 978-7-5226-2700-7

Ⅰ. F713.365.1
中国国家版本馆CIP数据核字第2024SE4814号

策划编辑:陈红华　责任编辑:张玉玲　加工编辑:刘瑜　封面设计:苏敏

书　名	面向 21 世纪创新型电子商务专业系列 电商运营与管理 DIANSHANG YUNYING YU GUANLI
作　者	主　编　钟肖英　陈潇 副主编　郭美文　周持莅　张　莹　郭兴成　余碧蓉　田入文
出版发行	中国水利水电出版社 (北京市海淀区玉渊潭南路 1 号 D 座　100038) 网址:www.waterpub.com.cn E-mail: mchannel@263.net(答疑) 　　　　sales@mwr.gov.cn 电话:(010) 68545888(营销中心)、82562819(组稿)
经　售	北京科水图书销售有限公司 电话:(010) 68545874、63202643 全国各地新华书店和相关出版物销售网点
排　版	北京万水电子信息有限公司
印　刷	三河市德贤弘印务有限公司
规　格	184mm×260mm　16 开本　15.75 印张　393 千字
版　次	2024 年 9 月第 1 版　2024 年 9 月第 1 次印刷
印　数	0001—2000 册
定　价	49.00 元

凡购买我社图书,如有缺页、倒页、脱页的,本社营销中心负责调换

版权所有·侵权必究

前 言

随着网络技术的发展，电商运营的理论与实践也发生了较大变化，尤其是淘宝平台的实践操作有了很大的变化。为了满足电商行业工作人员、网店创业人员及高等院校学生学习需要，结合紧跟学科发展，适应行业发展与教学需要，我们编写了《电商运营与管理》一书。本书系统、全面地介绍了淘宝店铺货源选择、开店、装修、推广、客户关系管理等的基本方法与技巧，注重基本知识、基本技能的阐述与训练，帮助读者提高网店运营的能力以及掌握网店运营技巧。

本书共 8 章，由广州南方学院钟肖英教授和陈潇副教授担任主编，负责拟纲、修改和总纂；由广州新华学院郭美文教授、广东南华工商职业学院周持莅老师、广东财贸职业学院张莹老师、广州城市理工学院郭兴成副教授、广东南华工商职业学院佘碧蓉副教授、广州南方学院田入文老师任副主编。具体分工如下：钟肖英编写第 1 章，陈潇编写第 2 章，田入文编写第 3 章，张莹编写第 4 章，佘碧蓉编写第 5 章，郭兴成编写第 6 章，郭美文编写第 7 章，周持莅编写第 8 章。除此之外，还有广州南方学院的李达浩老师、吴倩如老师、邹蕙冰同学参与了本书的编写和勘误。

为充实教材内容，本书借鉴了国内外专家学者的理论、方法、学术观点和研究成果等，在此表示诚挚的谢意。

本书的出版得到了中国水利水电出版社的大力支持，在此表示感谢。同时，还要感谢在撰写本书过程中给予我们帮助的人员。

本书在编写过程中，力求做到理论联系实际，反映我国电子商务运营实践的最新进展，但鉴于编者水平所限，难免存在疏漏和不妥之处，敬请同行和广大读者予以指正。

编 者
2024 年 4 月

目 录

前言

第1章 电子商务概述……………………1
1.1 电子商务的基本概念和特点…………2
1.1.1 电子商务的基本概念…………2
1.1.2 电子商务的特点……………2
1.2 电子商务的产生和发展………………3
1.2.1 电子商务的发展阶段…………3
1.2.2 我国电子商务的发展情况……3
1.3 电子商务的分类………………………4
1.3.1 按照商业活动的运作方式分类……4
1.3.2 按照开展电子交易的范围分类……4
1.3.3 按照交易对象分类……………4
1.4 电子商务的功能及对经济生活的影响…5
1.4.1 电子商务的功能………………5
1.4.2 电子商务对经济生活的影响……6
本章小结…………………………………7
课后习题…………………………………7

第2章 网上开店准备………………………9
2.1 网店基础知识…………………………10
2.1.1 了解网上开店…………………10
2.1.2 网上开店前景…………………10
2.1.3 常见的网店平台………………10
2.1.4 淘宝平台简介…………………11
2.2 淘宝网店注册…………………………11
2.2.1 淘宝网开店条件………………11
2.2.2 注册淘宝账户…………………12
2.2.3 支付宝实名认证………………14
2.2.4 淘宝开店认证…………………16
本章小结…………………………………19
课后习题…………………………………19

第3章 网店规划与货源选择………………21
3.1 网店规划………………………………22
3.1.1 行业分析与市场分析…………22
3.1.2 竞争分析………………………30
3.1.3 店铺定位………………………35
3.2 货源选择………………………………38
3.2.1 常见的货源渠道………………39
3.2.2 选择货源的一般注意事项……49
本章小结…………………………………50
课后习题…………………………………50

第4章 商品发布与店铺管理………………52
4.1 商品发布………………………………53
4.1.1 商品发布流程…………………53
4.1.2 商品标题的设置………………57
4.1.3 选好商品主图…………………60
4.1.4 商品描述的撰写………………62
4.1.5 商品的上架、下架……………66
4.2 店铺管理………………………………67
4.2.1 店铺基本设置…………………68
4.2.2 千牛工作台的安装与使用……69
本章小结…………………………………70
课后习题…………………………………70

第5章 网店的设计与装修…………………72
5.1 网店装修基础…………………………73
5.1.1 网店装修的目标………………73
5.1.2 网店装修的内容………………73
5.1.3 网店的风格和色彩定位………74
5.1.4 网店的布局排版………………76
5.2 使用和设置图片空间…………………78

5.2.1 使用图片空间 …………………… 78
5.2.2 管理图片空间 …………………… 86
5.3 电脑端首页装修 ……………………………… 91
5.3.1 首页的风格和布局设计 ………… 91
5.3.2 主要模块区域设计及装修 ……… 92
5.4 商品详情页装修 ……………………………… 118
5.4.1 商品详情页布局与设计技巧 …… 118
5.4.2 商品详情页装修 ……………… 122
5.4.3 详情页装修方法 ……………… 128
5.5 手机端页面装修 ……………………………… 131
5.5.1 手机端首页风格 ……………… 131
5.5.2 手机端页面布局 ……………… 135
5.5.3 手机端页面设计 ……………… 137
5.5.4 手机端页面主要模块设计 …… 138
5.5.5 手机端店铺装修 ……………… 140
本章小结 …………………………………… 152
课后习题 …………………………………… 153

第6章 网店推广和营销 ………………………… 155
6.1 店内推广 …………………………………… 156
6.1.1 店内活动及营销工具 ………… 156
6.1.2 各种营销工具的应用 ………… 158
6.2 网店搜索引擎优化 ………………………… 164
6.2.1 影响商品排名的因素 ………… 164
6.3 站内推广 …………………………………… 171
6.3.1 直通车 ………………………… 171
6.3.2 钻石展位 ……………………… 172
6.3.3 淘宝客 ………………………… 174
6.3.4 参与淘宝活动 ………………… 175
6.4 站外推广 …………………………………… 177
6.4.1 在淘宝论坛中宣传店铺 ……… 177
6.4.2 微博推广 ……………………… 178
6.4.3 微信推广 ……………………… 179
6.4.4 电子邮件推广 ………………… 181
6.4.5 直播推广 ……………………… 182
本章小结 …………………………………… 185
课后习题 …………………………………… 185

第7章 网店物流与客户关系管理 ……………… 187
7.1 网店物流 …………………………………… 188
7.1.1 企业自营物流模式 …………… 188
7.1.2 第三方物流模式 ……………… 189
7.1.3 物流一体化 …………………… 190
7.1.4 物流联盟模式 ………………… 191
7.2 快递公司的选择 …………………………… 191
7.2.1 快递公司的分类 ……………… 191
7.2.2 常见的网店物流快递公司 …… 192
7.2.3 运费模板与运单模板的设置 … 195
7.2.4 发货和退货管理 ……………… 199
7.3 网店客服 …………………………………… 205
7.3.1 成就高质量客服的方法与技巧 … 205
7.3.2 售前客服 ……………………… 206
7.3.3 售后客服 ……………………… 208
7.4 客户关系管理 ……………………………… 210
7.4.1 淘宝评价体系介绍 …………… 210
7.4.2 客户管理工具 ………………… 212
本章小结 …………………………………… 213
课后习题 …………………………………… 214

第8章 网店运营数据分析 ……………………… 215
8.1 网店运营数据分析的意义 ………………… 216
8.1.1 市场分析和店铺定位的
      数据依据 ……………………… 216
8.1.2 店铺基础优化的依据 ………… 217
8.1.3 店铺运营策略的制定 ………… 218
8.2 网店主要数据 ……………………………… 218
8.2.1 网店流量类数据 ……………… 218
8.2.2 同行竞争相关数据 …………… 220
8.2.3 网店交易类数据 ……………… 221
8.3 客服数据 …………………………………… 223
8.3.1 主要客服数据指标的基本概念 … 223
8.3.2 客服相关指标数据管理的
      重要性 ………………………… 225
8.3.3 客服数据的提升方法 ………… 227
8.4 店铺动态评分数据 ………………………… 228

8.4.1 店铺动态评分 …………………228
　　8.4.2 店铺动态评分的重要性 …………230
　　8.4.3 店铺动态评分优化方法 …………231
8.5 转化漏斗模型原理及优化方法 ………232
　　8.5.1 转化漏斗模型原理 ………………232
　　8.5.2 漏斗转化模型优化方法 …………232
8.6 常用的网店数据分析工具 ……………233
　　8.6.1 官方工具生意参谋 ………………233
　　8.6.2 非官方数据分析工具 ……………239
本章小结 ……………………………………239
课后习题 ……………………………………240
实训任务 ……………………………………240
参考文献 …………………………………241

第1章　电子商务概述

学习目标

本章主要介绍不同国家、组织、企业和专业学者对电子商务的定义，电子商务的特点，不同标准下的分类方式及电子商务的功能和对生活的影响。

知识框架

电子商务概述
- 电子商务的基本概念和特点
- 电子商务的产生和发展
- 电子商务的分类
- 电子商务的功能及对经济生活的影响

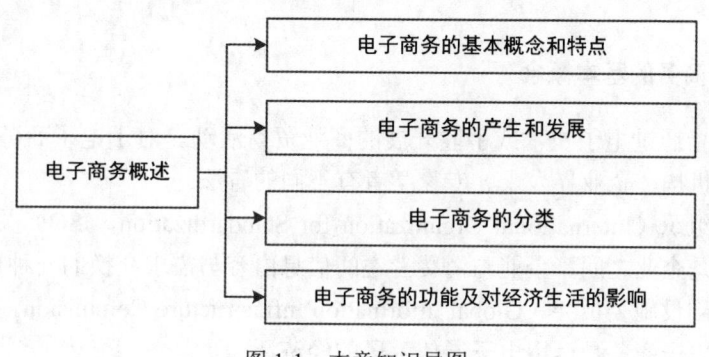

图1-1　本章知识导图

案例导入

三农人"触网"发展，农村电商"白水苹果"实践案例

陕西省渭南市白水县是我国优质的苹果产地，该地生产的苹果肉美色艳、酸甜适中、香脆可口，受到广大人民群众的喜爱，因此白水县素有"中国苹果之乡"美誉。为促进乡村振兴，助推县域经济社会发展，白水县坚持党建领航，引导新农人、网络达人、企业（协会）等聚焦白水苹果，以直播人才培训为抓手，走进白水苹果原产地实地拍摄短视频预热引流，通过"直播+助农"活动形式，形成了"产业上网、土货直销、农旅融合"的农业新业态，蹚出了农产品上网、上行、进城新路子，构建了直播电商助力乡村振兴的发展新格局。白水县突出做好了赋"魂"行动，缓解了农产品"买难卖难"问题，打通了农产品上行渠道，打开了农产品进城销路。着力打造县域特优农产品，讲好白水苹果背后的乡土故事，唤起消费者浓浓的乡愁与乡情。一是录制视频唤醒乡愁。精选白水果业中心、秋林芳果、新农田等单位及本地苹果企业代表，深入挖掘其背后的乡土故事和文化历史渊源，策划制作"白水苹果"微记录宣传视频，全网累计播放超600余万。二是产地代言助销售。邀请网红达人走进

白水苹果农产品产地直播推介多场次,以"线上直播+线下助销"等形式,打造具有特色的消费品牌。2023 年 12 月由白水县农业农村局指导的"游仓颉故里,品白水苹果"助农直播活动,特邀抖音达人走进白水苹果展销中心,与旭峥果蔬、新农田、美农优选等企业联合,销售农特产 50 余万元。白水县之所以能够激发新农业的"生命力",关键是在县域经济社会的发展中,党委、政府始终定位于"为人民服务",始终以"务农"为初心。在遵循市场规律的前提下,以深耕人才培育为手段,引导三农人"触网"发展,助力农业产业转型升级,这是农村电商发展的方向,也将开启由人民群众当主播的白水苹果直播画卷。

(案例来源:陕西果业公众号。)

1.1 电子商务的基本概念和特点

通过借助互联网,企业不仅能以低廉的成本快速发布大量信息,并且可以集中精力完善企业管理,提升产品质量和服务水平。电子商务技术将成为企业在新时代市场竞争中脱颖而出的有效工具。

1.1.1 电子商务的基本概念

电子商务泛指通过电子技术或手段开展的商业贸易活动。对于电子商务这个概念的具体定义,不同政府机构、企业界人士、专家学者有不同的看法。

国际标准化组织(International Organization for Standardization,ISO)关于电子商务的定义是:电子商务是企业之间、企业与消费者之间信息内容与需求交换的一种通用术语。

全球信息基础设施委员会(Global Information Infrastructure Commision,GIIC)关于电子商务的定义是:电子商务是运用电子通信手段的经济活动。

惠普公司(HP)对电子商务的定义:电子商务是通过电子化手段来完成商业贸易活动的一种方式,电子商务使我们能够以电子交易为手段完成物品和服务等价值的交换,是商家和客户之间连接的纽带。

美国学者瑞维·卡拉克塔(Ravi Kalakota)和安德鲁·B·惠斯顿(Andrew B Whinston)在《电子商务的前沿》一书中提出:"广义地讲,电子商务是一种现代商业方法。这种方法通过提高产品和服务质量、提高服务传递速度,满足政府组织、厂商和消费者的降低成本需求。这一概念也用于通过计算机网络寻找信息以支持决策。一般来说,今天的电子商务通过计算机网络将买方和卖方的信息、产品和服务联系起来,而未来的电子商务则通过构成信息高速公路的无数计算机网络中的一条线将买方和卖方联系起来。"

西安交通大学李琪教授则认为,电子商务是指在技术、经济高度发达的现代社会里,掌握信息技术和商务规则的人,系统化运用电子工具,高效率、低成本地从事以商品交换为中心的各种活动的总称。

虽然这些定义不尽相同,但大都强调了电子工具(信息技术)在商务活动中的重要性。

1.1.2 电子商务的特点

电子商务与传统的商务活动方式相比,具有以下特点。

（1）数字化。在电子商务中，商品有关的图片和音频、订单交易的内容、交易资金的结算等均以数字化的形式存在。

（2）便捷化。相比于传统的商务活动，电子商务大大简化了中间流通环节，缩小了时空的差距，使交易双方能够便捷地交流，提高了交易效率。

（3）虚拟化。在电子商务活动中，交易双方无需当面进行磋商、签订合同，整个交易活动均可通过电子商务平台来完成。

（4）透明化。买卖双方的交易信息均可通过电子商务平台进行查询，防止信息篡改，还可以对订单的状态进行跟踪。

1.2 电子商务的产生和发展

1.2.1 电子商务的发展阶段

电子商务主要是基于电子信息技术发展起来的，因此电子信息技术的发展和变革均会对电子商务活动产生深远影响。

（1）基于电子数据交换技术的电子商务阶段。电子数据交换（Electronic Data Interchange，EDI）是指企业间的业务文档以标准化的电子格式来完成通信，它取代了采购单或发票之类的纸质文档。电子数据交换通过自动执行业务文档相关事务，不仅为企业节省了大量成本，还降低了由于人工处理所导致的错误，大大提升了工作效率。20 世纪 80 年代，美国推出了第一套全国性的 EDI 标准，随后不久国际标准化组织也制定了 EDI 国际标准（ISO 9735）。随着 EDI 标准的不断推广和实施，越来越多的企业使用电子数据交换技术开展各自的商务贸易活动。但这阶段的电子商务活动主要局限于企业与企业之间所构造的封闭系统，普通消费者还无法参与进来。

（2）基于互联网的电子商务阶段。互联网起源于 1969 年美国的阿帕网（ARPANET）。到了 20 世纪 80 年代末，Tim Berners-Lee 创建了万维网，使得位于不同计算机上的文件可以公开访问，因此他也被公认为"互联网之父"。随后不久，雅虎、亚马逊、谷歌等一大批互联网公司纷纷成立，互联网进入发展快车道。其中亚马逊的创始人 Jeff Bezos 在 1999 年更是成为了美国《时代》周刊年度风云人物，被誉为"电子商务之父"。基于互联网技术，世界各地的消费者可以很方便地通过电子商务网站购买其所需的商品，这极大地推动了电子商务的发展。根据 eMarketer 的统计和预测，2025 年全球电子商务销售额将会达到 7 万亿美元。

1.2.2 我国电子商务的发展情况

（1）早期萌芽阶段。1987 年，钱天白教授发出了我国第一封电子邮件，由此揭开了中国人使用互联网的序幕。1997 年，中国化工网正式上线，成为我国第一家垂直 B2B 电子商务网站。1998 年，由焦点科技运营的中国制造网也开始上线。1999 年，阿里巴巴、携程网、易趣网、8848、当当网等一大批民营电子商务企业在先后创立。因此，1999 年也被称为"中国电子商务元年"。

（2）快速成长阶段。2003 年，马云提出"让天下没有难做的生意"，并开发了"淘宝线上交易平台。同年 12 月，慧聪网在香港上市，并成为国内首家上市的 B2B 电子商务企业。2004 年，京东也开始涉足电子商务行业。为进一步鼓励和支持我国电子商务行业的发展，我国政府部门先后出台了《国务院办公厅关于加快电子商务发展的若干意见》(国办发〔2005〕2 号)《电子商务发展"十一五"规划》等一些政策文件。到了 2013 年，我国网购用户规模已达到了 3.02 亿人，全年网络零售交易额达到了 1.85 万亿元，我国开始成为世界最大的网络零售市场。

（3）规范与创新阶段。我国电子商务在快速的发展过程中，也产生了"网购假货""大数据杀熟""刷好评、删差评""个人信息泄露"等诸多问题。为进一步规范我国电子商务市场的发展，2018 年中国政府部门推出了《中华人民共和国电子商务法》，标志着我国电子商务发展进入了有法可依的新阶段。近年来，随着直播技术的不断成熟，直播电商逐渐火热起来，"直播带货"成为新名词，涌现出一大批直播电商网红。

1.3 电子商务的分类

按照不同的标准，电子商务可划分为不同的类型。

1.3.1 按照商业活动的运作方式分类

按照商业活动的运作方式分类，电子商务可分为完全电子商务和非完全电子商务。

（1）完全电子商务是指信息流、资金链、商流和物流等全流程均通过电子商务的手段完成的交易。如电子书、在线教育等无形的商品和服务等。

（2）非完全电子商务是指不完全依靠电子商务实现的交易。需要通过传统的物流渠道完成交货，如纸质书籍等有形产品的电子商务。

1.3.2 按照开展电子交易的范围分类

按照开展电子交易的范围分类，电子商务可分为本地电子商务、远程国内电子商务和全球电子商务。

（1）本地电子商务是指在本地区开展的电子商务，交易双方都在本地区之内。

（2）远程国内电子商务是指在本国范围内进行的网上电子交易活动。其交易的地域范围较大，对软硬件的技术要求较高，要求在全国范围内实现商业电子化、自动化，实现金融电子化。

（3）全球电子商务也叫跨境电子商务，是指在全世界范围内进行的电子商务活动。涉及海关、国际物流、国际支付、税收及保险等系统，业务内容繁杂，对运营能力要求较高。

1.3.3 按照交易对象分类

按照交易对象分类，电子商务主要分为以下四类。

（1）企业与企业间的电子商务。企业与企业间的电子商务（Business to Business，B2B），即进行电子商务交易的供需双方都是企业，企业使用 Internet 技术或商务网络平台，完成商务交易的过程。B2B 是企业与企业之间通过互联网进行产品、服务及信息的交换，是目前应用最广泛的一种电子商务类型。

B2B 的企业价值链长，小客户付费意愿低，大中客户需求千差万别，单靠产品客户并不买账，还需要销售、服务、客户成功等协同配合，需要复杂的内部协作才能解决客户问题。

（2）企业与消费者间的电子商务。企业与消费者间的电子商务（Business to Consumer，B2C），即企业与个人消费者之间进行商品或服务交易的电子商务模式。按照营运的 B2C 网站，可以对该模式按存在形态做简单分类：

综合商城：其买方和卖方呈现一种多对多的关系，典型代表有淘宝商城。

百货商店：其卖方与买方呈现一种一对多的关系，典型代表有当当网等。

垂直商店：服务于某些特定的人群或者特定的需求，提供有关这个领域或需求的全部产品及更专业的服务。如红孩子、国美 360 商城等。

复合品牌店：典型代表有李宁。

（3）消费者与消费者间的电子商务。消费者与消费者间的电子商务（Consumer to Consumer，C2C），即个人卖家与个人消费者通过电商平台实现交易的电子商务模式。C2C 电商的用户数量大、分散，C2C 电商平台为买卖双方提供交易场所、技术支持及相关服务，平台商品多，质量参差不齐。典型的 C2C 网站有咸鱼、eBay 等。

（4）电子政务。电子政务是指运用计算机、网络和通信等现代信息技术手段，实现政府组织结构和工作流程的优化重组，打破时间和空间的限制，建成一种高效的政府运作模式，以便全方位地向社会提供优质的服务。

根据用户的不同，电子政务可分为政府与企业之间的电子政务（Government to Business，G2B），政府与公民之间的电子政务（Government to Citizen，G2C），政府与政府之间的电子政务（Government to Government，G2G）。G2B 主要是政府与企业之间的电子政务，可以使政府和企业之间更方便、快捷地进行信息交换和数据处理。如各地税务局通过政务系统线上保税就属于该模式。G2C 主要是指政府与公民之间的电子政务，如个人纳税、网上户政办理等。G2G 是指政府与政府之间的电子政府，即不同政府部门或不同地方政府之间的电子政府活动，如政府内部网络办公系统、电子财政管理系统等。

1.4　电子商务的功能及对经济生活的影响

1.4.1　电子商务的功能

电子商务通过 Internet 可提供在网上交易和管理的全过程服务，具有对企业和商品的广告宣传、交易的咨询洽谈、客户网上订购和网上支付、电子账户、客户意见征询、交易过程管理等功能。

（1）广告宣传。电子商务使企业可以通过自己的 Web 服务器、网络主页（Home Page）和电子邮件（E-mail）在全球范围内作宣传，在 Internet 上宣传企业形象和发布各种商品信息，客户用网络浏览器可以迅速找到所需的商品信息。

（2）咨询洽谈。电子商务使企业可借助实时的讨论组（Chat）和非实时的电子邮件（E-mail）、新闻组（News Group）来洽谈交易事务。

（3）网上订购。网上订购系统通常都是在商品页面上提供便利的订购渠道，当客户填完订购单后，系统回复确认信息单表示订购信息已收集。

（4）网上支付。客户和商家之间可采用信用卡、电子钱包、电子支票和电子现金等多种电子支付方式进行网上支付，采用在网上电子支付的方式节省了交易开销。

（5）电子账户。交易的网上支付由银行、信用卡公司及保险公司等金融单位提供电子账户管理等网上操作的金融服务，客户的信用卡号或银行账号是电子账户的标志。电子账户通过客户认证、数字签名、数据加密等技术保证电子账户操作的安全性。

（6）意见征询。企业的电子商务系统可以采用在网页上"选择""填空"等形式及时收集客户对商品和销售服务的反馈意见，客户的反馈意见能提高网上交易售后服务水平，企业获得改进产品、发现市场的商业机会，使企业的市场运作形成了一个良性的封闭回路。

（7）交易过程管理。交易管理系统可以完成对网上交易活动全过程中的人、财、物，客户及本企业内部各方面的协调和管理。

电子商务的上述功能，为网上交易提供了一个良好的服务和管理环境，使电子商务的交易过程得以顺利和安全完成，并使电子商务获得更广泛的应用。随着互联网络的飞速成长以及信息科技的快速进步，新一代电子商务将对管理模式、市场营销观念等多方面提出更多新的要求，逐步改变企业经营的面貌，同时也为企业带来巨大的效益。

1.4.2　电子商务对经济生活的影响

随着电子商务魅力的日渐显露，虚拟企业、虚拟银行、网络营销、网上购物、网上支付、网络广告、网络招标、网上拍卖、政府网上采购等一大批前所未闻的新商业模式正在为人们所熟悉和认同，这反映了电子商务正在对社会和经济产生影响。

（1）电子商务将改变商务活动的方式。通过互联网，人们可以进入网上商场浏览、购买各类商品，而且还能得到在线服务；商家可以在网上与客户联系，利用网络进行货款结算服务。

（2）电子商务将改变人们的消费方式。网上购物的最大特征是消费者的主导性，购物意愿掌握在消费者手中；同时消费者还能以一种轻松自由的自我服务方式完成交易，消费者主权可以在网络购物中充分体现出来。

（3）电子商务将改变企业的生产方式。大批量的生产方式转变为满足用户不同要求的个性化生产方式。

（4）电子商务将改变企业的组织方式。很多企业和战略业务单位都在介于市场型和等级制两种经济结构之间的中间模式下运行，这种中间模式就是网络型。在这种网络经济结构下，不同的企业根据共同的目标建立长期稳定的关系，以协调战略、资源和技术组合。这种网络型的组织特别适合于信息密集的高技术行业。电子商务可以使这种主要依赖信息共享的网络更容易建设和维护。

（5）电子商务将给传统行业带来一场革命。传统的制造业进入小批量、多品种时代，"零库存"成为可能；零售业和批发业开创了"无店铺""网上营销"的新模式；各种网上服务为传统服务业提供了全新的服务方式。

（6）电子商务将带来一个全新的金融业。由于在线电子支付是电子商务的关键环节，也是电子商务得以顺利发展的基础条件，随着电子商务在电子交易环节上的突破，网上银行、银行卡支付网络、银行电子支付系统以及网上支付服务、电子支票、电子现金等服务，将传统的金融业带入一个全新的领域。

（7）电子商务将改变经济增长的方式，经济增长不再单纯依赖资本投入，而依靠信息技术、科学知识。电子商务的推广、普及是发展信息经济、知识经济的重要途径。

（8）电子商务将转变政府的行为。政府承担着大量的社会经济、文化管理和服务功能，作为"看得见的手"，在调节市场经济运行、防止市场失灵带来的不足方面有着很大的作用。在电子商务时代，当企业应用电子商务进行生产经营，银行实现金融电子化以及消费者实现网上消费的同时，将同样对政府管理行为提出新的要求，电子政府或称网上政府，将随着电子商务发展成为一个重要的社会角色。

总而言之，作为一种商务活动过程，电子商务将带来一场史无前例的革命，其对社会经济的影响会远远超过商务本身。除此之外，它还对就业、法律制度以及文化教育等方面带来巨大的影响。世界正在进入知识经济时代，应用网络信息技术已成为提高竞争力的一个重要手段。电子商务为我们创造了崭新的市场机会。它必将有力地推动世界经济的发展。我们应从各方面做好准备，迎接电子商务时代的机遇和挑战！

本 章 小 结

本章从电子商务的基本概念、对社会的影响、在企业经营管理中的作用、发展趋势等问题出发来讲述，这是全书的概念和后续章节的知识基础。通过这一章的学习可以看到，电子商务的影响将远远超出商务本身，它将对社会生产和管理、人们的生活和就业、政府职能、法律制度以及教育文化带来巨大的影响。尤其是经济贸易领域里由电子商务所引发的一系列活动和技术进步，将使各国以电子商务作为前奏进入信息化社会。

课 后 习 题

一、名词解释

1. 电子商务
2. B2C
3. B2G

二、简答题

1. 不同学者及机构对电子商务的含义有不同的解释，结合现实案例，查阅相关资料讨论电子商务的涵义，并举例说明。

2．上网搜寻、浏览国内知名网站，根据电子商务的分类，找出分别对应的电子商务业务（例如 B2B、B2C），比较这些不同类型从事电子商务企业的区别。

3．电子商务的发展趋势是什么？

4．电子商务具有什么功能？

三、实训任务

进入电子商务企业，调研电商企业的运营现状、市场前景，了解行业发展情况。

第 2 章　网上开店准备

学习目标

随着人们越来越热衷于在网上购物，网上开店因此火爆起来。想要在网上开店，必须充分了解网上开店的基础知识，做好相关准备工作。本章节将介绍网上开店的基本知识，并以淘宝平台为例，讲述网上开店注册、认证等操作。

知识框架

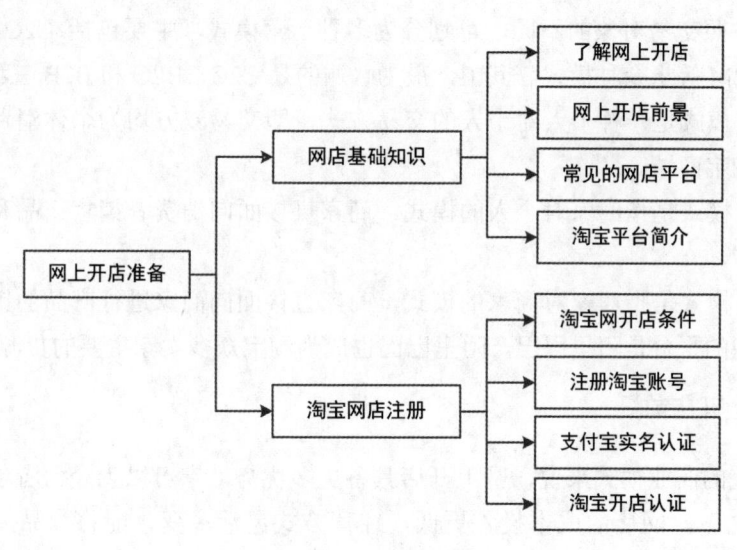

```
                          ┌─ 了解网上开店
                          ├─ 网上开店前景
              ┌─ 网店基础知识 ─┤
              │           ├─ 常见的网店平台
              │           └─ 淘宝平台简介
网上开店准备 ─┤
              │           ┌─ 淘宝网开店条件
              │           ├─ 注册淘宝账号
              └─ 淘宝网店注册 ─┤
                          ├─ 支付宝实名认证
                          └─ 淘宝开店认证
```

图 2-1　本章知识导图

案例导入

农村大学生的返乡创业之路

杨树丹，一位来自山东省菏泽市郓城县大屯村的创业者，曾在城市从事白领工作。几年前，他决定放弃城市生活，回到家乡创业。在大学期间，杨树丹曾经经营过淘宝店，这为他后来的创业积累了宝贵的经验。返乡后，杨树丹充分利用菏泽地区的地域优势和成本优势，大力发展本地特色产品，并通过网店将这些产品销往全国各地。

尽管在创业初期，他的网店业务并未取得显著进展，但他通过网络搜索发现菏泽特产在市场上的竞争较小，具有巨大的市场潜力。因此，他坚持不懈地学习和努力，最终使业务量实现了飞速增长。在这个过程中，杨树丹注册了一家电子商务公司，拥有了自己的商标和知识产权。他还开通了多个电商平台的网店渠道，如淘宝、拼多多、蘑菇街等。到 2019 年，他的网店销售额已达到 400 多万元，公司团队也发展到 20 多人，经营的产品种类多达 80 多种。

（案例来源：崔如坤，《返乡创业：郓城小伙杨树丹把电商做得风生水起》。）

2.1　网店基础知识

2.1.1　了解网上开店

网上开店是指经营者通过在相关网站注册开通虚拟的网上商店，在网页发布商品和服务，当感兴趣的人进入网店后，通过浏览相关的商品和服务信息，以网上支付的方式购买商品，经营者邮寄商品发送到顾客手中的过程。

网上开店按照交易对象的不同，可划分为多种运营模式，主要包括 C2C、B2C、B2B、O2O、C2B、B2M 等十余种模式。其中，最为普遍的是 C2C、B2C 和 B2B 三种模式。

（1）C2C 模式是一种个人对个人的交易方式，即交易双方均为个体消费者。这种模式的典型代表是淘宝商城。

（2）B2C 模式是指商家对个人的模式，商家直接面向消费者销售产品和服务，典型的平台是天猫商城。

（3）B2B 模式是指商家对商家的模式，商家直接面向商家进行产品的销售和服务以及信息交换，典型的平台是阿里巴巴，阿里巴巴也成为淘宝众多卖家主要的货源渠道。

2.1.2　网上开店前景

相对于传统的商业模式来说，网上开店具备更多优势，它可以为经营者创造更多的无限可能性。相比之下，网店的成本投入更低，经营方式灵活多变，能将商品展示给更多的受众，为经营者创造出更多的利润空间。网上开店也因此越来越受到人们追捧，无论是个人还是企业都可以在网上通过开店做生意。

2.1.3　常见的网店平台

（1）京东。京东商城（图 2-2）是一家以 3C 家电类目起家的 B2C 电商平台，是国内屈指可数的电商大平台。该平台以自营模式为核心，凭借高效的物流配送系统，成功吸引了大批消费者。

（2）拼多多。拼多多（图 2-3）成立于 2015 年 9 月，以拼团的模式，让用户以更低的价格买到更好的产品，因此吸引着更多喜欢物美价廉的消费者。通过这种模式拼多多发展迅速，并在 2018 年 7 月份上市，2019 年 10 月市值正式超过京东，成为我国仅次于淘宝的第二大电商平台。

（3）微店。微店（图 2-4）是一家基于社交电商的 APP 商城，允许用户轻松创建个人店铺，并且通过社交媒体渠道推广销售，实现交易闭环。

图 2-2 京东商城　　　　　　　　图 2-3 拼多多

图 2-4 微店

2.1.4 淘宝平台简介

淘宝是我国最大的电子商务平台，由阿里巴巴集团于 2003 年创立，截至 2023 年底淘宝的月活跃用户数突破 8.8 亿。目前，淘宝平台主要由淘宝（C2C）和天猫商城（B2C）组成，凭借初期免费的体验式营销、差异化的推广策略、完善的信用评价体系、庞大的用户基数吸引无数商家在淘宝平台上开店营业。

2.2 淘宝网店注册

2.2.1 淘宝网开店条件

淘宝店铺分为个人店铺和企业店铺，两者开店的条件是有区别的。

（1）开设个人店铺需要遵循以下三项基本要求：

1）创建并激活淘宝账户。

2）将支付宝账户与该淘宝账户进行关联。

3）完成必要的实名验证流程。

个人在开通淘宝店铺之前需要准备身份证（年满 18 岁）、支付宝、银行卡、手机号等资料，而且这些资料必须是同一个人的，一张身份证只能开通一家淘宝个人店铺。

（2）开设企业店铺需要遵循以下三项基本要求：

1）注册淘宝企业账号。

2）绑定企业支付宝账号。

3）完成实名认证。

企业店铺在开店前需要准备法人身份证、企业营业执照、银行对公账户、企业支付宝、手机号，且这些信息出自同一个人。

企业店铺和个人店铺的区别主要包括以下几点：

- 注册材料不同：企业店铺在注册的时候需要营业执照，个人店铺只需要身份证就可以注册和认证。
- 商品数量不同：企业店铺和个人店铺商品发布的数量是不同的，不同的类目不同等级商品发布数量也各有不同。
- 显示标志不同：企业店铺在店铺浏览界面会显示企业的标志，个人店铺则没有。
- 橱窗位置不同：企业店铺在原有的基础上会额外奖励 10 个橱窗位，用于商品推广。
- 店铺名字设置不同：对于企业店铺名字来说，淘宝平台开放了"企业、公司、官方、经销"等关键词，对于个人店铺来说，则不能设置带有这类关键词的店铺名字。

2.2.2 注册淘宝账户

打开淘宝网首页（图 2-5），单击左上方"免费注册"或者右方的"注册"按钮，进入注册界面。

图 2-5 淘宝网首页

进入注册界面前,用户需要仔细审阅注册条款,并单击"同意协议"按钮进入下一步骤(图2-6)。

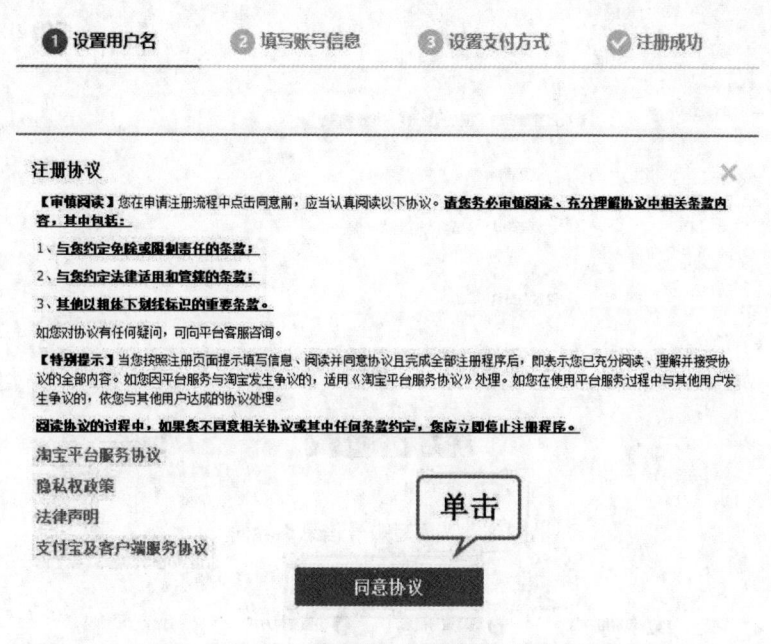

图2-6 淘宝账户注册协议界面

在"设置用户名"界面(图2-7)输入手机号码,滑动"验证"滑块接收验证码,进入下一步,若意向注册企业账户,则可选择"切换成企业账户注册"选项进行相应操作。

图2-7 "设置用户名"界面

在"填写账号信息"界面(图2-8)中,用户需设定账号登录密码和登录名,需要注意的是,一旦登录名设置完成,将无法进行更改。

在"设置支付方式"界面(图2-9)中,需要填写包括银行卡号、持卡人姓名、身份证详细信息和银行卡预留手机号码在内的相关信息,接收并输入验证码后,单击"同意协议并确定"按钮进入下一步。

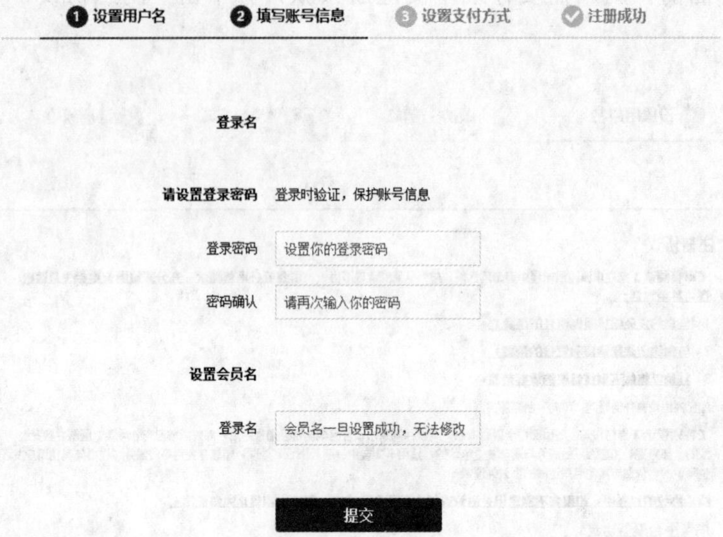

图 2-8 "填写账号信息"界面

图 2-9 "设置支付方式"界面

完成以上步骤就成功注册了淘宝账号。

2.2.3 支付宝实名认证

打开手机支付宝,点击"注册账号",输入手机号码接收验证码,便可注册支付宝账号(图 2-10)。

在支付宝首页界面(图 2-11)中点击"我的"进入个人主页。

在"个人中心"界面(图 2-12)中点击头像查看个人信息。

在"个人信息"界面(图 2-13)中点击"身份认证",进行身份信息的填写。

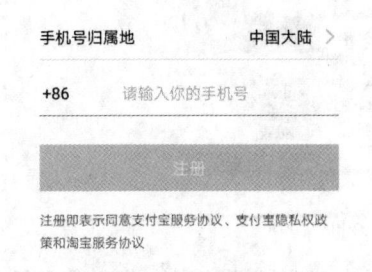

图 2-10　支付宝手机端用户注册界面

图 2-11　支付宝首页界面

图 2-12　支付宝个人中心界面

图 2-13　支付宝个人信息界面

在"身份验证"界面（图 2-14）中，填写实名认证人的真实姓名和身份证号。

然后选择"验证银行卡"或者"验证人脸"进行身份验证（图 2-15），验证之后便成功完成支付宝的实名认证。

图 2-14　"身份验证"界面

图 2-15　"身份验证"界面

2.2.4 淘宝开店认证

打开淘宝网首页（图 2-16），登录淘宝账号，单击"千牛卖家中心"→"免费开店"菜单选项，进入免费开店页面。

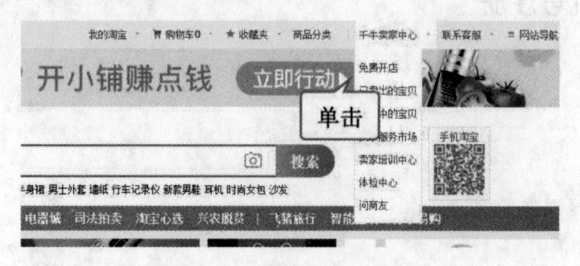

图 2-16 淘宝网首页界面

选择要开店的类型（图 2-17），需要注意的是开通企业店铺要使用企业账户登录。

图 2-17 "我要开店"界面

在阅读并同意开店须知后，用户需单击"我已了解，继续开店"按钮（图 2-18）以进入下一步操作。

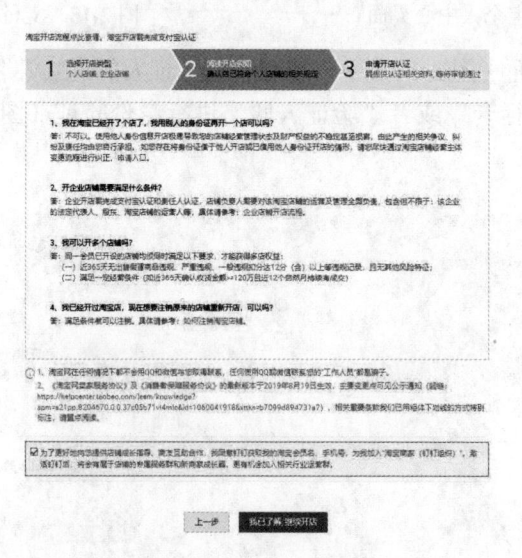

图 2-18 开店协议界面

在"我要开店"窗口（图 2-19）中，用户需进行淘宝开店认证，此时应单击"立即认证"命令。

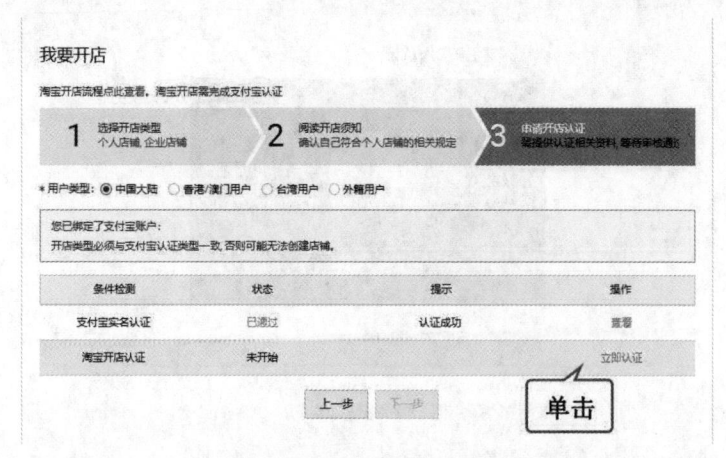

图 2-19 "我要开店"界面

随后，用户进入"身份认证"窗口（图 2-20），在此界面同样需要单击"立即认证"按钮。

图 2-20 "身份认证"界面

在弹出的"淘宝身份认证资料"窗口（图 2-21）中，用户需使用手机淘宝客户端扫码进行验证。

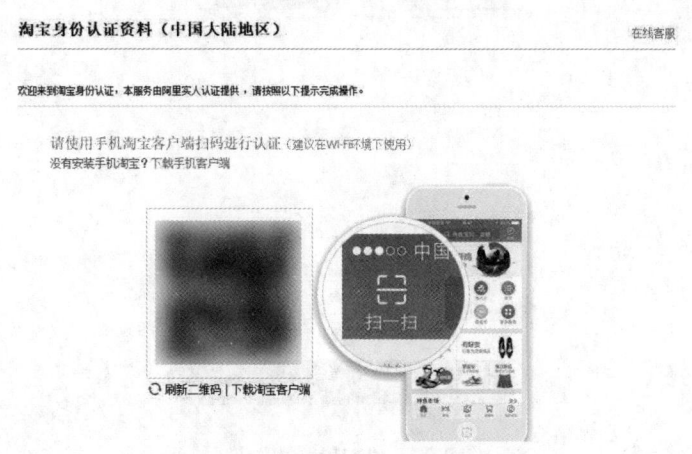

图 2-21 "淘宝身份认证资料"窗口

在手机淘宝客户端的"阿里实人认证"界面（图 2-22）中，用户需按照规定步骤进行扫脸认证。

图 2-22　手机淘宝客户端"实人认证"界面

完成实人认证后，用户需拍摄身份证正反面提交身份信息，以完成身份认证过程（图 2-23）。

图 2-23　"拍摄照片"界面

在成功完成实人认证之后,用户应返回电脑端的"我要开店"界面(图 2-24),并单击"下一步"按钮以继续开店流程。

图 2-24 电脑端"我要开店"界面

同意协议后,填写调查问卷,便开店成功,如图 2-25 所示。

图 2-25 淘宝店铺后台界面

本 章 小 结

本章介绍了网上开店的相关知识、国内当下主流的网店平台以及如何在淘宝网上注册店铺,为运营之路打好基础。

课 后 习 题

一、简答题

1. 淘宝网企业店铺和个人店铺的区别有哪些?

2. 常见的网店平台有哪些？
3. 开通淘宝个人店铺需要满足哪些条件？

二、实训任务

注册及认证开店。通过本章的学习，相信大家对自己开通店铺并经营网络小店已经跃跃欲试了。结合现阶段市场情况，淘宝平台仍然是我国用户基础最大的电子商务平台，请尝试独立在淘宝平台进行注册及认证开店。

实训目标：掌握淘宝店铺注册的基本流程和要求。

实训内容：首先，通过讲授和课堂的实操示范使大家熟悉淘宝平台及相应注册流程。在完成课堂示范过后，引导读者登录自己的淘宝账号，并完成对应的开店流程。最后，规定实训任务完成时间，并在结束时间后对大家的店铺开通情况进行检查。

第 3 章　网店规划与货源选择

学习目标

本章介绍开设网店初期的网店定位和货源选择两个重要问题。重点讲解行业市场分析、竞争对手分析、店铺定位、货源渠道和相关注意事项等内容。

知识框架

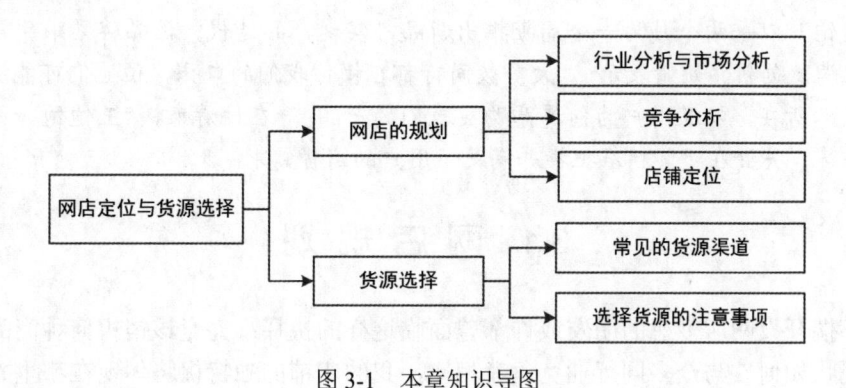

```
                         ┌─── 行业分析与市场分析
              ┌─ 网店的规划 ─┼─── 竞争分析
网店定位与货源选择 ┤              └─── 店铺定位
              │              ┌─── 常见的货源渠道
              └─ 货源选择 ───┤
                             └─── 选择货源的注意事项
```

图 3-1　本章知识导图

案例导入

"网红"麦片"王饱饱"的生存之道

在 2019 年,"王饱饱"这一原本小众的品牌迅速崛起,成功问鼎双十一淘宝麦片品类的冠军宝座,并荣登冲调品类第五名,其卓越表现使其无愧于"爆品"之称。

是什么让"王饱饱"这个曾经名不见经传的小品牌,在短短一年的时间里有如此成就呢?"王饱饱"创始人姚婧称,首先"王饱饱"是抓住了一个还没有被改造的、相对空白的品类。在"王饱饱"之前,国内消费者购买最多的是裸燕麦以及膨化燕麦,以进口品牌为主。最初姚婧也想过要做美妆品牌,但根据她多年的经验,用户对彩妆品牌的忠实度较低,而护肤类品牌有一定技术门槛,最终她把目光瞄准了传统的食品行业。"传统才有机会被改造",姚婧这么说。她们根据搜索发现的数据分析,偏主食类、带健康属性的产品销量转化的数据是最好的,而麦片同时符合这两个属性。选中了品类之后,下一步思考的就是什么样的产品形态是最优的选择。裸燕麦过于单调,膨化燕麦并不健康,姚婧观察到欧洲有一些主打烤燕麦的品牌,经过这种处理的燕麦口感好,又比膨化燕麦健康。但中西方口味差异较大,团队在烤麦片的基础上对产品进行了升级。

"王饱饱"是第一个添加大块酸奶、大块果干的麦片品牌,在用料上,团队将蜂蜜换成了甜菊糖苷这类天然甜味剂，降低过高甜度的同时也更健康。此外，团队还开发了多种口味，满足用户尝新的需求，然而随后的生产也成为了难题，食品的供应链很传统，代工厂并不愿意为了一个小批量生产的产品去改变自己的生产体系，无奈之下，团队只能选择自己建工厂，2018年5月，工厂开始投产，同月"王饱饱"也开始通过自己的淘宝店销售。

目前，"王饱饱"品牌已成功布局淘宝、天猫、京东及小红书等多个电商平台，并在盒马等线下渠道中占据一席之地。随着市场需求的激增，原有工厂的产能已难以满足需求。为此，"王饱饱"在杭州新建了一座工厂，专注于新品研发和生产，而成熟产品的扩产任务则交由一家规模更大的合作工厂承担。

食品行业的技术门槛相对较低，姚婧早已预见到，在"王饱饱"成为网红品牌后，市场上势必会出现仿制品。她指出："食品企业的核心竞争力在于持续研发新品以及品牌在用户心智中的占位能力。"

"王饱饱"以每两个月为一个周期推出新品，实现产品迭代。该品牌紧跟年轻消费者的需求，勇于尝试创新。姚婧表示："大多数同行都在模仿我们的口味，但他们可能没有真正理解我们的核心所在，以及用户为何愿意购买我们的产品。"在她看来，"王饱饱"之所以能够成为网红品牌，关键在于其精准把握并满足了用户的消费需求。

3.1 网店规划

许多怀揣开设网店梦想的朋友或许都曾面临这样的抉择：究竟该销售何种商品？这一领域的市场现状如何？与众多同行竞争者相比，我的店铺的独特优势体现在哪里？我的目标消费群体是哪些？又该设定怎样的销售目标呢？

一个合理的网店规划不仅可以详细回答这些问题，还可以帮助店主在网店建立初期便洞悉整个行业市场，了解市场中的竞争环境，准确进行店铺定位并制定相应的运营目标和计划。它也可以有效地降低财务风险，提高工作效率，使新店运营尽快地步入正轨，并为未来店铺的发展规划奠定基础。只有对行业、市场、竞争对手、自身优劣势有一个清晰的认识，才能扬长避短，有针对性地进行商业评估，进而对网店发展产生积极影响。所以，网店规划是每一个成功店铺所必需的。

3.1.1 行业分析与市场分析

行业与市场分析常被用于分析商业环境和规模，做出准确的商业预测，作为企业决策依据。那么究竟什么是行业分析与市场分析呢？

网店规划——行业分析与市场分析

3.1.1.1 行业分析的概念及意义

行业包括生产或提供相关产品或服务的企业和支持这些企业的公司。行业分析，即基于经济学理论框架，融合统计学、计量经济学等多元分析手段，对特定行业的经济表现、产品生命周期（涵盖生产、销售至消费全过程）、技术创新水平、竞争力状况、市场竞争格局演变以及相关政策导向等核心要素进行深度剖析。此过程旨在揭示行业运作的内在经济逻辑，并据此预测其未来发展趋势。

行业分析可以确定和描述行业内主要竞争对手和客户的属性和特征。例如，行业分析描述了本行业提供的产品和服务以及行业市场的范围，也描述了经济、法律、文化和政治问题等可能会影响行业表现的方面。行业的历史销售趋势和利润也会被充分分析和讨论，并以此对未来本行业的发展趋势做出预测。此外，优秀的行业分析还会对公司可能面临的战略机遇、挑战以及公司计划进行评估，指导企业的发展，并提出可能的应对措施。企业领导层会根据不同商务规划的利润潜力，将公司的资源用于实现特定的目标。一个公司的竞争优势会影响其商务战略的利润潜力。此外，企业经营所在的行业结构环境会影响公司的竞争优势。因此，行业分析是任何战略规划过程中都需要考虑的一个关键要素，通过分析，才能了解到一个公司为什么以及如何获得商业成功。公司的财务、经营和营销战略的制定也需要建立在完整的行业分析基础上。企业主只有在确定了商业环境中可能影响其公司生产销售额的因素之后，才能制定一个有效的商业计划。公司内部环境的各个方面（如政策和运作程序），都在公司管理层的控制之下。然而，外部环境中不受公司控制的因素也会影响企业业绩。公司经营所属的行业和市场便是会对公司商务发展和财务业绩产生深远影响的两个重要外部因素。

行业是由许多同类企业构成的群体。如果只进行企业分析，虽然可以知道某个企业的经营和财务状况，但不能知道其他同类企业的状况，无法通过比较知道企业在同行业中的位置，而这在高度竞争的现代经济中是非常重要的。另外，行业所处生命周期也制约着或决定着企业的生存和发展。

以唱片行业为例，在音乐数字化浪潮席卷之前，实体唱片作为主流音乐消费形式，其盛况空前。以全球领头的环球音乐集团为例，2000 年，正值唱片业巅峰，全球 CD 销量高达 24.5 亿张，其中四分之一源自环球音乐。然而，随着数字音乐时代的迅速到来，仅两年后，唱片业便步入了漫长的衰退期，并持续至今。在此期间，环球音乐不得不经历三次大规模裁员，导致超过 2000 名员工失业。这一案例深刻揭示了，当一个行业步入衰退期，即便是资产雄厚、管理卓越的企业亦难以逃脱黯淡前景的宿命。

本节内容旨在从网店定位及运营的独特视角出发，深入探讨特定行业在线销售的现状及其所处宏观环境，帮助读者理解如何运用行业市场分析为自己的店铺赢得早期的竞争优势。

3.1.1.2 市场分析的概念及意义

市场分析（Market Analysis）涉及对影响市场供需变化的多种因素及其动态和趋势的深入研究。这一过程包括收集相关资料与数据，运用适宜的分析方法，探讨市场变动规律，洞察消费者对产品种类、规格、品质、性能及价格的看法与需求，评估特定产品的市场需求量与销售走向，掌握产品市场份额及竞争对手的市场地位，监测社会购买力与商品供应量的变动，并据此判断商品供需状态（平衡、供过于求或需求超过供给）。这些信息为企业的生产规划、市场竞争策略制定以及市场调控决策提供了关键依据，旨在优化产销结构，促进经济发展。

市场分析对于解决企业面临的重大经营决策问题至关重要。例如，它使企业能够识别在特定市场的潜在机会或评估在其他市场扩大份额的可能性。同时，市场分析也助力于销售管理层针对较细微的问题作出明智选择，如是否应调整价格以迎合节假日消费模式，或增加促销奖品以强化营销效果。

深入分析一个市场要求对目标顾客群体有深刻理解，包括他们的行为模式和动机。而行业分析则需把握由众多细分市场组成的整体格局,将行业视为宏观背景,各市场则是构成这背景的细节元素。企业在特定行业内运营时,往往采取多元化策略覆盖多个市场。以汽车业为例,特斯拉、本田与法拉利虽同属一个行业,却各自聚焦于不同的消费群体(即不同市场),展现了市场细分与定位的多样性。

在确定好网店的目标行业后,侧重于研究供需关系及竞争者和消费者的市场便是我们需要继续讨论分析的目标。

在电商环境下的主要表现为:

(1)分析市场规模及其发展趋势。女装、食品等较为常见的红海市场一般都具有较大的市场规模,而冷门小众的蓝海市场在竞争压力小的同时,也面临着同样较少的消费者需求。市场规模的界限直接决定了行业发展的上限。商业活动的核心在于设定明确的目标,而这一过程的起点便是准确把握市场容量。鉴于市场环境的动态性,持续监测市场趋势、捕捉潜在机遇并规避风险成为必要之举。

(2)消费者需求的演变预示着行业的未来走向。随着行业进步,消费者偏好呈现结构性变迁,部分需求兴起而另一些则逐渐消退。深入理解这些需求变化对于确定产品创新方向、赢得更广泛消费者支持至关重要。

商家间的竞争同样塑造着市场格局。为追求利润和持续发展,商家可能集中资源于特定领域,尤其是那些依赖新品研发的细分市场。新产品的推出往往能加速整个行业的革新步伐。

(3)分析竞争对手的战略与动态是企业策略制定中不可或缺的一环。随着电商市场的成熟,各行业类目吸引了更多竞争者加入。通过监控对手的市场行为与发展轨迹,企业能够敏锐感知市场波动,及时调整自身策略以应对挑战。

(4)识别市场变化的周期性规律对于优化生产计划和营销策略至关重要。无论是季节性波动如服装行业,还是节日驱动的需求高峰,或是促销活动引发的市场热潮,掌握这些规律有助于企业合理安排年度运营节奏。

综上所述,市场分析与行业分析相辅相成,共同构成了卓越商业分析的基础框架,二者缺一不可,共同服务于企业战略决策的精准性和前瞻性。

3.1.1.3 行业市场分析的维度

品牌资产研究的鼻祖,世界品牌管理大师戴维·阿克(David A. Aaker)曾指出,行业市场分析一般存在以下几个维度:市场规模、市场发展趋势、市场增长率、商业机会、市场盈利能力、行业成本结构及成功的关键因素。

市场分析力求衡量、评估一个市场现在和以后的吸引力。企业或组织应通过分析其自身优缺点以及多变的商业市场机会和威胁,来评估目标市场未来的吸引力和可能为其带来的利益。

(1)市场规模(Market Size)。市场规模是通过市场容量和市场潜力来确定的。市场容量显示了一个特定市场内所有已实现的销售量的总和。因此,市场容量取决于消费者的数量和他们的一般性需求。

在网店运营背景下,我们可以通过不同的渠道搜寻有关目标市场规模相关的信息。例如,可以通过艾媒咨询(iiMedia Research)搜集特定市场近年来的行业统计报告,来获得其现在以及预计未来的市场交易规模等信息,也可以通过阿里数据等电商数据平台对特定的网购市场规模和发展变化进行评估。

（2）市场发展趋势（Market Trends）。市场发展趋势是指在一段时间内市场规模的上升或下降态势。在分析市场的发展趋势时，除了关于目标市场的信息，还需要搜集有关竞争对手、客户以及产品等的相关信息。在进行发展趋势分析时常用到的方式有：客户分析、竞争对手分析、风险分析、目标产品调查、营销组合模型测试等。

市场的变化趋势十分重要，因为它们往往是新的商业机会或威胁的来源，还极有可能影响市场规模的发展。在运营网店时，可以通过填写问卷赠送优惠券等活动刺激消费者，进而推动客户分析、目标产品调查等活动的进行；也可以通过观察、记录竞争对手网店的运营销售情况，对竞争对手进行分析。

（3）市场增长率（Market Growth Rate）。市场增长率是指产品或劳务的市场销售量或销售额在比较期内的增长比率，是判断产品生命周期的基本指标。产品在不同的生命周期阶段，其市场增长率表现出不同的特点：①成长期，产品蕴含巨大成长空间，市场增长率维持高位；②成熟期，市场规模趋于饱和，市场增长率微乎其微，顾客群体相对稳定，企业提升市场份额难度增大，此时需注重维护现有市场份额，通过优化生产流程、降低成本以增强竞争力；③衰退期，市场规模逐步萎缩，市场增长率转为负值，利润水平下降至行业平均水平以下，即便拥有较高市场份额的企业也应考虑适时退出市场，并积极开发新产品以抢占市场先机。针对不同生命周期的商品，运营管理者应采取差异化策略，如定期更新或升级过时商品，以维持店铺的高关注度。

（4）商业机会（Business Opportunity）。商业机会体现为市场上尚未被充分满足或部分满足的、具备购买力的消费需要。市场机会体现在那些市场上尚未被充分满足或部分满足的、具备购买力的需求领域。例如，近年来我国通过互联网平台整合农村资源，拓展了农村信息服务业务和服务范围，为农村电商领域创造了众多新的商业机遇。

（5）市场盈利能力（Market Profitability）。虽然在一个特定市场中，不同的企业、组织的盈利能力受各方因素影响会呈现很大不同，但在同一个市场环境下，它们所面临的市场条件都是相似的。迈克尔波特（Michael E.Porter）构造的五力模型便为衡量整个市场的盈利能力及竞争态势提供了帮助。

（6）成本结构（Cost Structure）。成本结构是工厂成本中各个成本项目的数额占全部工厂成本数额的比重，即产品（劳务或作业）成本的构成情况，一般用百分数表示。不同生产部门的产品，成本结构常不相同。如采掘业的产品成本结构，生产工人工资的比重较大；而机械制造业的产品成本结构，原材料费用的比重较大。

在电商环境中，可将成本结构分析调整为适合本行业的分析模式，例如一般开设网店的成本包括进货成本、设备（电脑、手机、办公用具等）成本、平台增值服务费（例如开设旺铺、直通车等营销服务）、人力成本等。

（7）成功的关键因素（Success Factors）。成功的关键因素是指那些公司为实现其营销目标必不可少的因素。这类型关键因素包括获取独特资源的能力、实现规模经济的能力、掌握领先技术的能力、吸引忠实客户的能力等。还需要注意的是成功的关键因素可能会随着时间的推移而改变，特别是随着产品在其生命周期中的发展而改变。

3.1.1.4 案例分析——以麦片行业为例

阿里指数是一个用于洞察电子商务平台市场趋势的数据分析工具，它依据阿里巴巴网站的日常运营基础数据——每日网站访问量、每日访客数、每日新增供需产品数量、新增公司及产品数量这五项指标进行统计和计算得出。通过阿里指数平台，用户能够获取关于行业整体状况的数据，目前阶段，统计数据覆盖了在阿里巴巴和淘宝平台上流通交易的商品，这些商品被划分为 55 个行业类别，如图 3-2 所示。

安全、防护	办公、文化	包装	餐饮生鲜	宠物及园艺	传媒、广电
床上用品	代理	灯饰照明	电工电气	电子元器件	二手设备转让
纺织、皮革	服饰配件、饰	钢铁	个护/家清	工艺品、礼品	化工
环保	机床	机械及行业设	家纺家饰	加工	家用电器
家装、建材	交通运输	毛巾、巾类	美容护肤/彩妆	母婴用品	男装
内衣	能源	农业	女装	汽车用品	汽摩及配件
日用百货	商务服务	食品酒水	数码、电脑	通信产品	童装
玩具	五金、工具	箱包皮具	项目合作	橡塑	鞋
性保健品	冶金矿产	医药、保养	仪器仪表	印刷	运动服饰
运动户外					

图 3-2　阿里指数行业大盘类目

　　合理运用阿里指数平台（图 3-3）可以帮助店主在短时间内高效地获取淘宝和阿里平台上最新的消费者指数信息，为网店前期准备过程中的商业分析、店铺定位、规划等提供可靠的数据支持。

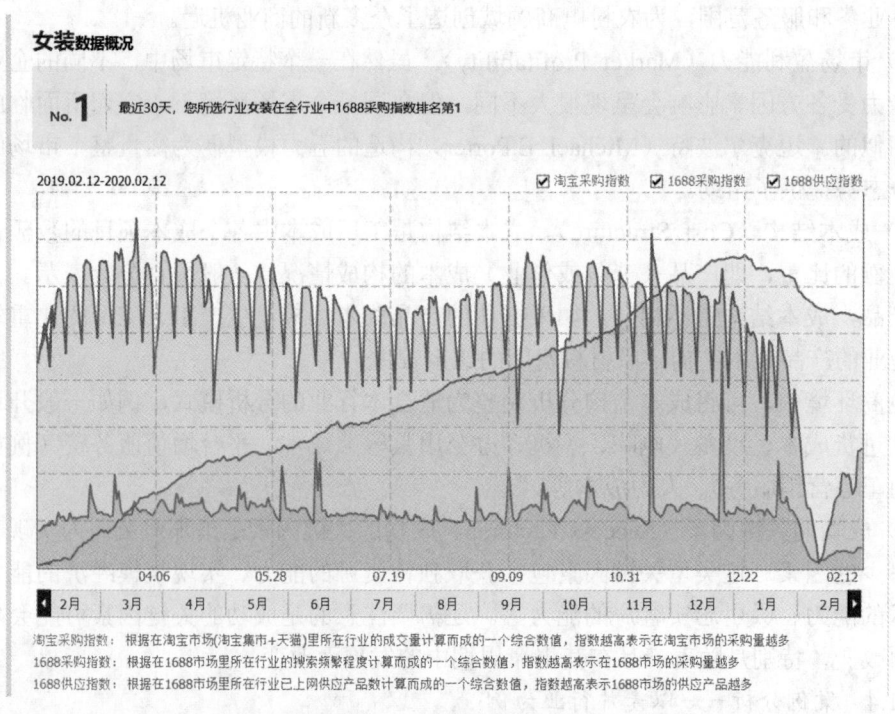

图 3-3　阿里指数——女装类目的供应采购指数

下文以案例导入中的麦片类目（图 3-4）为例，分析其所在的行业市场现状和前景。

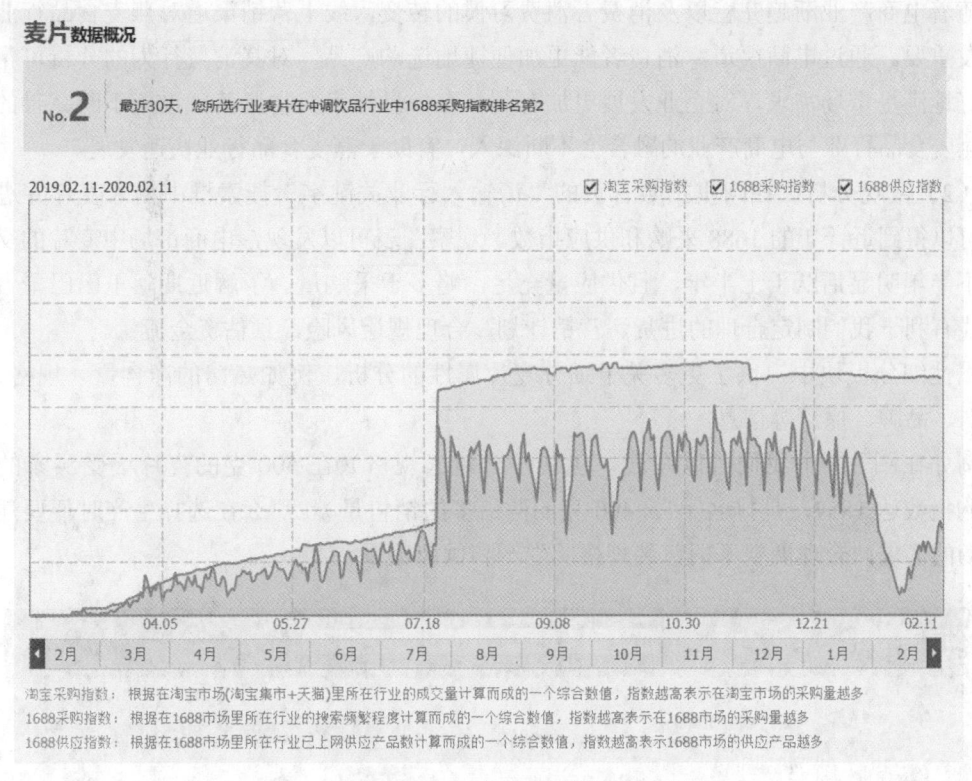

图 3-4　阿里指数——麦片类目的供应采购指数

（1）宏观分析。随着国民经济持续稳健地发展，居民人均可支配收入逐年提高，人均食品消费支出不断增加。目前，消费者对于健康食品的需求日趋强烈，在食品消费支出不断增长的情况下，燕麦食品消费的增长便应时而来。

以燕麦类食品为代表的西式早餐越来越受到一线、二线城市白领等高素质消费群体的喜爱。牛奶配燕麦，仅需几分钟就可享用一份健康、营养、低热量的早餐。在这样的生活方式与饮食理念的影响之下，燕麦市场规模预计将会持续维持增长趋势。另外随着燕麦的风味、口感和健康属性逐步为国内消费者接受，国内消费者的消费需求向高层次迈进，在传统的燕麦片、燕麦烘焙食品之外，新品类燕麦食品市场机遇已经逐渐浮现，尤其体现在某些快速发展的细分品类当中，如液态燕麦饮料，其属于谷物饮料，处于快速发展阶段。液态燕麦饮料可以保留燕麦的风味、口感和健康属性，在当前饮料市场上具备较强的发展潜力。

另外，中国消费升级倒逼麦片行业提高服务质量。用户需求从获取公司信息并与公司对接畅通，转变为更加注重体验、注重实际的效果。满足用户需求，提供个性化定制服务，重点解决用户痛点，不断优化产品与服务成为本行业的发展趋势。

中商产业研究院《2018—2023 年中国燕麦行业市场前景及投资机会研究报告》中的数据显示，中国即食燕麦的销售量将从 2018 年的 4.1 万吨增长至 2022 年的 5.6 万吨，年均复合增长率为 8%；销售额从 2018 年的 18.8 亿元增长至 2022 年的 26.5 亿元，年均复合增长率为

9%，中国燕麦消费市场规模将逐步扩大。

随着电商产业渐趋完善以及消费者消费习惯的转变，线上营销渠道对燕麦食品行业的发展愈发重要。通过电商渠道，消费者能更加便捷地选购产品，对其消费行为的分析可帮助企业更好地满足市场需求，对企业发展更加有利。在信息技术及物流基础设施不断完善的前提下，燕麦食品行业与电商产业的融合会不断深入，有助于燕麦食品行业快速发展。

（2）微观分析。在阿里指数首页的"请输入行业关键字"搜索框中输入麦片并进行搜索，可以得到近一年的 1688 采购和供应指数。观察图表可以发现，电商市场中麦片的交易活动在下半年明显活跃于上半年，且供应量充足，略多于采购量。了解近期阿里巴巴平台的供求曲线有利于我们制定合理的进货、营销计划，合理规避风险，预估资金流量。

属性细分板块中提供了更多关于细分麦片属性的分析，例如热门的净含量（规格）、原料配料、品牌、原厂等信息。

例如在图 3-5 中我们可以发现，包装净含量（规格）在 500 克的麦片更受买家的喜爱（采购指数达 1857，是排名第二 400 克的两倍多的销售量）。那么在选择生产时便要注意迎合市场的需求，合理调整不同包装规格的生产和供应数量。

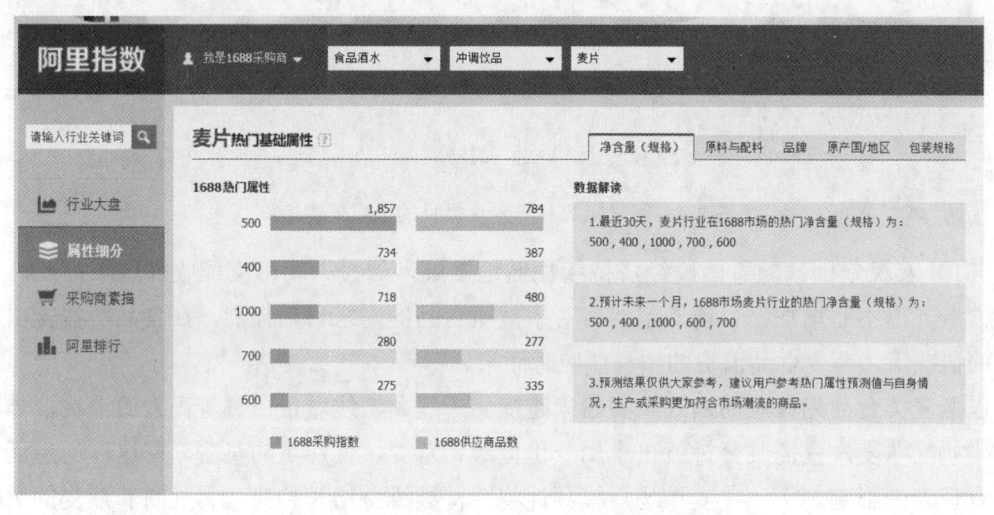

图 3-5　阿里指数——麦片热门基础属性

如图 3-6 所示关于价格带分布的图示又带给我们关于热门价格的信息。观察可以得知，买方多乐于浏览和采购价格区间在 33 元以下的麦片产品，其总交易量和浏览量多达总数的 75%以上。另外，定制款（供应商按照采购方的要求搭配麦片配料或提供外包装的特殊定制服务）在阿里巴巴平台上为麦片品类的热门属性，这反映了市场需求的趋势，对选品、定价都会提供有益的信息及建议。

通过第三方平台店查查手淘 APP 端的数据（图 3-7），可以得知具体某一个商品的月销量、收藏数、评价数等多方面信息，还可以收集到相应的卖家信息。这些信息会对下一步进行竞争分析起到很好的作用。

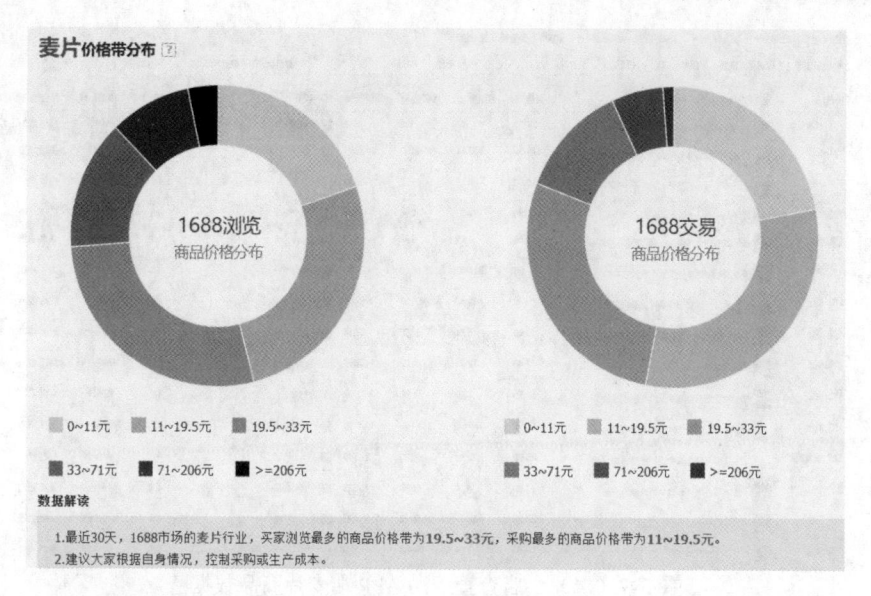

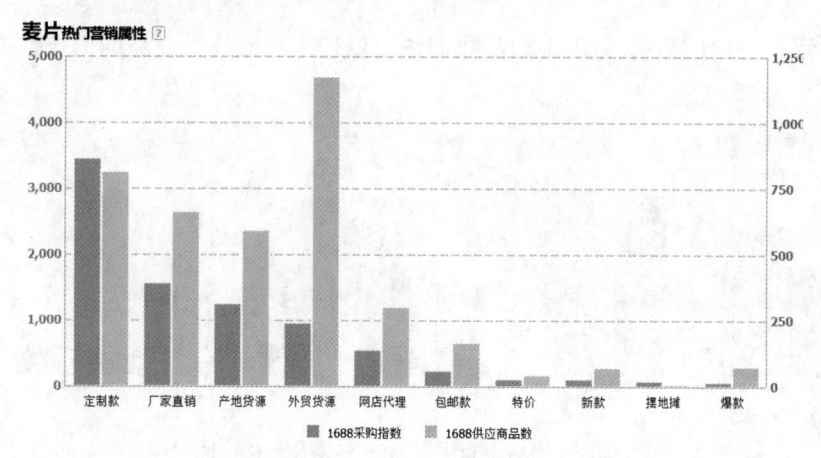

图 3-6　阿里指数——麦片价格带与热门营销属性

图 3-7（一）　店查查手淘 APP 端麦片商品数据

图 3-7（二） 店查查手淘 APP 端麦片商品数据

通过店查查平台的数据（图 3-8），我们也可以搜索到麦片类商品的销售数据和价格区间分布。

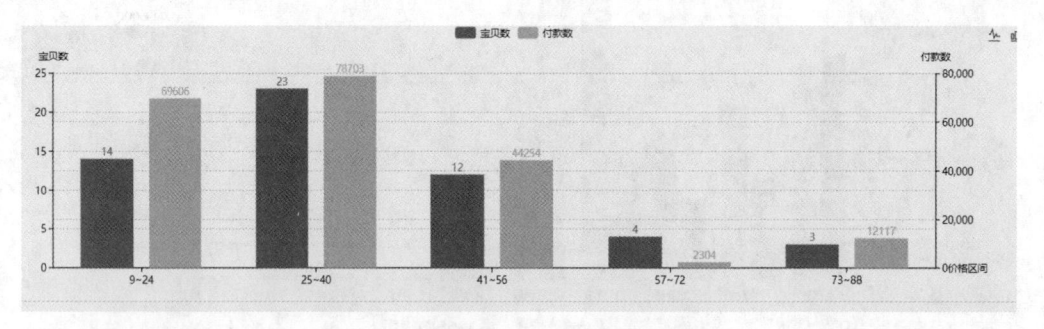

图 3-8 店查查手淘 APP 端麦片价格区间

微观分析可以帮助我们了解什么样的麦片属性在市场中更受消费者喜爱、现阶段的市场规模、变动趋势及供需情况等。通过搜集价格、原产地等信息也有助于网店运营下一步的战略计划设计。

总的来说，通过上述搜索和分析可以看出，我国的麦片销售行业市场规模可观且处于上升发展期。本行业内更多的商业机会朝着产品用户定制，满足顾客需求方向发展。伴随着大众消费能力的提升和健康饮食理念的普及，国内"新"麦片行业会赢得更多年轻消费者的青睐。

3.1.2 竞争分析

3.1.2.1 竞争分析的概念及意义

竞争分析（Competitor Analysis）是企业通过科学的统计、测量、分析、评估等手段，识别并系统地搜集竞争对手的数据，进而对竞争对手的当前状况及未来趋势进行深入探讨的过程。在网店运营过程中，首要任务是对网店所处行业市场（例如零食行业）的整体竞争环境和发展趋势进行全面分析,随后分层次明确界定竞争对手,并深入剖析其现状及未来可能的发展方向。

3.1.2.2 竞争者分析的步骤和内容

1. 识别确定竞争者

假设你想开一家以销售进口零食为主的淘宝店铺,你的竞争者会有哪些呢?我们参考传统行业市场的竞争分析模式来进行分析(图3-9)。

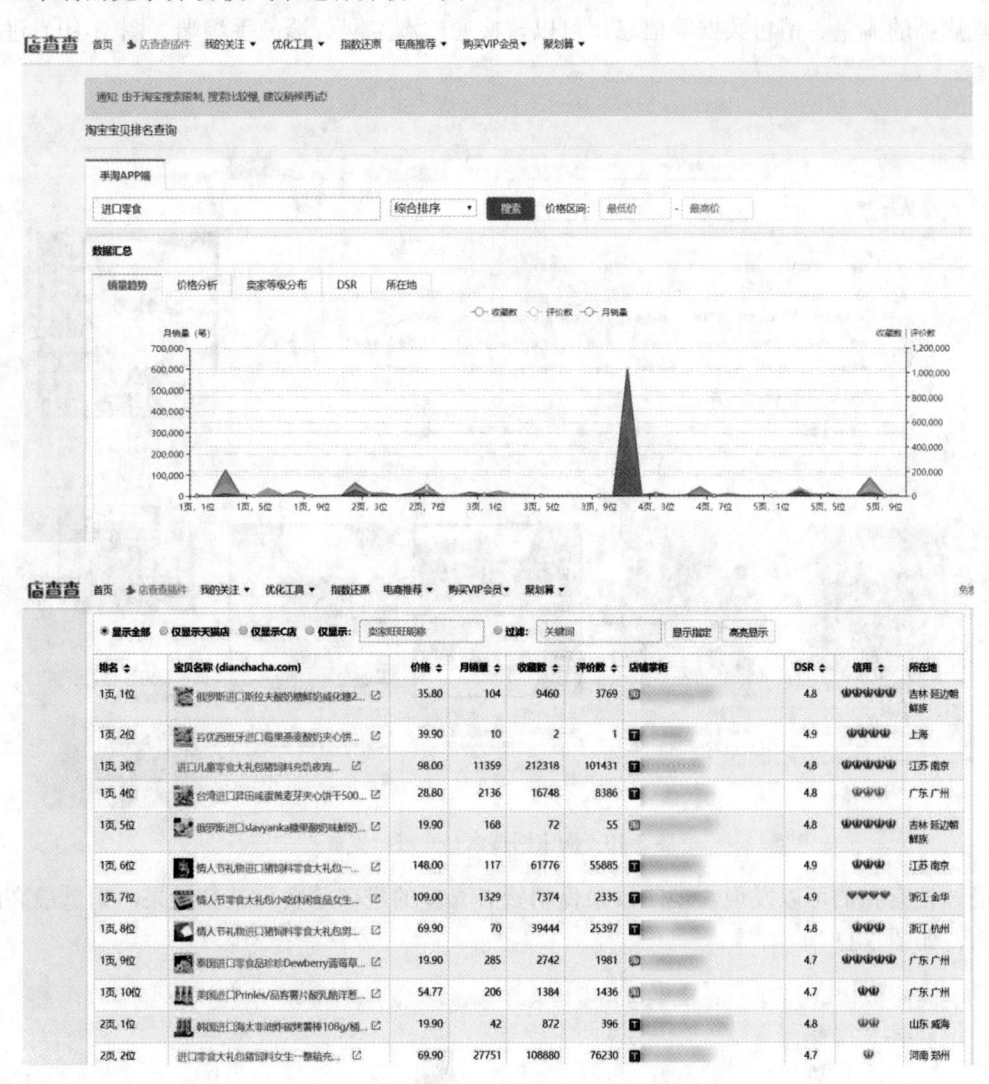

图3-9 店查查——进口食品宝贝数据

从行业的角度来看,竞争者可分为以下几类。

(1)现有厂商:指本行业内已存在的、生产同类产品的其他厂家,这些厂家构成了企业的直接竞争对手(例如,同样专注于销售进口零食的店铺)。

(2)潜在加入者:当某一行业前景乐观、盈利空间较大时,会吸引新的竞争企业进入,从而增加该行业的生产能力,并要求重新分配市场份额和主要资源(例如,看好进口零食市场潜力，计划加入的新店铺）。

替代品厂商：提供与某一产品功能相同、能满足同一需求但性质不同的其他产品的厂商，被视为替代品（例如，能够替代进口零食的国产零食销售店铺）。

在店铺运营的初级阶段，新入行的网店店主应主要关注经营同一类目的现存店铺。

2. 收集并分析竞争对手的数据资料

这一阶段要注意收集竞争对手网店的信息资料，利用互联网等多方信息渠道，搜集、整理成功店铺的流量、销售数据等信息，可以直接通过淘宝网页端或手淘端（图 3-10）进行手动搜索。

图 3-10　淘宝网搜索——进口零食

通过搜索我们可以发现，现阶段最受消费者喜爱的进口零食为某款糖果，销量最高的为某店家，如图 3-11 所示。

图 3-11（一）　店查查——某热销进口零食店铺详情

序号	宝贝名称 [dianchacha.com]	月销量	评价数	收藏数	价格
1	俄罗斯紫皮糖进口原装正品喜糖果散装kpokaht过年货巧克力零食品	600,001	1,043,572	488,244	14.90
2	【锦食阁】俄罗斯进口紫皮混合装巧克力喜糖果500g年货零食品礼包	925	6,849	150,218	22.80
3	俄罗斯进口大牛软糖混合口味500克零食品	610	1,374	440	19.90
4	俄罗斯进口糖果kdv榛榴巧克力夹心果仁零食品500g喜糖年货满包邮	579	328	1,342	14.90
5	俄罗斯进口糖果酸奶鲜奶威化巧克力零食婚庆喜糖食品250克	532	11,240	4,772	9.90
6	俄罗斯风味芒果味软糖水果汁休闲零食喜糖软糖布丁糖果500g包邮	530	162	126	16.80
7	特价西班牙风味酸奶糖草莓味软糖1斤喜糖果休闲零食品满包邮	519	346	966	6.80
8	特价俄罗斯进口酸奶威化牛奶零食品1000g糖果年货喜糖零食包邮	484	517	3,050	35.80
9	俄罗斯进口kdv巧克力糖果甜蜜喵喵喜糖休闲零食品500克	476	47	352	14.90
10	俄罗斯进口LP5巧克力糖果奇奥里奥500g零食品年货	449	31	110	22.80
11	麻辣片辣条东北80后怀旧老式大辣片200gX2袋豆皮豆干包邮	443	356	3,044	14.90

图 3-11（二） 店查查——某热销进口零食店铺详情

通过第三方平台，我们可以搜索到相关店铺的销售及流量等信息，也可以通过淘宝平台对店铺进行搜索，从其店铺装修、商品设置、营销活动以及客服等方面，对竞争店铺进行全方位的观察与评估。

在运营过程中，我们也需要及时关注竞争者的市场动态。例如举办的促销活动、上新类型、销售情况和上新频率等，这些信息都可以帮助我们学习对方的优点，并反思可能存在的不足，进而对照自家店铺情况，为网店下一步的发展运营制定合理的战略计划。

3. 评估竞争者的优劣及成功因素

所谓的 SWOT 分析，即基于内外部环境和竞争条件下的态势分析，是将与研究对象紧密相关的各种主要内部优势、劣势以及外部机会和威胁等通过调研列举出来，并按照矩阵形式进行排列。随后运用系统分析的思维，将各类因素相互匹配并进行深入分析，从而得出一系列具有决策价值的结论。这种方法使得能够全面、系统且准确地研究研究对象所处的情境，进而根据研究结果制定相应的发展战略、计划及对策。

在此阶段，我们可运用 SWOT 模型（图 3-12）帮助分析行业内成功竞争者的优劣势，以及当今市场环境下可能存在的机会与威胁。

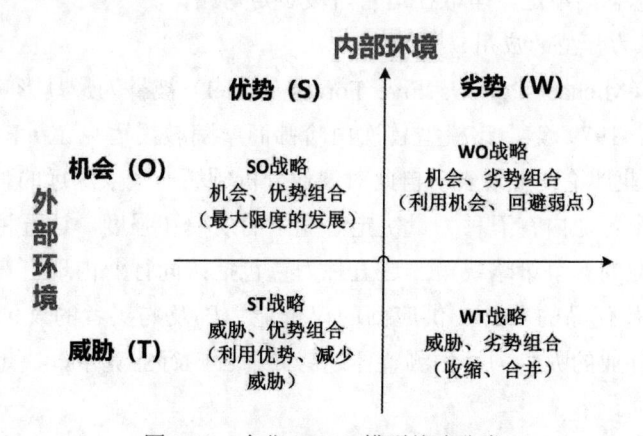

图 3-12 企业 SWOT 模型战略分类

分析一家竞争对手店铺时，假设我们发现该店铺的优势 S（Strengths）在于店铺原始客户积累量大，粉丝众多，流量、销量可观。劣势 W（Weaknesses）为对比其他店家所卖的同类产品，价格较高，客服投诉较多。机会 O（Opportunities）为受网红效应及微博、微信营销的影响，本店铺所经营的进口零食成为了消费新风尚。威胁 T（Threats）可能在国产同类型零食产品价格下降时发生。

通过对竞争者的分析，我们可以识别到其成功的要素以及潜在的机遇，了解到其发展可能面临的不利因素和威胁。这些分析可以帮助我们预测竞争对手的动向，判断其下一步的行动。

4. 对比自身，结合分析成果，总结自家店铺的发展战略及目标

这是最后一步，也是至关重要的一步。竞争分析不仅可以帮助店主了解整个市场的动向、竞争者的现状、成功因素及未来的预期，更可以在分析中学习、反思很多来自他人网店经营的经验和教训。

在此阶段中我们也可以利用 SWOT 模型对自家店铺的现状及发展战略进行分析。从网店内部来说，要明确自身的有利条件以及不足之处，懂得扬长避短；从市场的外部环境来看，要善于发现发展过程中可能存在的威胁及机会，合理地规避风险，把握机会。

基于 SWOT 模型分析，可得出以下战略组合。

（1）SO 策略：凭借内部优势，抓住外部机会。使所制定的战略能够满足充分发挥长处、最大程度利用机会的要求。

（2）WO 策略：借助外部机会，弥补内部劣势。使所制定的战略能够满足避短或补短、最大程度利用机会的要求。

（3）ST 策略：依靠内部优势，规避外部威胁。使所制定的战略能够满足充分发挥长处、回避或最大程度消除威胁的要求。

（4）WT 策略：减轻内部劣势，规避外部威胁。使所制定的战略能够满足避短、避威胁或补短、最大程度消除威胁的要求。

我们最终需要将分析所得结合自身网店的实际情况，制定合理的网店发展计划和目标。吸取成功经验，反思总结不足，争取在运营阶段少走弯路。

3.1.2.3 波特五力模型的应用

波特五力模型（Michael Porter's Five Forces Model）被誉为最具影响力的行业市场竞争战略分析工具之一。1979 年，该模型首次由哈佛商学院教授迈克尔·E·波特（Michael E Porter）在《哈佛商业评论》上发表，自此对商业分析领域产生了深远的影响。

波特指出，一个行业内有五种力量决定着竞争的规模和强度，这五种力量共同影响产业的吸引力及现有企业的竞争策略决策。这五种力量包括：同行业内现有竞争者的竞争力、潜在进入者的威胁、替代品的威胁、供应商的议价能力以及购买者的议价能力。通过五力分析，公司能够评估行业的吸引力，预测整体趋势如何影响行业竞争，决定应参与哪些行业，并为自身的成功定位。

3.1.3 店铺定位

3.1.3.1 店铺类型的定位

随着电子商务产业的发展,各电商平台陆续推出了不同类别的网店服务类型。不同的店铺类型对应不同的服务提供和不同的租金价格,例如淘宝有付费旺铺和免费旺铺,并且在此基础上又有个人店铺、企业店铺和个体工商户店铺三类。

付费旺铺(标准版旺铺)与免费旺铺(创业扶植版)的主要区别在于,付费旺铺购买后可以享受全部服务,有助于提升浏览量并更好地留住买家;图片更大,店铺更美观;赠送卖家 10G 图片空间。而免费旺铺仅对 1 钻及以下卖家开放,旨在支持低星级卖家成长。与付费旺铺相比,免费旺铺固定了店铺首页的模块,不提供图片空间服务,且各项增值服务功能受限。

从经营者类型来看,淘宝将卖家分为个人店铺、企业店铺、个体工商户三类。

- 个人店铺:指通过支付宝个人实名认证,提供完整个人认证信息并以自然人身份开设和经营的个人店铺。
- 企业店铺:指通过支付宝商家实名认证,并以工商营业执照登记的企业名称开设和经营的企业店铺。
- 个体工商户:基于支付宝实名认证,同时通过淘宝个体工商户身份认证并以个体工商户或经营者身份开设和经营的店铺。

天猫同样分为三种类型:天猫旗舰店、天猫专营店、天猫专卖店。

- 天猫旗舰店:以商家自有品牌(注册商标或正在注册的商标)入驻申请的店铺。旗舰店主要包括:①只经营一个自有品牌的旗舰店;②经营多个自有品牌且只有一个企业控制的品牌旗舰店(仅限天猫邀请入驻)。
- 天猫专营店:经营天猫同一招商大类下两个及以上品牌的店铺。天猫专营店主要包括:①经营两个及以上他人品牌的店铺;②既经营他人品牌同时也经营自有品牌的店铺;③经营两个及以上自有品牌的店铺。同一招商大类只能申请一家店铺。
- 天猫专卖店:商家持有品牌授权在天猫开设的店铺。天猫专卖店主要包括:①经营一个授权品牌的专卖店;②经营多个授权品牌且归于一个控制的专卖店。

3.1.3.2 目标客户定位

近年来,产品同质化问题越来越严重,这就导致企业产品必须拥有一定的特性,有别于其他相似供应商的产品或服务,为顾客提供他们最需要的。而如何深入了解用户,分析目标群体,进而提供更有竞争力的服务及产品,便成了摆在卖家面前的必答题。

目标客户的定位需要我们明确店铺的目标客户是谁,他们需要什么,他们喜欢什么,他们在哪里。常见的顾客类型分类有:

(1)顾客属性:性别、年龄、地区、婚姻、学历、行为、职业、消费能力等。

(2)顾客行为:工作、社交、健身、生活用餐、休闲娱乐等。

(3)顾客态度:消费态度、品牌偏好、话题兴趣、价值观、喜欢风格、社会群体等。

如果计划开设一家主营服装的淘宝店铺,明确目标顾客的属性至关重要,这些属性包括年龄、职业、风格、消费能力及消费态度等,不同年龄段的消费者在着装款式和色彩偏好上存在显著差异。

儿童通常性格天真活泼，因此他们偏爱的服装色彩多为高纯度和高明度；青年人作为流行色的引领者，对色彩的关注和接受程度远超其他年龄段，无论是艳丽、深沉、淡雅、活泼还是含蓄的色彩，都适合青年人的选择范围；中年人在个性心理和兴趣爱好上趋于成熟，他们在服装选择上更倾向于符合自身身份、地位和经济能力，色彩选择也更偏向含蓄和理性；老年人在服装色彩选择上较为保守，多倾向于低明度和低纯度的色彩。然而，随着时代的发展和社会观念的开放，一些老年人也开始尝试穿着色彩亮丽、鲜艳的服装，打破传统观念的束缚。

只有在确定了目标顾客的相关属性后，我们才能进一步优化自身店铺产品的选择和营销活动的策划，为顾客提供更优质的购物体验，赢得更多顾客的青睐。

另外，目标客户群体的用户画像（User Profile）也是近年来广泛运用于电商领域的一种勾画目标用户、联系用户诉求与设计方向的有效工具，它可以帮助卖家更准确、形象地圈定目标客户群体，为顾客提供有针对性的服务，设计更能迎合顾客需求的产品策划和运营活动。

3.1.3.3 产品及价格定位

产品作为网店经营销售的主体，是商业分析和运营活动设计的基础，并很大程度上影响了一个网店的经营业绩，因此产品的选择尤为重要。成功的网店都会对自己的产品进行合理的结构优化，琳琅满目的商品需要合理的定位才能使整个店铺的产品设置更具有层次性、系统性，进而提高店铺的竞争优势。

首先，我们需要明确哪些产品适合在线上交易，而哪些产品不适宜在线上交易，尽量避免选择不适宜网上交易渠道的产品进行销售。

不适宜网上销售的物品类型特点有：

（1）国家限制的物品，如烟草、枪支武器等。

（2）保质期短、贮存条件高、运输成本高的物品，如生鲜、宠物、植物等。

（3）易损易碎商品，如瓷器、玻璃等。

（4）依赖购买者试用、触摸而决定购买行为的产品，或价值较高，购物风险较大的产品，如眼镜、高端奢侈品等。

适宜网上销售的物品类型特点有：

（1）品牌认知度高的产品，如苹果、华为、小米等品牌的产品。

（2）由知名供应商提供担保的产品，如沃尔玛、家乐福等商家提供的商品。

（3）数字化、不需要物流的产品或服务，如电子书、软件等。

（4）价格相对便宜的商品，如同样的食品，线上对比线下价格便宜。

（5）购买频繁的产品，如一般日用品，商品变化和不确定性较小。

（6）有标准规格的产品，不需要查看实物，确定性高，如图书、机票、高铁票。

（7）即使在传统商店也无法打开包装的产品，如食品、牛奶等。

在确定了店铺的主营类目后，我们需要进行产品的选择和定价。通常情况下，我们将网店中的产品分成三个层次，分别是爆款、引流款和利润款。

首先，我们来探讨"爆款"产品。爆款即极受欢迎的商品，其特点是高流量、高曝光量以及高订单量。这类商品的销售情况通常随着成交量的增加而变得更好，这正是爆款形成的初步迹象。这种现象背后的原因主要是消费者的从众心理，即人们倾向于追随大众的选择。在网络购物环境中，消费者无法直接接触实物进行判断，只能依赖商品描述和图片来获取信息。由于许多商品的描述和展示图片相似，消费者更倾向于参考第三方意见，尤其是那些已经购买并使用过该商品的用户评价。因此，拥有更多购买者和评价的商品更容易获得消费者的青睐，从而进一步提升销量，逐渐形成爆款。

然而，这些爆款产品往往不是利润的主要来源。通常情况下，能够实现高流量和高订单的产品价格不会很高，这直接影响了店铺的利润水平。针对这种情况，建议每个店铺设置1~2件爆款产品。在打造爆款的初期阶段，卖家应该尽量降低利润预期，甚至做好不盈利的准备，以便更顺利地打造爆款产品。

接下来是"引流款"。引流款的目的是为店铺及其商品吸引流量。这类产品的价格也不能过高，因为它们同样不是主要的利润来源。引流款应该是目标客户群体中大多数顾客能够接受的产品，而不是针对小众市场。在选择引流款时，需要进行产品数据测试，初期给予较小的推广流量，观察数据表现，选择转化率较高且地域限制较少的产品。通常，这类产品可能不盈利或盈利很少，因此建议每个店铺设立 3~5 件引流款，以控制成本投入。

最后是"利润款"。店铺运营的核心在于效益，而利润款则是主要的盈利产品。一般来说，除了爆款和引流款之外，店铺中的其他产品都可以视为利润款。利润率由卖家根据对商品的预期利润率进行评估来确定。尽管这类产品的流量可能不高，但它们的利润率较高。当然，为了参与电商平台组织的各类活动或节日促销，这些产品也应预留一定的折扣空间。

常见的定价方法包括以下几种。

（1）成本导向定价法。成本导向定价法以产品成本为核心，是传统且广泛应用的定价方式。具体操作是根据产品的生产成本加上预期利润来确定价格。例如，若进货成本为 20 元，期望获得 5 元的利润，则最终定价为 25 元。此外，还需将平台收费项目、邮费或其他交易费用纳入总成本中计算。

（2）竞争导向定价法。竞争导向定价法聚焦于市场竞争，依据竞争对手的定价来设定自己的价格。即通过研究销售同类商品的卖家定价来决定自己的定价策略。例如，如果你的店铺主营某品牌进口零食，经搜索发现同品牌的零食售价在 20 至 30 元之间，为了获得竞争优势，你可以将定价设为 17 元，从而吸引消费者选择你的商品。

（3）需求导向定价法。需求导向定价法以消费者需求为核心，不同于仅考虑产品成本或竞争状况的传统定价方式，它根据消费者对商品的需求强度和对商品价值的认知程度来制定价格。也可以理解为根据潜在买家的支付意愿来确定价格。例如，如果你销售的商品具有独特性或新颖性，或者是市场上的新品，可以根据买家的承受能力来设定价格。

3.1.3.4 店铺装修风格定位

店铺装修风格是影响顾客消费体验的一个重要因素。好的店铺装修不仅在视觉上达到美观的效果，同时能够提升顾客满意度和对店铺的印象，从而提高顾客的进店体验，进一步提高销量。网店装修风格的定位需要依照两个因素，第一是产品风格，第二是目标人群。比如卖欧美的服装，那么在进行网店装修时就不能将网店装修成可爱的风格。目标人群是指产品面向什么顾客群体，如果是年轻人，那么网店装修可以个性、新潮一点。另外，季节、节日或促销活动也是装修时需要考虑的因素，尽量实时做出调整，可以提升店铺的整体氛围和顾客的购物体验。

3.1.3.5 营销推广策略的定位

在确定了店铺类型、产品、风格和目标人群的定位后，我们就要考虑如何使店铺和商品让更多人知道。想要有生意，就要靠好的营销和推广策略带来顾客流量，进而促进交易的形成。如今，各式各样的新型营销方法层出不穷，如近几年流行的直播带货、网红推荐等。这类新型、有效的推广方式很适合初期有一定资本积累的卖家。但这些较为"高端"的推广模式对新入行的店主来说也许就不是那么适用了，在没有基础流量的背景下，一些平台自带的工具也可以给我们带来很好的效果。

淘宝主要的推广方式包括：

（1）淘宝客，这是一种基于成交的计费推广模式，指的是通过推广赚取收益的人群。淘宝客只需从淘宝推广专区获取商品代码，当买家通过他们的推广链接进入淘宝卖家店铺并完成购买后，便可以获得由卖家支付的佣金。

（2）淘宝直通车是为专职淘宝和天猫卖家定制的按点击付费的效果营销工具，旨在帮助卖家实现宝贝的精准推广。它由阿里巴巴集团旗下的雅虎中国和淘宝网整合资源推出，是一种全新的搜索竞价模式，主要包括搜索推广、定向推广、活动推广和店铺推广四种模式，其中搜索推广应用最为广泛。例如，当顾客在淘宝宝贝搜索栏中输入"麦片"关键词后，页面右侧及底部的"掌柜热卖"区域展示的就是通过直通车推广的宝贝。这些方式利用淘宝网庞大的数据库，通过多维度人群定向技术，帮助卖家锁定目标客户，并将推广信息展示在目标客户浏览的网页上。

（3）淘宝论坛是最具人气的淘宝店铺推广社区论坛，提供论坛资讯信息，为客户提供一个简洁舒适的快速阅读门户页面和交流平台。该论坛围绕淘宝网展开，包含淘宝买家的购物攻略、防骗技巧以及淘宝卖家的店铺促销等内容展示。

（4）淘宝联盟隶属于阿里巴巴集团，于2010年4月8日正式成立。凭借阿里巴巴集团强大的品牌影响力和淘宝联盟成员的不懈努力，淘宝联盟汇聚了大量电子商务营销效果数据和经验。

（5）钻石展位是淘宝网的图片类广告位竞价投放平台，为淘宝卖家提供的一种营销工具。钻石展位依靠图片创意吸引买家点击，从而获取巨大流量。然而，由于钻石展位需要卖家之间相互竞价，且加入条件较高，因此这项服务多不适用于新手卖家进行推广。

除了以上平台提供的营销工具，在网店经营的初级阶段，要多注意利用身边资源，例如动员亲朋好友为店铺增加流量；在各种社交或短视频平台对店铺及产品进行宣传；寻找性价比合适的关键意见领袖（Key Opinion Leader，KOL），如与一些有一定粉丝基础的博主或公众号进行合作。

3.2 货源选择

如何寻觅好的货源一直是困扰着万千淘宝店主的一个难题。尤其是对于没有太多网店运营经验的新手掌柜来讲，货源的选择对他们而言更是一个巨大的挑战。

本小节将介绍几种常见的货源渠道，分析它们的优劣，帮助大家熟悉并选择恰当的进货方式及货源，并在此基础上介绍一些有关货源选择的一般注意事项。

3.2.1 常见的货源渠道

3.2.1.1 在阿里巴巴1688网批发进货

阿里巴巴平台定位为"网上批发大市场"，专注于批发和采购业务，是面向中国小企业推出的全球最大采购批发市场。目前，该平台涵盖了原材料、工业品、服装服饰、家居百货、小商品等16个行业大类，提供从原料采购到生产加工再到现货批发的一整套供应服务。

阿里巴巴1688网（图3-13）是现在很多没有货源选择经验的淘宝卖家首选的货源途径，也是现在国内最大的货源网站，货源种类丰富齐全。它的客户包含很多人群，有淘宝卖家、天猫卖家、微商卖家、实体店商家，甚至一些其他平台的电商卖家，比如拼多多。

图3-13 阿里巴巴1688网首页

优点：货品种类丰富，供应充足，可以货比三家；进货方便快捷，省时省力；支付方式便捷；很多供货商支持一件代发、免费代理，投资风险相对较小；开通诚信通的商家有一定的货源保障；很多供货商可以提供货品图片，省去拍图麻烦。

缺点：缺乏实际考察，可能出现货品质量问题；货源供给是否充足不得而知；与供货商沟通多通过线上交流，缺乏现实联系，可能出现沟通不及时的问题；大多代销店主可能对货物了解不够，会影响与顾客关于货品详细信息方面的沟通和服务；处理售后问题较难；涉及保证金的代销要慎重考虑。

在阿里巴巴1688网进货需要注意以下几点。

（1）确认商家是否可靠。通常，商家需要满足以下条件：①开通诚信通（类似于淘宝中的消费者保障服务，旨在保护买家权益。诚信通时间越长越好，越长证明店铺资历越深）；②支持支付宝担保交易（对于货到付款、银行转账等支付方式要谨慎考虑）；③开通买家保障（即先行赔付服务）。

（2）判断商家资质。阿里巴巴平台上的商家大致分为三种类型：①个人实名认证：通过阿里巴巴实名认证，没有营业执照的个人经销商开的店铺可能是"小作坊"，也可能是从上家拿货；②企业身份认证：已经通过企业工商注册信息真实性核实，具有合法营业执照的公司开的店铺，一般都是较大的经销商；③企业实地认证：阿里巴巴工作人员亲自上门取证，确保企业真实存在。

（3）判断是否选择该商家进行进货。①从产品的成交量和评价来判断：如果成交量非常高，但评价很少，那么极有可能是不真实的成交量，另外，多翻看几页成交列表，如果成交时间非常密集，那么刷单的可能性也非常高；②商品满意度：通过已购买的消费者对产品的质量评价进行判断，满意度越高越好；③重复采购率：重复采购率越高代表产品质量不错，已购买者会选择重复购买；④采购人数：非大众化产品的成交量和采购人数如果差距非常大，那么极有可能是刷单产生的成交量。

3.2.1.2 通过供销平台进货

供销平台（又称分销平台）是指由某个网络运营商研发提供的，用于帮助供应商搭建、管理及运作其网络销售渠道，帮助分销商获取货源渠道的平台。我们以最常用的天猫供销平台（图3-14）为例。

图3-14 天猫供销平台

天猫分销平台是淘宝网专门为商家提供代销、批发的平台服务，帮助商家快速地找到分销商或成为供货商的平台。直线式的供销平台不仅可以减少商品买卖交易中的各种运费成本和保险成本，而且可以更快速地获得相关的商品资讯，可以更快速地掌握行业信息，占据市场份额。

天猫供销平台中的供应商大多数都是已经入驻了天猫平台的品牌商家，由这些品牌商家提供货源。在淘宝店绑定了供销平台之后，商铺中所上架的货物是不需要自己再去采购和囤货的。

通过天猫供销平台进货步骤如下。

第一步，登录淘宝账号，单击"卖家中心"→"货源中心"→"分销管理"；或者在浏览器地址栏输入网址，如图3-15所示。

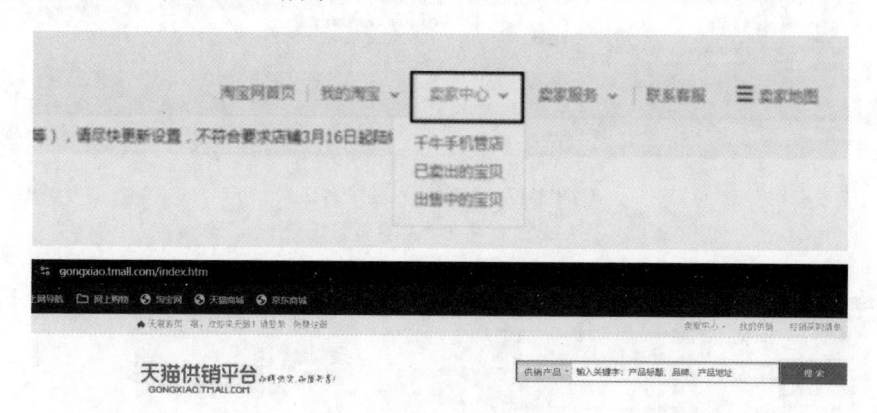

图 3-15　进入天猫供销平台

第二步，单击"我要入驻供销平台""我是分销商"如图3-16所示。

图 3-16　分销商入驻平台 1

第三步，选择"分销商入驻"，如图3-17所示。
第四步，填写所需要的信息，如图3-18所示。

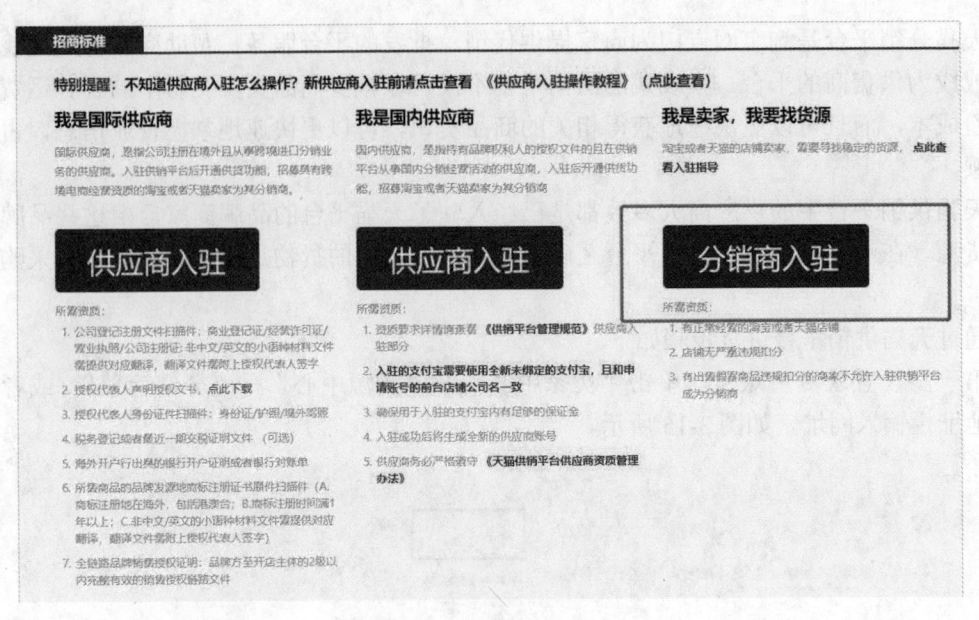

图 3-17　分销商入驻平台 2

图 3-18　分销商入驻平台 3

第五步，入驻成功，如图 3-19 所示。

天猫供销平台与阿里巴巴 1688 网作为同属阿里巴巴集团旗下，并具有相同性质的采购平台，两者之间有什么样的区别呢？首先，天猫供销平台相对阿里巴巴 1688 网来说，货源选择较少，入驻门槛相对较高，但较高的入驻门槛也使其货物的品质更有保障，并且淘宝顾客下单可以自动在天猫供销平台后台生成订单传递给供应商。

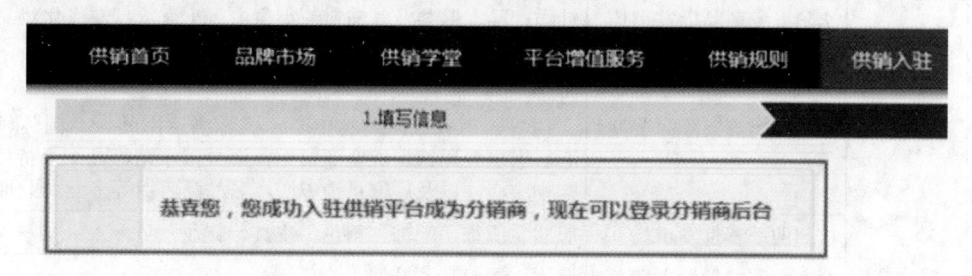

图 3-19　分销商入驻平台 4

3.2.1.3　通过线下批发市场进货

每个城市几乎都有一个或几个从事不同类别商品经营的批发市场，通常，市场里的产品便宜并且交通方便。另外，线下供应商有自身的实体摊位，为了赚取更多的客户，通常货品价格、起批量、售后服务方面都有一定的保证。因此，不管是实体店铺还是网店，很多卖家都是从批发市场进货的。

不同地区的批发市场各有其独特优势。例如，如果需要销售饰品、体育用品等小商品，可以选择义乌的小商品批发市场；若想销售鞋子和玩具，广州的鞋子批发市场是理想选择；而要经营箱包，四川成都的荷花池皮具市场则更具竞争优势。卖家也可以根据自身地域特点选择合适的进货渠道。全国大型批发市场及经营内容见表 3-1。

表 3-1　全国大型批发市场及经营内容

序号	市场类型	市场名称	经营内容
1	综合性批发市场	中国义乌国际商贸城	一区：花类及配件、玩具、头饰珠宝、工艺品 二区：雨伞、箱包、电子产品、五金、小家电、钟表、电子仪器 三区：办公用品、体育用品、化妆品、服装辅料 四区：日用百货、服装百货 五区：珠宝工艺品、食品、日用百货、纺织用品、汽车配件 篁园区：服装、鞋类、餐饮、地方特产
2	综合性批发市场	河南郑州中原第一城	A 区：洗化区，经营国内外知名洗涤、日化等系列产品 B 区：食品区，汇集国内外知名休闲食品、糖果酒水、干货炒货、调料品等 C 区：百货区，经营产品包含牙刷、毛巾、洗衣液系列、雨具、厨卫等各种百货 D 区：酒水区，国内外知名酒水
3		湖北武汉汉正街批发市场	暨济商城：内衣、皮具 国体商城：体育用品 品牌服装批发市场：服装 中心商城：时装、裤裙、小商品、童装、内衣 多福路商城：内衣、睡衣、牛仔系列 金昌商业城：面料、辅料 饰品交易大楼：饰品

续表

序号	市场类型	市场名称	经营内容
4	综合性批发市场	沈阳五爱商品批发市场	针纺产品、服装及其辅料、小家电、小百货、洗涤化妆品
5		昆明螺蛳湾国际商贸城	一期市场汇集服装、鞋、皮具箱包、针织、工艺品、日用百货；二期为云南省旅游购物中心，国际酒店用品城，国际风尚中心，家电数码馆，综合商贸馆，海外国家馆等几十个特色主题购物中心，以及厂家直销中心，名品商店街等多元商业形态
6		杭州四季青批发市场	服装、服饰、配饰、箱包、皮具、鞋业
7		北京大红门批发市场	服饰、纺织品、鞋帽
8		北京百荣世贸商城	高档箱包、皮具、鞋类、小商品、服装
9		成都荷花池批发市场	鞋类、皮具、服装、百货、小家电、工艺品
10		临沂小商品城	小商品百货
11		石家庄正定国际小商品市场	商贸、餐饮、娱乐、旅游休闲
12		青岛即墨商贸城	有服装市场、小商品城、针织城、布匹床上用品批发市场、木材装饰材料批发市场、农产品批发市场
13	专业性批发市场	广州白马服装批发市场	女装、男装、套装、晚装、休闲装、唐装、衬衫、外套、大衣、内衣
14		广州东莞虎门服装批发市场	有时装批发、超市百货、商贸、证券、娱乐、餐饮、休闲度假等品类
15		福建石狮服装批发市场	男装、女装、童装、正装、休闲装、裤装、裙装、内衣、外套
16		上海七浦路服装批发市场	服装
17		常熟招商城	羽绒服等服装服饰、面辅料及五金电器
18		浙江海宁皮革城	皮衣、裘皮、箱包、鞋类
19		广州南方大厦国际电子数码城	数码产品

优点：货品种类多，更新快；实体店售后保障和服务度高。

缺点：需要投入一定的精力、体力；要考虑仓储等问题。

3.2.1.4 其他进货渠道

1. 线上渠道

（1）中国制造网。中国制造网（图 3-20）是一家国内综合性第三方 B2B 电子商务服务平台。网站立足内贸领域，旨在为国内中小企业搭建交流平台，促进供应商和采购商之间的联系，挖掘国内市场的商业潜力。其经营的产品主要集中在工业和电子等领域。

（2）53 货源网。53 货源网（图 3-21）成立于 2006 年，由会员免费注册并在网站发布货源供应和需求信息。商品种类涵盖女装、男装、童装、鞋子、化妆品、饰品等。目前，平台上已有 10 万余家货源供应商，提供丰富的淘宝开店资源，支持一件代发。

图 3-20 中国制造网

图 3-21 53 货源网

（3）衣联网。衣联网（图 3-22）上的实体批发商主要来自全国各地的服装批发基地，可以直接获取一手货源。衣联网的热销品类有高/中/低档女装、男装、童装、内衣及箱包、配饰、男女鞋类等，支持拿货看样。

图 3-22 衣联网

(4) 中国鞋库网（图3-23）。提供各类鞋子货源，支持一件代发。

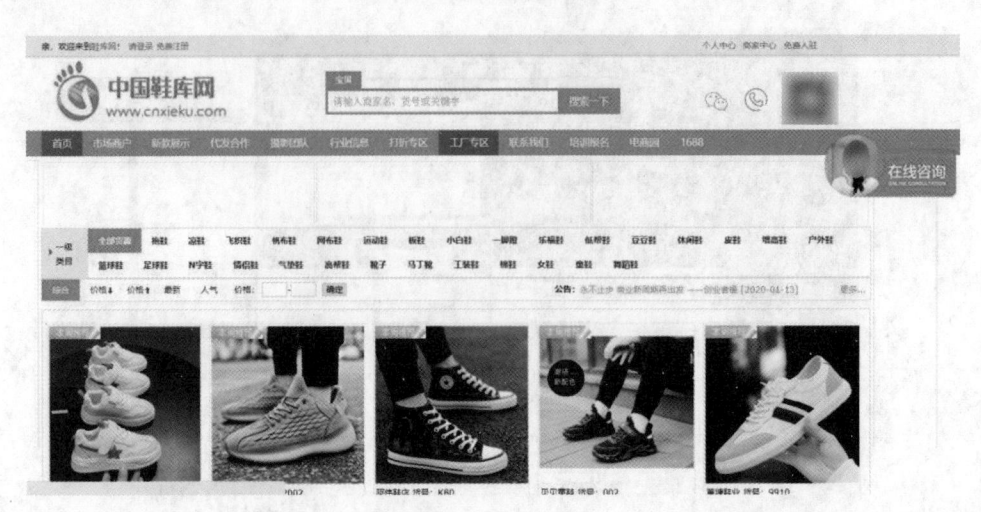

图 3-23　中国鞋库网

(5) 包牛牛（图 3-24）。包牛牛是一家专门做箱包货源批发的网站，汇集了河北白沟、广州数千家的网供厂商，支持一件代发。

图 3-24　包牛牛

(6) 慧聪网（图 3-25）。慧聪网成立于 1992 年，是中国 B2B 企业经营、信息服务的先驱者，主营类目偏向机械、电子相关。

(7) 义乌购（图 3-26）。义乌购是义乌小商品批发市场官方网站，平台囊括 7 万个商铺，21 万家供应商，170 万种商品。

第 3 章　网店规划与货源选择

图 3-25　慧聪网

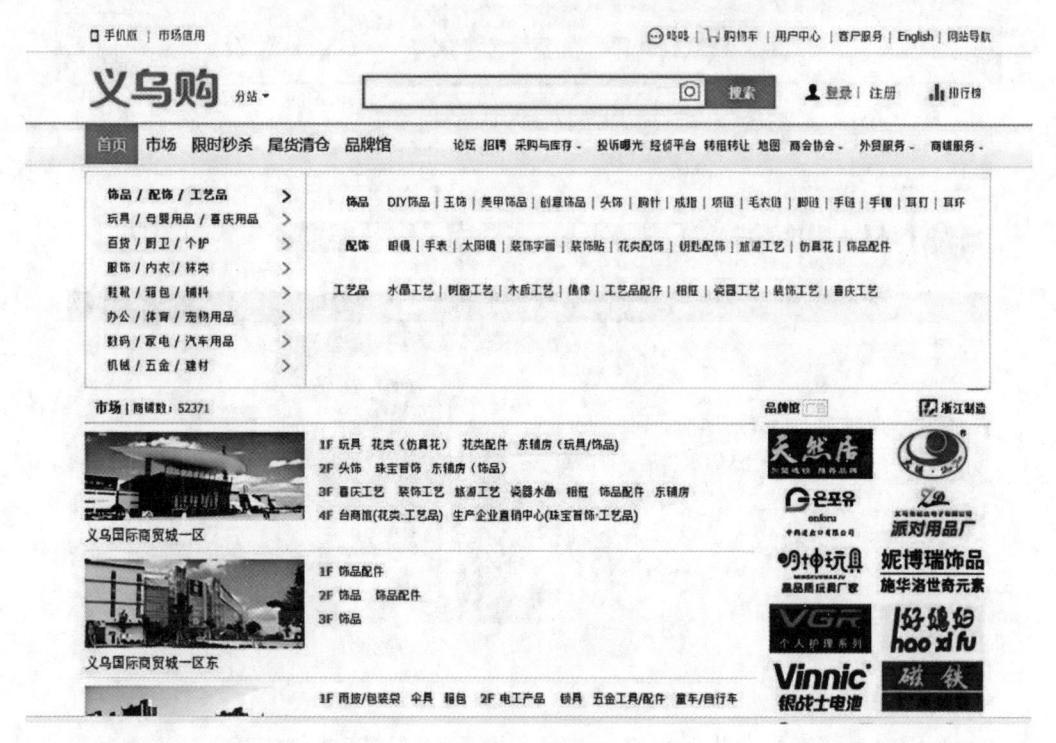

图 3-26　义乌购

（8）58 食品网（图 3-27）。58 食品网经营食品及食品相关产品的批发，包括食品机械、食品添加剂、食品配料、包装等。

（9）娜拉美妆网（图 3-28）。娜拉美妆网是一家专注美妆的采购批发网站，美妆类货品种类丰富。

2. 线下渠道

（1）工厂直销。正规的厂家货源充足，信用度高，如果长期合作，都能争取到产品调换。但是一般来说，厂家的起批量较高，不适合小批发客户。如果有足够的资金储备，有分销渠道，不会有压货的风险或不怕压货，是一个很不错的进货渠道。

图 3-27　58 食品网

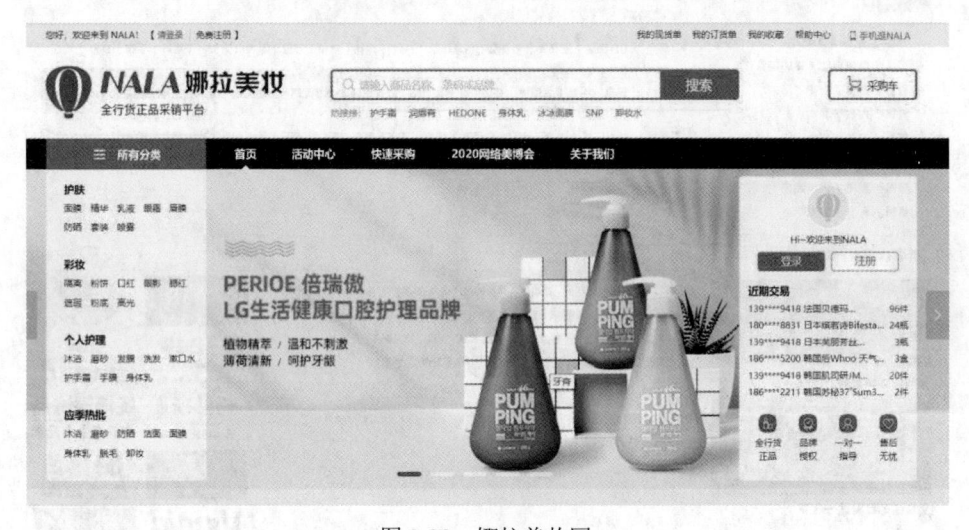

图 3-28　娜拉美妆网

（2）利用自身资源寻找货源渠道。若自家恰巧为制造商或供应商，或有熟悉的人从事相关工作，能够更有效地拿到最低价，起步压力会小许多。

（3）地区特色产品。每个地区都有自己的特色产品，如阳澄湖大闸蟹，老北京稻香村等老字号的糕点，那么对于这些特色产品，卖家们可以去实地考察一下，很多商品针对当地议价都会容易很多，货源的特色得到满足的同时，进货发货也方便很多。

（4）贸易会展、交易会等（图 3-29）。我国每年都会举办各类内外贸展销会，如农博会、服装展、建材产品展等，可以为网店店主提供与厂家交流沟通的渠道，中国展会网可查询到近期各地的展会活动情况。

图 3-29 中国展会网

3.2.2 选择货源的一般注意事项

（1）虚假货源网站识别的基本方法。首先要检查网站是否经过工业和信息化部正规的 ICP 备案，如果没有找到相关备案，那在此网站进行采购的风险会很大，建议谨慎选择。其次，网站是否支持第三方担保交易也是很重要的评判条件，如果不支持担保交易就需要警惕，不要轻信供货商的各种理由，尽量选择支持担保的商家进行交易。另外，通过百度或者其他各方平台对网站进行搜索，搜集相关评价信息也可以帮助卖家进行判断。最后，一定要警惕打着加盟费幌子坑骗进货商的货源商家，他们很有可能在你交完费后就消失不见了。

（2）隐藏新人卖家的身份，尽量扮作老手。不管线上还是线下进货，都要先做好前期对货品以及货源的了解，把自己装扮成一个有丰富进货经验、懂门道的人。在与供应商交流时，不要问一些一看就是新手的问题，问点专业性的问题，商家不会诓骗一个老手，但可能会对一无所知的新人下手。

进货穿着提示：不要正装和过于时尚端庄，随意的休闲装就好。

进货工具提示：带个黑色塑料袋，大部分经常进货的熟手都会备着它用于装货物，再拉一个两轮的小车就再不会有人怀疑你的身份了。

进货术语提示：拿货价多少；怎么拿；这个怎么批；拿多少还能优惠。（千万不要外行地问："这个怎么卖"。）

（3）货为盈利之本：优质的货物才能畅销。挑选货物时，要尽可能多做些比较，所谓货比三家，不仅要对比产品的质量、款式等，还要对比其价格是否划算。在网上选取供应商时，需特别注意已购买客户的评价，可以选择先少进一些货品，待收到货物确认产品质量后再大批进货。

（4）兴趣为盈利之本：选择你喜欢的商品，才能卖出奇迹。兴趣是最好的老师，对自己从事售卖的商品感兴趣，喜爱这份工作，才能有动力克服种种困难，主动地学习和了解相关产品的知识和售卖技巧。喜欢和热爱可以帮助你战胜许多开店过程中不可避免的消极情绪，并最终助你走向成功。

（5）挑选有特色的产品（例如地方特产、稀有款等）。我国地大物博，每个地区又都有各自的特色，网购给五湖四海的朋友们带来了足不出户挑选各地特产的便捷体验。为大众所熟悉的北京稻香村点心、金华火腿、杭州知味观，还有近年来时兴的"代购"产业，都是依托企业或店主的地理位置优势形成的店铺特色。当地拿货有很强的价格优势，相对利润空间也高一些。多留意市场动向，多观察自身所在城市的特色产品，你也可以发现潜在的网店商机。

（6）提前和供货商协商好关于售后、物流、退换货等问题。网上购物顾客经常会考虑售后、物流和退换货等问题。作为商家，也需要考虑到货源是否有售后。现阶段，淘宝上购买的商品多数都是支持七天无理由退换的，所以我们的货源也要尽量满足这个需求。另外，物流的时效问题，例如顾客拍下商品后多久可以发货、邮费或包邮等问题，也是需要我们与供应商沟通协商的。

（7）多关注线上供货商的评价、客服回复速度等细节性问题。在选择线上渠道进货的过程中，无法实地考察货源及货品，需要多留意观察供货商的细节信息。如从已购买家的评价、货品实图等来判断货品质量的好坏。多与客服沟通交流，注意其回复的速度及回答问题的态度等。

（8）了解市场行情。开店之前，尽量留出足够的时间充分了解货源市场，掌握足够的信息后再采取行动。选择批发市场进货要尽量多地进行考察，熟悉每个市场的主要经营类目，都有哪些品牌，大概什么价格区间，可以提供怎样的服务等。若选择网络批发，则要多浏览相关的平台和商家进行比较，多留意商家的信用、客服等问题。

本 章 小 结

本章介绍了网店开设初期的规划、定位及货源选择等，其中重点讲解了行业市场分析及竞争分析的概念、步骤和意义。通过本章的学习，可以认识到网店行业市场分析的意义，即更好地认识市场的商品供求的比例关系，采取正确的经营战略，满足市场需要，提高经营活动的经济效益。

课 后 习 题

一、单项选择题

1．一个店铺中，最能带来利益的"镇店之宝"通常是（　　）。
　　A．能带来大量流量和成交转换率的低价爆款
　　B．接受度高，成交率高的中等价位

C．体现品质，提升店铺档次的高价货
　　D．自产自销自有品牌的特色
2．（　　）不是线上进货渠道。
　　A．阿里巴巴 1688　　　　　　B．慧聪网
　　C．工厂直销　　　　　　　　D．58 食品网
3．从经营者类型来看，淘宝将卖家分为三类，不包括（　　）。
　　A．个人店铺　　　　　　　　B．个体工商户
　　C．企业店铺　　　　　　　　D．跨境店铺

二、简答题

1．请简述行业市场分析的意义。
2．请列出主要的行业市场分析维度。
3．请简述波特五力模型在网店运营过程中的运用。
4．请列出店铺定位的主要构成要素。

三、实训任务

实训名称：分享一家你喜欢的淘宝店铺，假如你是它的运营管理者，如何为它做一份优秀的行业市场分析报告？这家店铺的定位是怎样的？你能找到适用的货源吗？

实训目标：

1．自主选择喜欢的店铺进行行业市场分析、竞争分析、店铺定位、货源选择等并整理成一份课题报告。以感兴趣的店铺为目标店铺，可以提高学习的积极性。

2．锻炼撰写书面报告的写作能力，这也是从事互联网运营行业需要具备的能力。

实训内容：撰写网店商业报告，包括行业市场分析、竞争者分析、店铺定位、货源选择以及战略规划等，也可以合理增加相关内容，如风险评估、运营现状等。

第 4 章　商品发布与店铺管理

学习目标

本章主要介绍淘宝店铺的商品发布与店铺管理，包括店铺上架产品的流程、库存管理、商品分类管理、店铺基本设置和客服管理。

知识框架

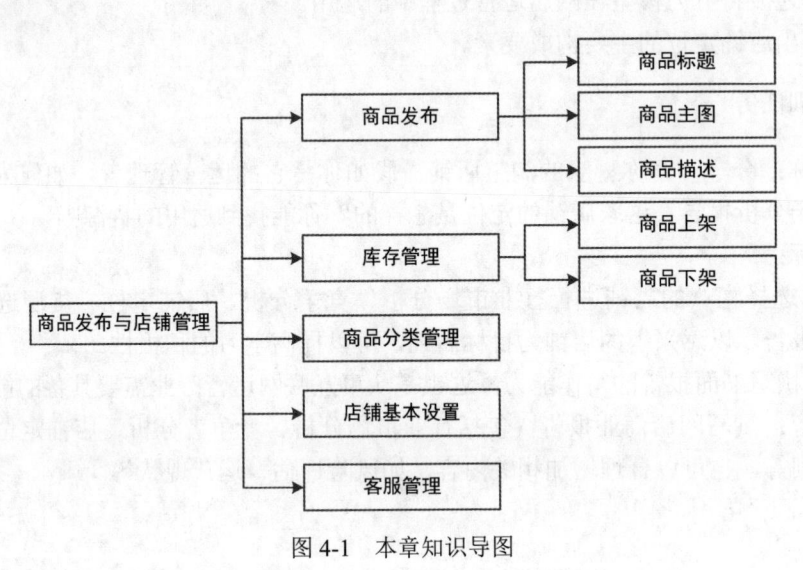

图 4-1　本章知识导图

案例导入

小强服装网店的创业之路

随着近年来的创业潮，小强开始了自主创业的道路，成为一家服装网店的店主。为了上架产品，小强根据目标客户的喜好和潮流变化，选好商品和合适的模特，另外，小强还要求模特根据服装款式、风格和不同的穿着场景，对不同的服装分别进行不同的展现和诠释，并将图片进行优化调整、整理归类。相关素材准备好后，他到淘宝店铺的卖家中心进行商品发布，除了上传优化好的产品图，他还根据产品类目属性、产品使用场景和产品特点编辑了商品标题、商品属性和商品尺码表等，便于顾客选取适合的商品尺码，经过系列的编辑和优化，小强发布了衬衫、外套、T 恤等几类商品，并将其进行分类，方便顾客查找。很快小强发布的商品在淘宝上就被搜索和展现了，小强收到了对商品感兴趣顾客的咨询，小强作为客服，与顾客进行耐心的沟通，最终顾客成功下单。

4.1 商品发布

做好开店和货品选择后，下一步就是把选好的货品上架发布到店铺。商品发布，是网店商品展示和流量获取的基础，是网店日常运营中不可或缺的重要一环。商品发布的三大要素包括：商品标题的设置、商品主图的选取和商品描述的撰写。

4.1.1 商品发布流程

在商品发布前，要了解商品发布流程：登录淘宝卖家账户→千牛卖家中心→宝贝管理→发布宝贝。单击"发布宝贝"即跳转到宝贝发布类目的选取，其中宝贝发布分一口价（常用）、拍卖和租赁三种类型，选取一口价商品发布类型后，根据实际选取的类目有不同的类目细分，如图 4-2 所示，在服饰鞋包中选择女鞋（一级类目）→帆布鞋（二级类目）→品牌名（非必填），即可单击"下一步，发布商品"按钮选项。

图 4-2　商品发布

选取的类目会显示在发布信息完善页面的上面，商品发布还需完善基础信息、销售信息、图文描述、支付信息、物流信息、售后服务共六大模块。基础信息中最重要的是宝贝标题，商品标题的长度限制为 60 个字符，其中，汉字为 2 个字符，英文和数字计算为 1 个字符。此外还包括宝贝类型、类目属性和采购地，如图 4-3 所示。

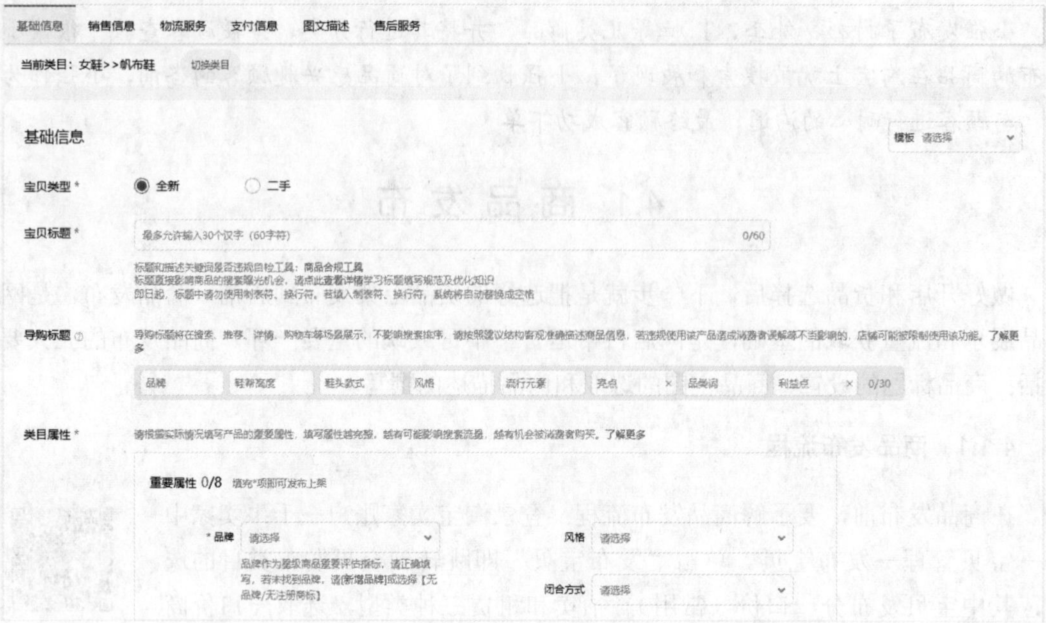

图 4-3　商品发布——基础信息

销售信息不同会导致类目稍有不同，如图 4-4 所示，主要包括商品属性的信息，如帆布鞋是包含颜色分类、尺码、一口价、总数量和商家编码等。

图 4-4　商品发布——销售信息

图文描述中主要有电脑端宝贝图片、电脑端描述、手机端描述和店铺分类。电脑端宝贝图片也就是宝贝主图，商品发布规则中，要求宝贝主题至少 1 张，至多 5 张；描述也叫商品详情页，商品发布规则中，要求电脑端描述为必填，如手机端不填写，页面显示会自动抓取电脑端描述。随着移动互联网的普及，90%以上的用户来自手机端，因此在实际操作中应尤其关注手机端的描述展现。图4-5为电脑端图文描述界面，图4-6为手机端图文描述界面。

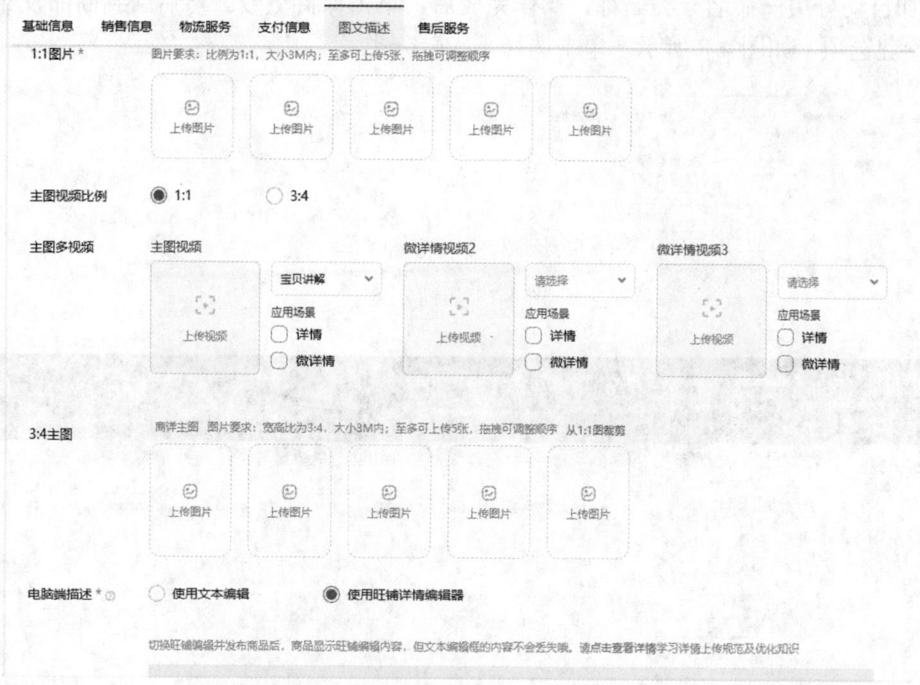

图4-5　商品发布——电脑端图文描述

图4-6　商品发布——手机端图文描述

店铺分类则是当店铺商品较多时，可以勾选相应的分类，使得商品发布后就会在店铺该分类中展示，便于顾客快速找到需求的商品类型，如图 4-7 所示。在此处之前，需要先做好店铺的产品分类，操作路径：在千牛卖家工作台中的店铺装修→分类→分类管理→添加手工分类/添加自动分类→命名分类名称，操作完成后，单击保持更改。然后回到商品发布的店铺中分类管理选项，如图 4-8 所示，单击选择平底鞋分类。

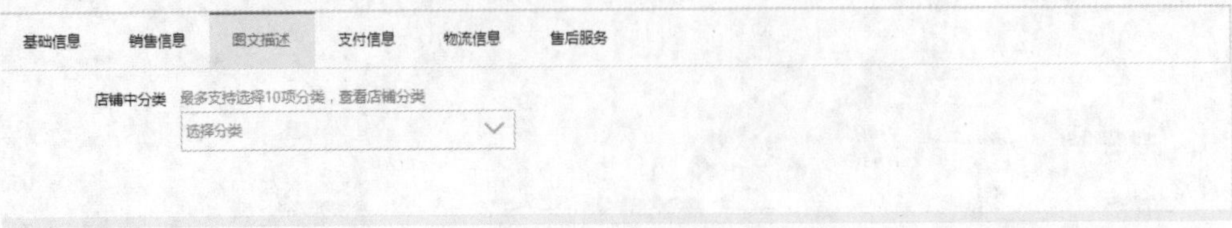

图 4-7　店铺分类

图 4-8　商品发布——分类管理

支付信息（图 4-9）包含付款方式和库存计数，付款方式中的一口价即为前端商品未打折扣前的价格，选择一口价则为现货商品（有实际库存，买家付款后可及时发货），而预售模式则主要针对实际商品暂未到货，但店铺提前售卖并和买家约定好发货时间，发货时间可选维度有支付成功或预售结束的多少天之内，至少要求 4 天。不同类目要求时间会略有不同，此方式可以帮助买家在商品正式上市前利用活动提前曝光和获取流量，提前锁定消费者。新品和限量款可以适当选用该形式。

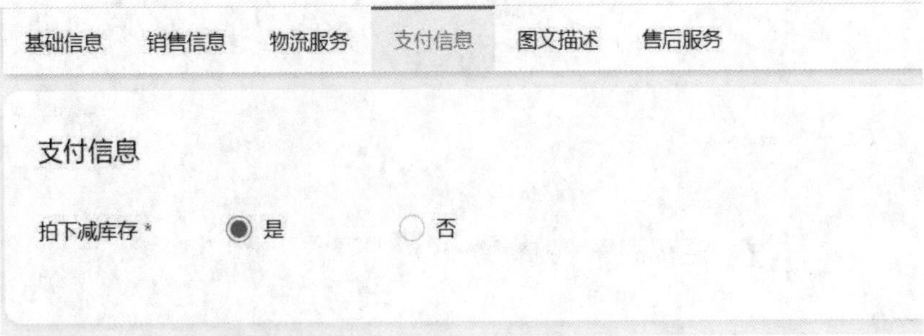

图 4-9　商品发布——支付信息

库存的计数有买家拍下减库存和买家付款减库存两种形式，买家拍下减库存是指买家下单生成订单系统就减库存,当买家下单后没有最终付款的情况下,用买家拍下减库存的方式会比实际成交多减库存;而买家付款减库存就是按实际付款件数来计算的。实际操作中可以按需求在两种方法中选择其一。要特别注意的是,有限量秒杀商品的情况要选择买家拍下减库存这种形式,如果选择买家付款减库存,可能会出现瞬间大量订单拍下,但因为库存有限而部分买家无法付款的情况,容易造成客诉问题。

例如限量秒杀活动为:原价 100 元商品 A 早上 10 点开始¥9.9 秒杀,限量 100 件库存,每个订单限购 1 件;后台实际设置库存计算方式为买家付款减库存;10 点秒杀开始,有 101 个顾客拍下并付款,产生 101 个订单,前 100 名顾客可以顺利付款,但到第 101 名顾客时,生成的订单却没办法付款,因为此时该商品 100 个库存已消耗完,101 位顾客付款时没有剩余的库存可以被抵扣,这就是在秒杀时设置买家付款减库存时可能出现的风险。反之,如果设置为买家拍下减库存时,当 100 件商品被拍完时,商品会自动下架,并在页面展现下架状态,第 101 位顾客是无法拍下的,就不会出现有订单但却不能付款的情况。

物流信息中包含使用物流配送和电子交易。使用物流配送中包含运费模板,可以根据事先设置好的运费模板进行相应选择,发布成功后该商品页面就会出现对应设定好的运费,如图 4-10 所示;电子交易则主要是以非实物形式给到消费者,如话费充值、电子票等形式。

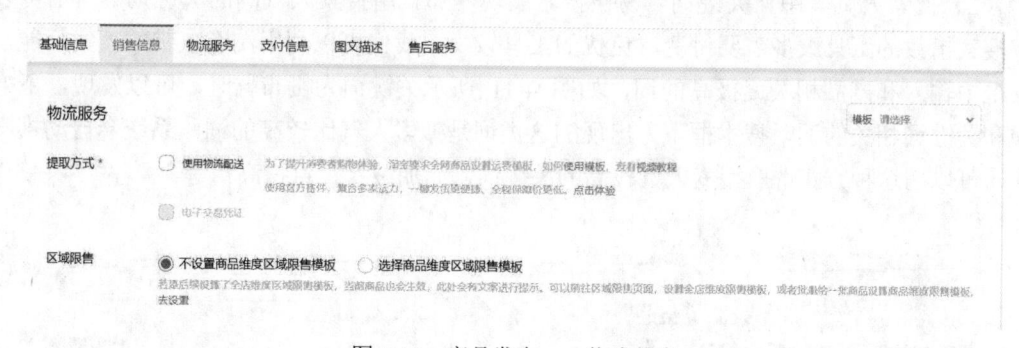

图 4-10 商品发布——物流信息

售后服务主要有提供发票、保修服务、退换货承诺以及服务承诺,其中对应大部分类目,服务承诺是强制要求,即要求商家支持该类商品"七天退货"服务,其他服务可根据实际情况进行选择。

上架时间选项有立刻上架、定时上架和放入仓库,秒杀活动非常适合使用定时上架功能。

以上即为网店商品发布的主要流程,商品发布为网店运营的日常基本操作,掌握好这一基础是开好网店的重要一步。

4.1.2 商品标题的设置

商品发布的三大要素包括:商品标题的设置、商品主图的选取和商品描述的撰写,本节我们就来详细地介绍商品标题的设置。

商品标题为什么如此重要呢?首先搜索是淘宝流量的一大重要来源,而淘宝搜索推荐的主要逻辑就是利用搜索词匹配产品标题的关键字,匹配度高的商品被推荐

商品标题的设置——
关键词的选择

展现的概率就越高，商品只有能够被展现才有和顾客产生更深度行为的可能，如从展现到进一步点击、浏览、收藏、购买等，一个优质的商品标题无疑能带来更多免费的搜索流量和展现，其重要性不言而喻。

在确定商品标题时，需要先确定主关键词，主关键词是对商品进行的定位，可以从商品的属性、卖点、价格、目标客户等角度出发确定，然后再围绕这个主关键词去扩展长尾关键词。长尾关键词能帮助我们获取到大多数同类型竞品没有覆盖到的长尾流量，长尾流量虽然搜索较少，但是竞争也少，是流量获取的一个重要组成部分。

主关键词和长尾关键词都是由关键词组成，那么如何选取标题的关键字呢？关键字选取的维度有哪些呢？

（1）产品相关性。所用的关键词一定要和商品相关，否则会很大程度上影响流量获取。一般情况下，顾客想购买某件商品，会用关键词进行搜索，看到搜索展现符合需求的会进一步点击浏览，如果一双帆布鞋的标题里没有帆布鞋或者鞋子这些关键字，那想买帆布鞋的顾客在搜索帆布鞋的时候，这个商品是很难被展现出来的。怎么知道关键词和产品是否高度匹配呢？其实只要在淘宝上搜索关键词，看展现出的产品是否和该产品类似就能够验证了。

（2）搜索人气。想让关键词容易被搜索展现，那就用搜索人气高的关键词。目前可以看淘宝搜索指数的工具大多需要付费，免费的工具较少。我们可以利用淘宝自带的搜索功能，在搜索框中输入和产品相关度极高的词，如图 4-11 所示关键词为帆布鞋时，可以发现，下方会出现和关键词相关的词，搜索框下方出现的这类词是搜索人气比较高的词，系统会自动推荐，因此，可以用这种方式选取搜索人气较高的关键词，如加绒女、百搭高帮等。

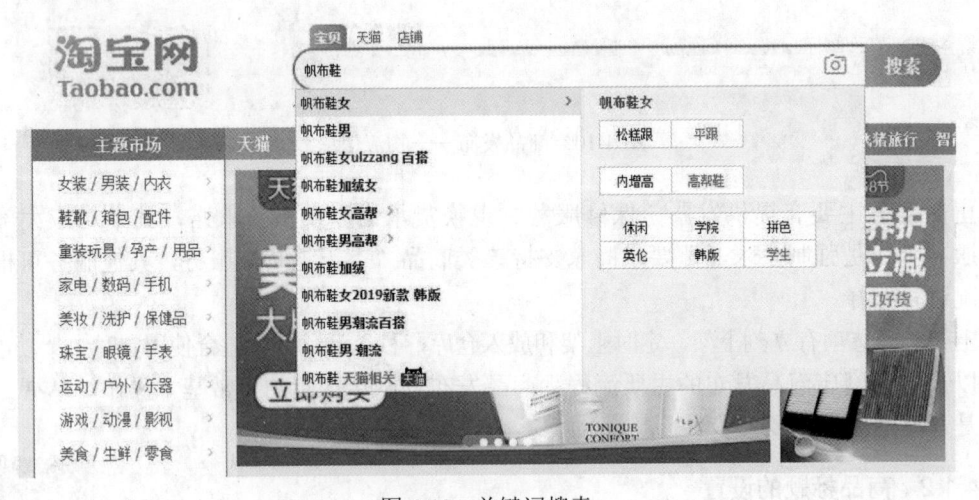

图 4-11 关键词搜索

也可以利用这个方式验证关键词是否和商品相关，比如输入平底或者秋冬等词，如图 4-12 所示，能看到下方推荐的也包含鞋类，那就说明这个关键词也是搜索热度较高且符合该商品的。

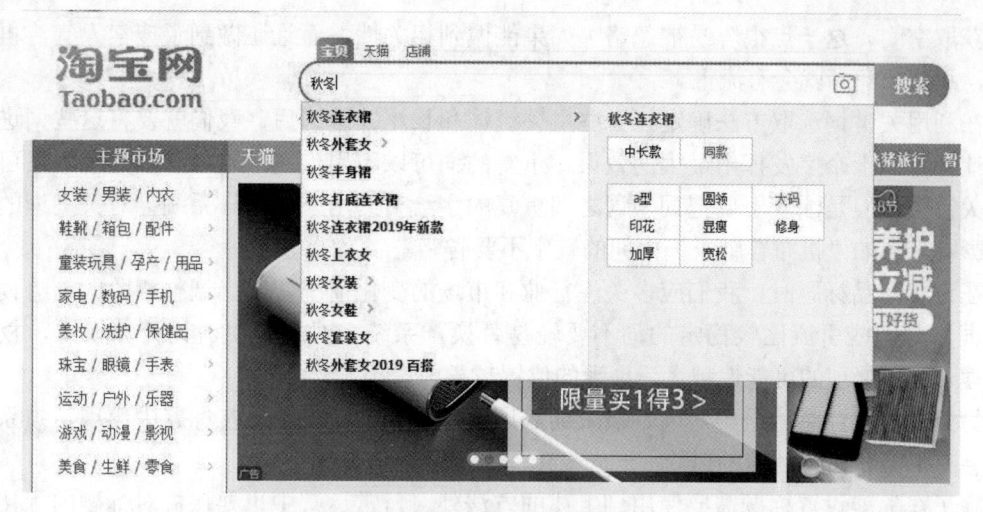

图 4-12　淘宝关键词联想

　　还有一种方法就是输入搜索关键词在展现的页面上方有所有分类，在所有分类下方有"您是不是想找："这一行，这里的关键词是系统根据搜索关键词匹配的人气较高的词，这里的关键词也是搜索人气较高的词，也可以适当选取，如图 4-13 所示。

图 4-13　关键词搜索之"您是不是想找"

　　另外，还可以借助权重词这个网站的 TOP20W 词表来查排名靠前的关键词，这是淘宝直通车 TOP20W 关键词表，是淘宝官方选取全淘宝网搜索量最大的前 20 万个关键词，每周三公布，我们可以根据权重池 TOP20W 关键词表来做产品标题优化。登录权重池下载最新 TOP20W 表，在下载的表格中筛选商品对应一级、二级类目的关键词，再从中选取和商品相关且排位靠前的关键应用到商品标题中。

　　（3）关键词的竞争度。在选择关键词做标题的时候还要去看看这个关键词能否避免很大的竞争，在搜索人气相对较多且使用该关键字做标题的商品较少时，这样的词同样有较大流量获取空间，这一点很容易被忽略。如果能做到相关性，而且还做到了搜索人气，再排除竞争，那这个商品就会有流量。

在利用关键词选取方法确定好一些主关键词和长尾关键词后，我们就要将这些词进行组合，让标题三十个字发挥出最大的效果，重复的词可以不用出现，这样有限的字数里可以放更多关键词，但是注意不要把词与词之间重复的字给节约出来，这样系统会对关键词的识别造成影响，例如"帆布鞋鞋子"中间的鞋字不要省略。

在设置商品标题时，我们应多关注行业和市场的变化情况，适当调整相关的趋势词和季节性词，对一些引流比较稳定的词不要轻易替换，系统会对相关引流词计算权重，权重越高，搜索该词展现的可能性越大，展现的位置越靠前。

另外，需要注意的是绝对词、极限词等属于违禁词的，也不能在标题中出现，被系统识别到会有下架和违规处罚的风险。

除了在上架设置标题需要使用到上述的方法外，日常运营中也要保持对标题的优化，以保证标题处于一个较高的引流状态。

4.1.3 选好商品主图

商品主图（又称橱窗图）可以说是给顾客的第一张名片，图片给顾客的冲击力是很大的，比文字更直接、具体，而网购的顾客没办法实实在在触摸到商品，因此图片传递给顾客的信息能在很大程度上影响顾客的购买决策。

当顾客搜索产品时，系统会根据关键词匹配标题的方式展现出顾客需求的产品，而对于呈现在顾客眼前的搜索结果中，货架的橱窗图的展现位置最大，且橱窗图通常色彩更丰富，更容易引起顾客的注意，而橱窗图的效果影响消费者对商品的兴趣程度，进而决定顾客是否会点击并进一步浏览购买，当顾客点击进店后，较多顾客的浏览习惯是先左右滑动看主图，系统规定主图最多有 5 张，且淘宝店的第五张设置为白底图，第五张图可增加手淘首页曝光机会。系统要求的图片尺寸是 700 像素×700 像素或以上尺寸，700 像素×700 像素以上的图片上传后，宝贝详情页自动提供放大镜功能，便于顾客查看产品细节，实际中常用的尺寸为 800 像素×800 像素。图片格式可以是 JPG 或者 PNG，大小不能超过 3MB。如果上传的主图视屏比例是 3:4，则无线端的主图比例也可以是长:宽=3:4，电脑端的橱窗图为必填项，无线端则为选填，无线端没有上传图片时，系统会自动抓取电脑端的主图在无线端展现，选好商品图片，还需要注意以下这几点。

（1）主图要突出展现卖点、亮点和活动促销，尤其是第一张主图，因为在展现商品时，主要依靠第一张主图，而第一张主图和其他同时展现的同类型产品间会存在竞争关系，目前常用的手机淘宝搜索后一个屏幕的高度大概能展现 4×4 个产品，如果第一张主图效果不好，就会直接影响商品的点击率，所以第一张主图要精心提炼卖点、亮点还有优惠点，并利用好配色形成视觉冲击，第一时间吸引顾客的眼球。此外，还应依据产品类目和背景风格选择营销文案，例如功能性产品可适当进行文字描述，服饰类的还是多突出服饰本身。

如图 4-14 所示，左侧产品都有提及所需体现的卖点、亮点和活动促销，相比右图更容易抓住顾客眼球。

图 4-14　淘宝商品主图对比

（2）产品本身展现一定要清晰显眼，通常占图比例较高，主次分明，切勿让道具抢了产品的风头。如图 4-15 所示就是错误示范，帆布鞋的位置较低不突出，单看图不能完全看出是帆布鞋的主图。

图 4-15　错误主图示例

（3）注意五张主图的整体逻辑性，可以从不同维度展现产品卖点，如不同的使用场景、不同的使用人群、不同的款式和颜色、不同的细节展现等。

（4）主图背景、风格与产品相契合，背景不要太杂，尽量符合产品主要消费人群的需求和审美。

（5）视觉效果差异化，第一张主图和其他同时展现的同类型产品间会存在竞争关系，因此，如果能在视觉效果上形式差异化，就更容易在众多的同类型的产品中脱颖而出，从而带来更多的点击量。

主图和标题类似，也要时常测试和优化，可以多观察借鉴表现较好的商品，以保证有较好的点击和转化。

4.1.4 商品描述的撰写

商品描述页也叫详情页，主要作用是对橱窗图内容的延展和补充，一般包含以下几个方面。

（1）卖点图。直观地展现、强调产品的优势，迎合顾客的需求或解决顾客的一些痛点，激发顾客的购买欲。

（2）场景图。场景图可以融入环境，代入感特别强。只有客户产生了代入感，才会有强烈的购物欲望。

（3）产品规格尺码表。产品规格尺码表能直接帮助顾客做选择和判断，不同颜色产品的展现能给顾客提供更多的选择，同时也能减少客服咨询量，买家在做购物决策时也更方便快捷，购物体验更好，尤其现在大多数买家购物更倾向于看图片和详情就下单；如果没有产品规格尺码表，顾客很可能不会问客服，就直接流失了客户。

（4）对比图。通过对比更加鲜明并且直观地突出产品的优势和亮点，如升级前后的对比等。

（5）买家秀。利用买家秀可以让顾客清楚地看到产品使用在自己的身上会是什么效果，同时也能激发顾客的从众心理，打消顾客对产品的疑虑。

（6）售后保障。售后保证承诺直观地展现能帮助解决顾客购物的后顾之忧，如7天无理由退货、赠送运费险等。

确定好描述的内容后，就将其编辑到后台商品描述中。商品描述包括电脑端和手机端，电脑端是必须编辑的，手机端无强制要求，当手机端没有编辑时，手机端系统会自动抓取电脑端的编辑内容做展现。电脑端描述（图4-16）有使用文本编辑和使用旺铺详情编辑器两种，可以根据需求二选一，当我们从文本编辑器切换旺铺编辑并发布商品后，商品会显示旺铺编辑内容，但文本编辑框的内容不会丢失，后续文笔编辑器中内容仍可使用。文本编辑可以放入图片、文字和表格，文字和表格可以自行编辑，编辑器上方也有许多选项卡，可以对文字格式等进行调整。上传的图片尺寸没有强制规定，但为了确保展现效果，图片的宽度要保持一致，否则图片左右两侧展现效果会不平整，建议图片宽度为790，同时也要注意图片文件的大小要适中，过大会导致浏览时加载时间过长，影响浏览体验，过小清晰度不够，影响展现效果。上传图片时单击倒数第2个图片选择卡，就可以跳转到图片空间，可以将图片上传到图片空间，再点选需要的图片单击"确定"按钮即可上传到文本编辑器中。描述页编辑好后，单击第2个选项卡可以对其进行预览，方便查看展现效果。

使用文本编辑器还能设定描述页的模板，方便大批量使用，单击选项卡最后一个，宝贝详情描述模板后会出现弹窗，如图4-17所示，如果有历史模板可以直接选取。现在单击管理模板进行新建，在弹出的页面中单击右上角的新建模块，弹出模板的编辑信息，可以把模板中的标题、备注和图文描述补充完整后保存模板信息，就会在模板库中显示该模板，如果需要还可以在模板库中对该模板进行编辑甚至删除（图4-18）；编辑好模板后重新回到电脑端描述编辑的位置，单击宝贝详情描述模板，就能看到刚编辑好的帆布鞋女的模板，单击该选项，相应的模板就会自动填充到描述编辑框中，一些常用的售后通用说明就可以用该方法建立好宝贝详情描述模板，模板一旦建立，后期其他商品上新时完善宝贝详情描述会更高效。

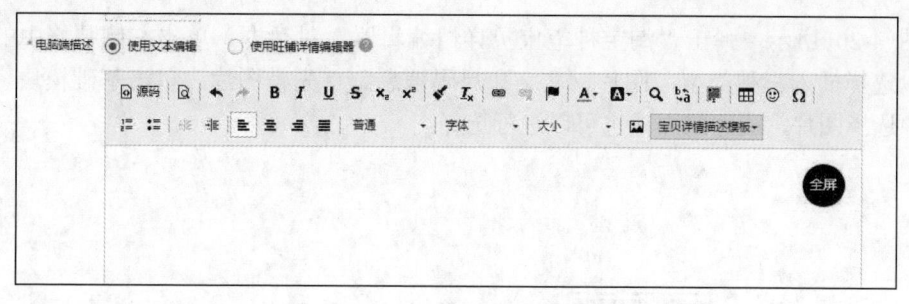

图 4-16　电脑端商品描述

图 4-17　宝贝详情描述模板

图 4-18　描述模板

使用旺铺详情编辑器也可以对描述页进行编辑（图 4-19），还有一些官方的免费模板可以进行套用编辑，选择使用旺铺详情编辑器选项，可在编辑框中单击立即使用。

图 4-19　旺铺编辑器

如图 4-20 所示，弹出"淘宝神笔宝贝详情编辑器"对话框，单击左侧装修中的基础模块，可以选择插入三种类型：图片、文字和尺码信息。首先是图片，单击基础模块，在弹出的列表中选择图片，图片的样式也可以进行选择。

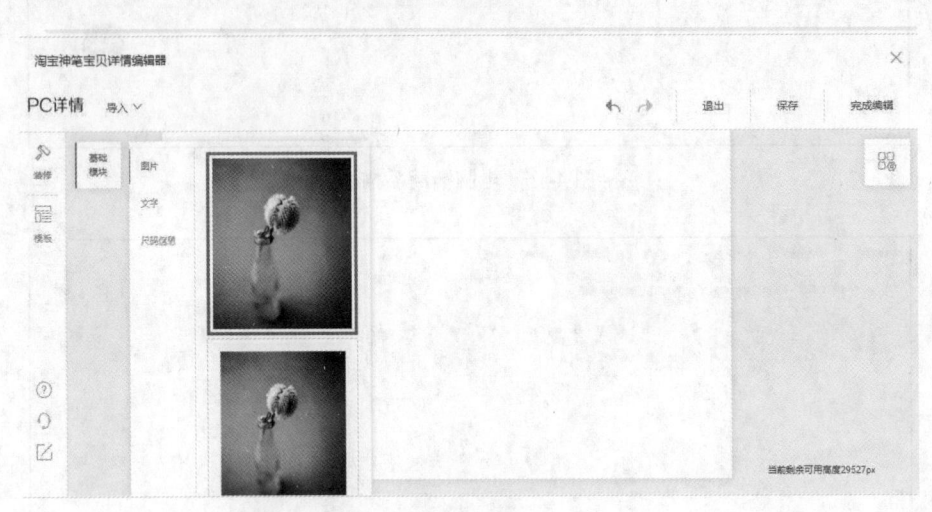

图 4-20　详情编辑器（1）

选择其中一个样式并单击即跳转到图片空间，单击图片空间右侧上传图片，再将上传的图片进行点选，并单击"确定"按钮即可将图片导入到编辑器中，当上传的图片没能被完整展现时，可以拉动图片区域下方的边框调整到合适的位置。旺铺详情编辑器会自动调整上传图片的宽度，可以弥补图片宽度不一致在文本编辑中出现的图片右侧不平整的情况，如图 4-21 所示。

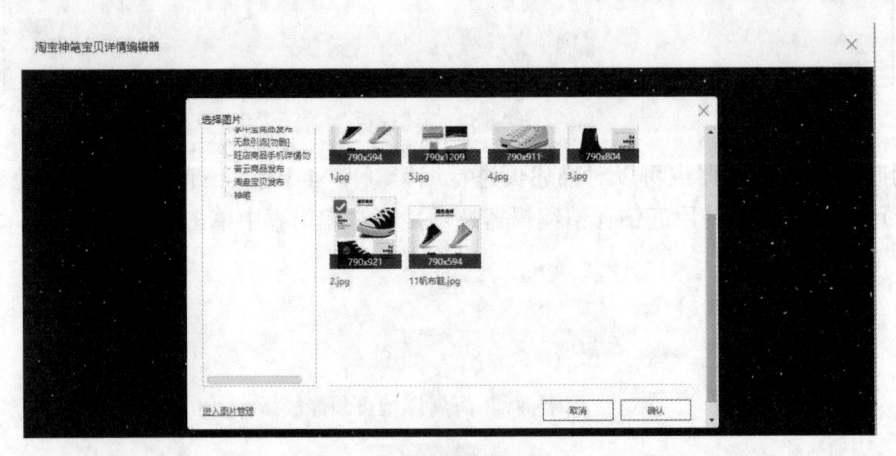

图 4-21　详情编辑器（2）

图片上传好后，单击图片区域，右侧即会出现图片的功能选项，如图 4-22 所示，上下箭头分别表示该选项卡可以将图片上移或者下移，下箭头下面的选项卡是复制图片，再往下的垃圾桶表示删除图片，添加元素的第一个选项卡是添加链接功能，单击该选项卡即会弹出链接填充页面，如图 4-23 所示。也可以在下方宝贝链接中选取链接，选好链接后单击"确定"按钮，编辑页会出现一块链接区域，可以根据需要拉动链接区域边框，对大小进行调整，位置也能根据需要进行移动。链接选项卡右侧是替换图片选项卡，Aa 选项卡为文字插入。模块设置可以对背景色和模块高度进行设置。

图 4-22　详情编辑器（3）

图 4-23　详情编辑器（4）

文字的插入和编辑方法基本与图片类似，单击文字区域的文本框，会出现更多文字编辑选项卡，可以调整字体粗细、字体类型等，如图 4-24 所示。

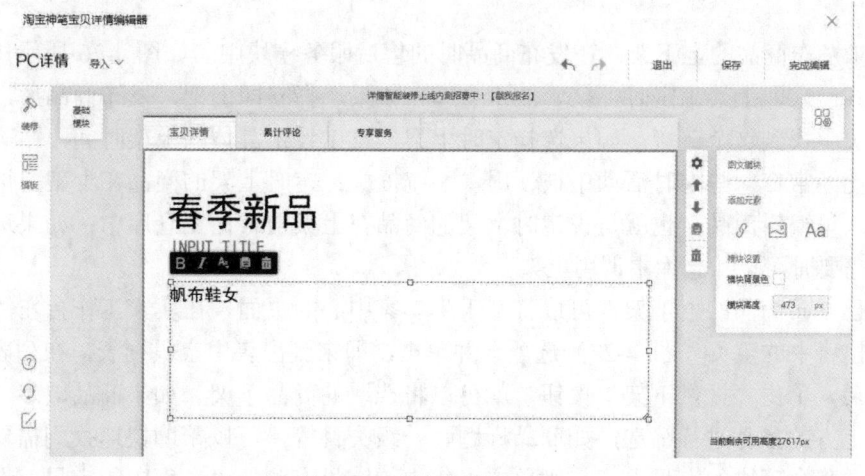

图 4-24　详情编辑器（4）

旺铺详情编辑器中有一些官方提供的免费模板我们也是可以使用的，单击左侧模板选项卡，可以在官方模板里进行挑选，版式更丰富，单击查看详情可以查看模板的整体效果，单击套用模板就会被应用到编辑器中，如图 4-25 所示，再单击模板中不同模块则可以对图片进行替换、文件编辑等，编辑功能和基础模块基本一致。

图 4-25　详情编辑器（5）

另外，在模板中还能插入基础模块，在很大程度上满足用户的使用需求。当描述页编辑好后，一定要注意单击"保存"和"完成编辑"按钮，才能把编辑好的描述页保存到后台。如果后续还需要再编辑旺铺详情页，单击编辑器窗口右上角的"修改"按钮即可再次编辑旺铺详情页。

一个优秀的商品描述页能第一时间吸引顾客并留住顾客的目光，顾客停留在描述页的时间越长，顾客对该商品的兴趣越高，产生购买的可能性越大，一个优秀的商品描述页是能够促进顾客产生购买欲的。

4.1.5　商品的上架、下架

对于未发布商品的上下架，在发布商品时的售后服务模块中，如图 4-26 所示，上架时间有三种形式：立即上架、定时上架、放入仓库。如果选择立即上架，发布商品后，可以在出售中的宝贝中找到这个链接；如果选择定时上架，可以设定具体的上架时间，精确到秒。定时上架功能经常在一些限时活动中被使用，系统提醒：定时上架的商品在上架前请到"仓库中的宝贝"里编辑商品；也就是说定时上架的商品在上架前存储在仓库中；如果选择放入仓库，则在需要时可以从仓库中调用上架。

对于已发布商品的上下架，可以打开千牛卖家中心的页面，在卖家工作台左侧的宝贝管理中找到出售中的宝贝（图 4-27）选项卡并单击，即来到出售中宝贝列表，在列表左侧勾选相应商品后，单击"批量下架"按钮，就可以将选取的商品下架。如果商品较多，可以利用商品列表上方的条件进行筛选，如商品标题、一级类目等，可以帮助快速找到需要下架的商品。如果要将仓库中的宝贝上架，则单击出售中的宝贝右侧的"仓库中的宝贝"选项卡，然后对仓库中的商品进行勾选后单击"批量上架"选项卡即可上架。

图 4-26 售后服务

图 4-27 出售中的宝贝

4.2 店铺管理

店铺管理包含上架宝贝管理、库存管理、客服管理、宝贝分类管理、店铺基本设置管理、子账号管理等。店铺上架宝贝管理前文已介绍；库存管理是商品的上下架及库存数量调整；客服管理指对咨询顾客的接待、客服的分工安排及淘宝评价维护等；宝贝分类管理是对不同细分类目的商品进行分类整理，便于对商品进行管理和顾客查找；店铺基本设置管理包括店名设置、域名设置、店铺类目、店铺简介等，通过店铺的基本设置可以展现店铺的基本定位；子账号管理则可以通过对账号的管理，对负责不同工作内容的人员分别开通不同的后台操作权限，既便于展开不同岗位工作，也便于账号管理。店铺管理贯穿于店铺日常运营中，做好店铺管理工作能帮助店铺正常高效地运转。

4.2.1 店铺基本设置

店铺基本设置包括淘宝店铺设置和手机淘宝店铺设置，淘宝店铺中包括店名设置、域名设置、店铺的类目、店铺简介等，如图 4-28 所示，通过店铺的基本设置可以展现店铺的基本定位；在卖家中心左侧的卖家工作台中找到店铺管理模块，将鼠标置于该模块指向右侧的箭头位置，即出现一系列下拉选项，单击下拉选项中的店铺基本设置，页面即跳转到淘宝店铺的设置页面。

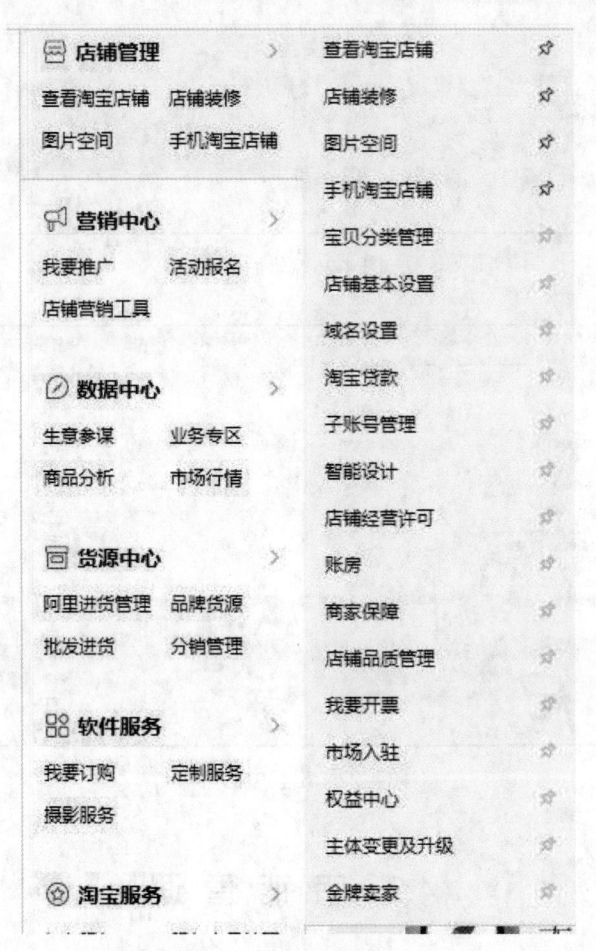

图 4-28　店铺基本设置（1）

我们将淘宝店铺中相关信息（图 4-29）根据实际情况进行完善补充即可，店铺名称和经营地址、主要货源、店铺介绍为必填，其他为选填，要注意的是店铺标志虽然是选填，但是建议一定要补充上，这里的店铺标志相当于店铺 Logo，在很多店铺名出现的位置这个标志也会跟着出现，如详情页店铺名左侧位置、店铺首页左下角位置，顾客根据店铺名搜索时，店铺标志也是和店铺名并排展现的。Logo 标志通常情况下，识别度要远高于文字，选择一个合适的店铺标志有助于顾客的识别和记忆。

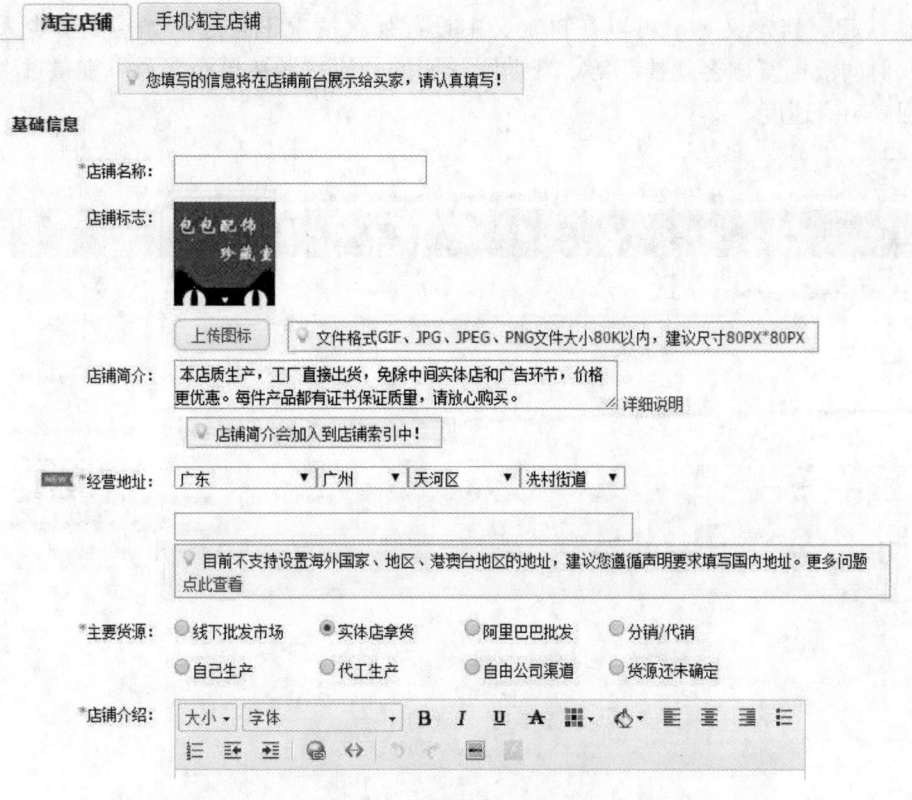

图 4-29　店铺基本设置（2）

设置好淘宝店铺信息后，选择淘宝店铺右侧"手机淘宝店"铺选项卡，补充客服电话（非必填），至此，店铺基本设置完成。

4.2.2　千牛工作台的安装与使用

为了能更便捷有效的进行店铺管理，作为淘宝卖家，可以配合使用阿里推出的官方免费工具——千牛软件，千牛即卖家工作台（图 4-30），包含卖家工作台、消息中心、阿里旺旺、订单管理、商品管理等主要功能。其核心是为卖家整合店铺管理工具、经营咨询信息、商业伙伴关系，借此提升卖家的经营效率，促进彼此间的合作共赢。千牛同步了卖家中心很多基础操作功能，此外，千牛还具有接待功能，可以利用千牛实现与在线咨询的顾客即时沟通。可以先进行千牛工作台安装：到千牛官方网站下载电脑版千牛软件，下载文件进行安装即可。

打开千牛软件，输入淘宝账号和密码，登录后即可来到千牛工作台界面。

如图 4-30 所示，在界面右上角有 图标，将箭头移动到该图标位置会提示接待中心，单击该图标会弹出接待窗口，接待窗口类似 QQ 聊天窗口，在窗口左上角有不同聊天状态可以选择，直接单击该选项卡即可在挂起和未挂起间切换，未挂起即正常接待顾客，挂起相当于离线不接待，如有 A 和 B 两个账号在接待，当 A 账号挂起时，系统就会将原本分配给 A 账号的顾客都分配到 B 接待账户，可以利用该方式转移或者调整不同账号间的接待量。另外，单击该选项卡右侧的箭头即会出现下拉菜单，可以选择不同的挂起状态，包括不自动挂起、自定义等，可以在自定义中设置什么情况下挂起，如接到多少人时即挂起，多长时间没回复顾客就挂起等，帮助账号间的分流，避免单个账号咨询量过多影响对顾客的回复响应速度。

图 4-30　千牛工作台

本 章 小 结

本章介绍了店铺管理的相关内容，包括商品发布、关键词设置、商品上下架、千牛平台的使用等，这些都是网店日常运营中不可或缺的重要部分，在实际操作中，读者要着重注意操作相关要素，这有助于我们高质量地上新，让上新的产品获得更多的流量和展现。

课 后 习 题

一、单项选择题

1．预售模式主要针对实际商品暂未到货，店铺提前售卖并和买家约定好发货时间的情况，发货时间可选维度有支付成功或预售结束的多少天之内，至少要求（　　）天以上。

　　A．3　　　　　　　　B．4　　　　　　　　C．5　　　　　　　　D．6

2．为了能更便捷有效地进行店铺管理，作为淘宝卖家，可以使用阿里推出的官方免费工具（　　）。

　　A．千牛工作台　　　　　　　　　　　B．芒果工作台
　　C．阿里妈妈工作台　　　　　　　　　D．1688 工作台

二、简答题

1. 商品发布的三大要素包括哪些？这三大要素实际操作中有哪些要点？
2. 如何寻找标题关键词，筛选关键词？组合关键词的方法有哪些？

三、实训任务

商品发布实践。以小组为单位，准备好商品的标题、主图、主图视频等，在淘宝店铺后台设置好物流模板，然后进行产品发布。

第 5 章　网店的设计与装修

学习目标

本章主要介绍网店的设计与装修，包括网店装修对加强品牌的定位和形象、开展店铺活动、吸引店铺买家、设置优惠券、产品推荐的重要性和必要性，以及运用美学、Photoshop、码工助手等工具完成网店设计和网店各功能模块的装修，从而达到营销目的。

知识框架

```
                        ┌─── 网店装修基础
                        ├─── 使用和设置图片空间
       网店的设计与装修 ───┼─── 电脑端首页装修
                        ├─── 商品详情页装修
                        └─── 手机端页面装修
```

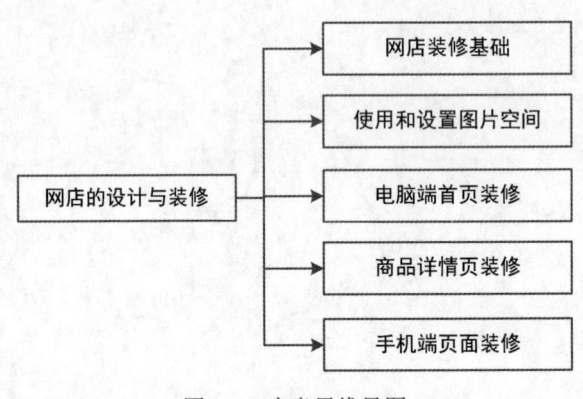

图 5-1　本章思维导图

案例导入

婚纱网店装修案例

小王在大学期间开了一家婚纱网店，他不仅需要将婚纱的美表现出来，还要让意境升华。本店铺主要卖点是将田园风的温馨浪漫融入婚纱中，并通过中国风的红色礼服来表示女性的优雅。同时，因为是高端婚纱，需要将高贵感体现出来，在做搭配时，多使用水晶等物品，让高贵从店铺装修中体现出来。通过模特展示图片，将产品的穿戴效果，传递给买家，从而促进购买。

在设计店招的时候，小王采用柔软的纹路作为底纹，通过有层次感的装饰，体现店铺的高端大气，并在其上添加导航条，让店招变得完整美观。模特的婚纱效果展示，加上描述性的文字，让顾客对产品有基本的了解，在中间部分添加推荐分类模块，让消费者了解某一款产品的同时，也可以很容易了解到其他的产品。

案例来源：根据学生实践案例整理。

5.1 网店装修基础

5.1.1 网店装修的目标

打开一个店铺首页,就好像进了一家实体店,走进一个分类页,浏览这个分类下的产品,就好像走进一个橱窗分类区,当用户点开商品详情页时,就好像拿起一件商品仔细看。整个购物过程和线下实体店购物行为类似,只是变成在页面上了解商品并下单购买。所以,在策划和设计首页时,也要尊重顾客的消费行为和消费习惯,并将实体店的销售经验应用到网络上,这样才能不脱离实际,真正发挥首页的营销作用。据数据统计,装修好看的网店的转化率是普通店铺转化率的5~10倍,可见网店装修对于店铺来说是非常重要的。

店铺装修的目的包括提高转化率、让店铺更整齐以及视觉美观。其中提高转化率最为重要,虽然很多买家都是通过宝贝详情页进入店铺的,但如果他们对商家的同类型其他产品感兴趣,店铺装修就很有必要了。

5.1.2 网店装修的内容

在平台注册完账户,申请开通网店并通过验证后,便可进行网店装修。以淘宝平台为例,装修的网店包括电脑端和手机端,且移动端占据了95%的流量,所以手机端的装修是重中之重。

网店装修的目的非常重要,真正的目的应包括以下三点。

(1)吸引,留住买家。
(2)导购,方便购物。
(3)展示店铺的个性与魅力。

如图5-2所示,左图为没有装修的网店,右图为装修后的网店,对比就更直观了。

图5-2 手淘端对比

真正明白了网店装修的三点重要性，就知道如何通过装修提升营销，网店装修要做到如下几点。

（1）精美的设计能抓人眼球，爱美之心人皆有之。

（2）合理的布局设计，可以有效引导消费者快速找到自己要的购物区和宝贝，方便购物。

（3）设计有个性、有品位、格调，可以积累越来越多的顾客。

对网店整体视觉形象的设计，已经是现代网店竞争的基本战略。因此，如何从众多同类产品的店铺中脱颖而出，提升网店整体形象，做到让顾客很容易回忆起自己的网店就显得非常重要。

5.1.3 网店的风格和色彩定位

店铺的档次如何，能否第一眼吸引买家，对后期的成交很重要。不同的产品店铺有不同的风格定位，要做到对店铺整体视觉的准确定位，必须建立在大量数据的基础上。优秀的网店视觉设计，应该考虑赋予网店深刻的思想与理念内涵，方能传达出鲜明独特优良网店形象，达成差异化战略的目的。其中的难点就在于如何准确地把形象概念转化为视觉形象，而不是简单地像什么或表示什么。既要有新颖独特的创意，表现网店个性特征，还要用形象化的艺术语言表达出来。

早在 2012 年，淘宝平台就提出了"小而美"的理念，实际上是在向商家传递一个信息：细分市场、品类、风格和受众的重要性。同样，这个原则也适用于店铺的整体视觉效果设计。确定店铺风格时，首先要考虑的是产品的风格，比如在我们所处的品类中，目前市场上有哪些品类和风格，以及我们产品的优势和卖点。在确定产品的整体风格定位后，再对不同风格的特点进行分析，参考相应风格的店铺，总结出该风格的典型特征。接着，在总结产品风格之后，应该进一步分析目标客户群体，通过性别、年龄层次、客单价等方面的数据分析，来确定店铺的整体视觉效果应吸引的受众是什么样的，他们具有什么特征，从而准确定位网店的视觉风格。

三只松鼠是一个在形象设计和视觉定位上非常成功的例子（图 5-3）。该品牌的设计风格既萌又俏皮，视觉形象鲜明、生动，同时具有质感，给人一种亲切感，让人联想到经典的动画《猫和老鼠》。这种好感和幽默感帮助品牌迅速拉近与消费者的距离，成为打入市场并赢得消费者青睐的关键因素。即使在产品口味上，三只松鼠与传统零食的区别可能不大，但礼盒和分享套装的不断创新，能够满足消费者心理上的附加价值需求。此外，淘宝上还有许多其他视觉营销成功的品牌案例，比如服装行业的七匹狼和韩都衣舍，以及化妆品行业的御泥坊等。

一个优秀的店铺能够在顾客刚进入时就吸引他们的注意力。同样，精心设计的页面展示可以提升品牌形象，并激发顾客的购买欲望，而不合适的页面设计则可能让顾客迅速关闭页面，导致潜在客户的流失。从人类的视觉习惯来看，当打开店铺首页时，顾客的视线通常首先停留在店铺招牌下方的主视觉海报上。在顾客看到这张海报后的短短一到两秒内，他们就会决定是继续浏览还是关闭页面离开。因此，影响顾客去留的关键就在于店铺的色彩搭配和整体风格设计。色彩对于人类的视觉感受至关重要，它在视觉引导中占据了 90% 的作用。合理的色彩搭配能让顾客感到舒适，增强对品牌和产品的认同感，而混乱的色彩则会引发负面情绪。因此，色彩的使用是至关重要的，我们在设计时必须特别注意色彩与产品之间的协调性。

图 5-3　三只松鼠店铺装修

那么，什么样的色彩搭配才是合理的呢？首先，根据自己的产品和风格确定主色系，如韩版女装选择可爱、温馨的色彩，再围绕主色调进行搭配和点缀。主色调通常包括类似色和邻近色，约占整体颜色的 80%，其余 20% 则由搭配色构成，且这些搭配色必须与主色调保持一定的协调性。例如，图 5-4 所示的护肤品海报图主色为红色，使用了黑色和白色作为搭配，与产品的包装风格保持一致。研究表明，一张图片如果超过三种颜色，容易给人带来杂乱感。很多设计者常犯的错误是使用过多色彩，导致主色调不突出，甚至使用了过于强烈的对比色，这会让顾客感到不适，缺乏继续浏览页面的欲望。因此，合理的色彩搭配不仅要突出主色调，还要避免过于复杂的颜色干扰视觉。

图 5-4　某店铺装修

反差色通常用于产品标签上，特别是在突出促销信息、新品或爆款等字样时，合理运用反差色能够起到非常好的效果（图 5-5）。标签上的信息量不宜过多，否则顾客可能无法快速理解店主想要突出的重点，削弱标签本应起到的效果。因此，反差色可以有效吸引注意，但必须与简洁的信息相结合才能发挥最佳作用。

图 5-5　产品图片展示

另一个重要的因素是产品风格的协调搭配。例如，韩版女装不适合使用欧美模特，而欧美风格的女装也不应该将网店装修得过于可爱。图片中字体应该与店铺的风格保持一致，韩版女装可以选择偏可爱的字体，而欧美风格的服装则适合选择更加硬朗的字体。此外，字体的颜色也要与整体色彩搭配相协调。通过对产品的色彩、风格、字体和排版的分析，我们就能更好地把握店铺整体的色彩和风格定位，使其更加和谐统一。

5.1.4　网店的布局排版

淘宝的调查报告显示，店铺首页中点击率最高的区域是首页海报下方的位置，随着页面向下滚动，每一屏的点击率平均会下降约 10%。因此，合理利用这一"黄金位置"非常重要。根据店铺的具体情况，可以在该位置放置不同类型的图片或信息。例如，如果店铺正在进行大促销，可以放上促销广告和促销商品的展示；如果店铺正在进行某些活动并迎来大量流量，可以在此位置放上产品分类，帮助将流量分流到更精准的页面。此外，店铺也可以在这个位置展示主推商品，把流量引导至主推产品页面，增加该商品的成交率。例如，可以在 banner 下方设计各种促销活动（图 5-6），充分利用这一高点击率区域来提升销售效果。

做好电商的视觉营销，关键得从店铺整体设计和宝贝详情页下手，充分利用视觉冲击、色彩调和、页面布局等来吸引消费者，完成交易。

（1）要求明确用户需求。认真思考如果你是客户，想在网店的哪个位置看到什么内容？排版一定要主次分明，突出重点。网店的风格和色彩需要统一，不要出现太多颜色，这样太杂乱了，也会引起视觉疲劳。我们一眼就可以找到店招、促销区、热销产品、分类导航在哪里，且网店的整体色调风格特别统一，让用户有一种视觉舒适感，愿意继续逛下去，如图 5-7 所示。

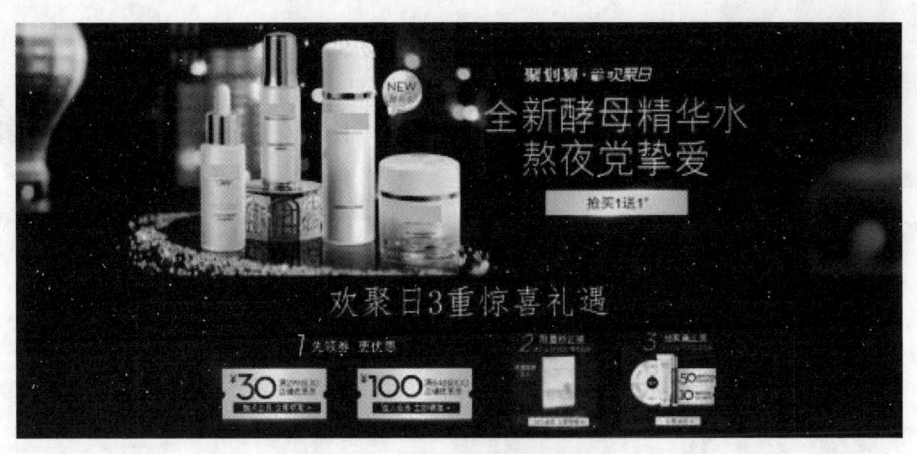

图 5-6　店铺首页架构

图 5-7　店铺首页架构

（2）产品详情页的描述一定要突出重点。这就要求我们做到以下几点：

1）产品图片一定要清晰，并且要从多角度拍摄产品。

2）产品规格、性能等介绍要详尽，但文字不能冗长，点出消费者想知道的关键点，做到图文结合（图5-8）。

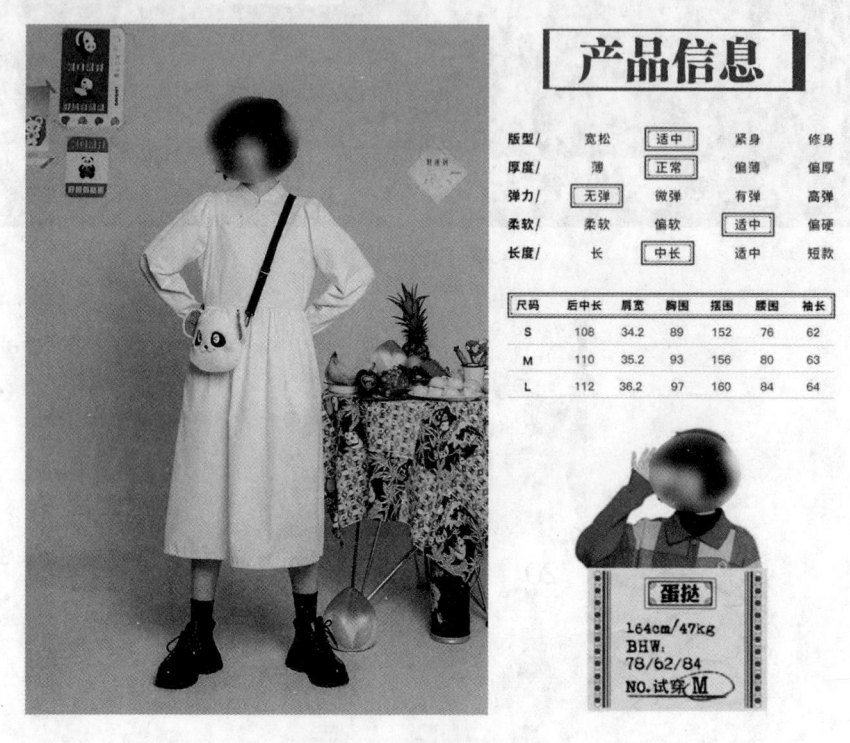

图5-8 产品详情页展示

（3）要突出产品特性，激发用户的兴趣。电商视觉是一种无声的语言，通过网店独特的视觉效果来传达产品理念和品牌文化。要用视觉这把锤子，把品牌形象打入消费者的脑海中，让消费者一看到类似的视觉效果就能想到品牌。

5.2 使用和设置图片空间

5.2.1 使用图片空间

5.2.1.1 切片技巧

进行网页切片时，为了保证切片合理、位置精确，需要掌握一定的技巧。

依靠标尺和参考线：单击"视图"→"标尺"命令，或者按 Ctrl+R 组合键，即可打开标尺。通过标尺可查看图像的宽和高。参考线是在标尺上按住鼠标拖动出来的，可以做图像创建切片的辅助线。在切片时，可沿着辅助线拖动鼠标创建切片。

切片位置：切片时不能将一个完整的图片切开，应尽量按完整的图片切割，这样可以避免在网速很慢时图片被分开，不能完整呈现出来。

切片储存的颜色：在储存切片时，需要保存为 Web 所用格式。由于 Web 格式是用来放到网页上用的网页安全色，网页安全色是各种浏览器和各种机器都可以无损失、无偏差输出的色彩合集。因此，在店铺的配色上尽量使用网页安全色，避免买家看到的效果与设计效果不符。

切片储存的格式：在储存切片时，可单独为切片设置储存格式，切片储存的格式不同，其大小与效果也会有所不同。一般情况下，色彩丰富、图像较大的切片，选择 JPEG 格式；尺寸较小、色彩单一和背景透明的切片，选择 GIF 或 PNG-8 格式；半透明、不规则以及圆角的切片，选择 PNG-24 格式。

5.2.1.2 图片切片与保存

下面介绍 PS 切片方法以及保存切片的方法。

步骤一：启动 PS，把图片素材拉入到 PS 中，如图 5-9 所示。

图 5-9 打开素材

步骤二：选择"视图"→"标尺"命令，或者按 Ctrl+R 组合键打开标尺，从左端和顶端拖动参考线，设置切片区域，如图 5-10 所示。

图 5-10 添加参考线

步骤三：从工具栏中调出"切片工具" ，在选项栏中单击"基于参考线的切片"按钮，如图 5-11 所示。

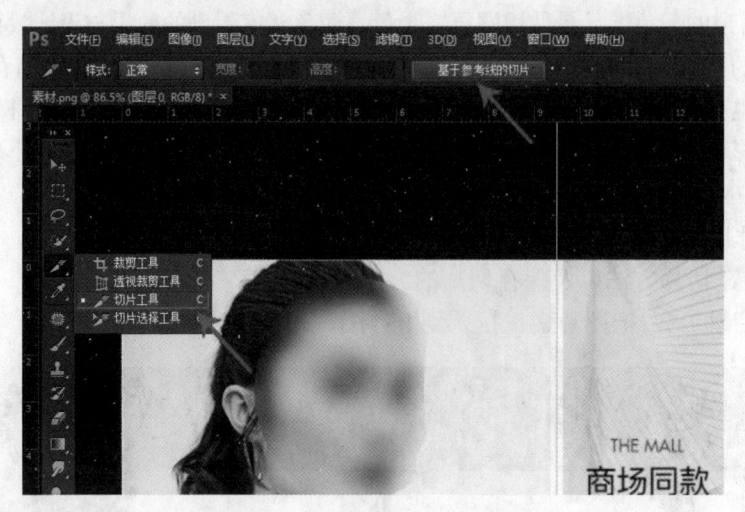

图 5-11　创建基于参考线的切片

步骤四：图像基于参考线等分成多个小块，左右两边的区域被分割，没有组成完整的图像，此时选择"切片选择工具" 按住 Shift 键选择需要合并为一个切片的多个切片，右击，在弹出的快捷菜单中选择"组合切片"命令，如图 5-12 所示。

图 5-12　组合切片

步骤五：使用同样的方法，完成其他需要组合的切片，按 Gtrl+H 组合键可以隐藏参考线，如图 5-13 所示。

步骤六：选择"切片选择工具" ，双击需要设置连接网址的切片，打开"切片选项"对话框，复制所需链接地址，粘贴到 URL 文本框中，单击"确定"按钮返回工作界面，如图 5-14 所示。

步骤七：选择"文件"→"存储为 Web 所用格式"对话框，调整视图显示，在"缩放级别"列表中选择"符合视图大小"选项，如图 5-15 所示。

图 5-13 切片效果

图 5-14 为切片创建链接

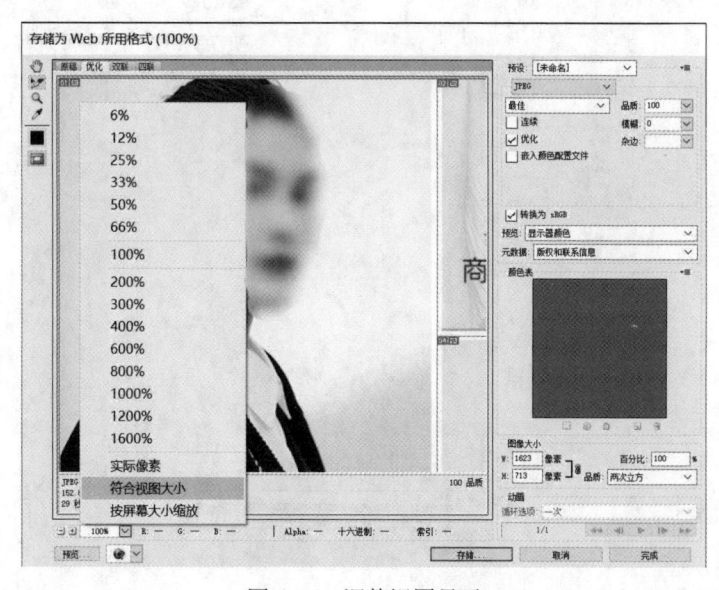

图 5-15 调整视图显示

步骤八：按 Shift 键选择需要设置同一种格式的多个切片，此处全选，在右侧文件格式选择 JPEG，还可以设置文件品质、图像大小等，如图 5-16 所示。

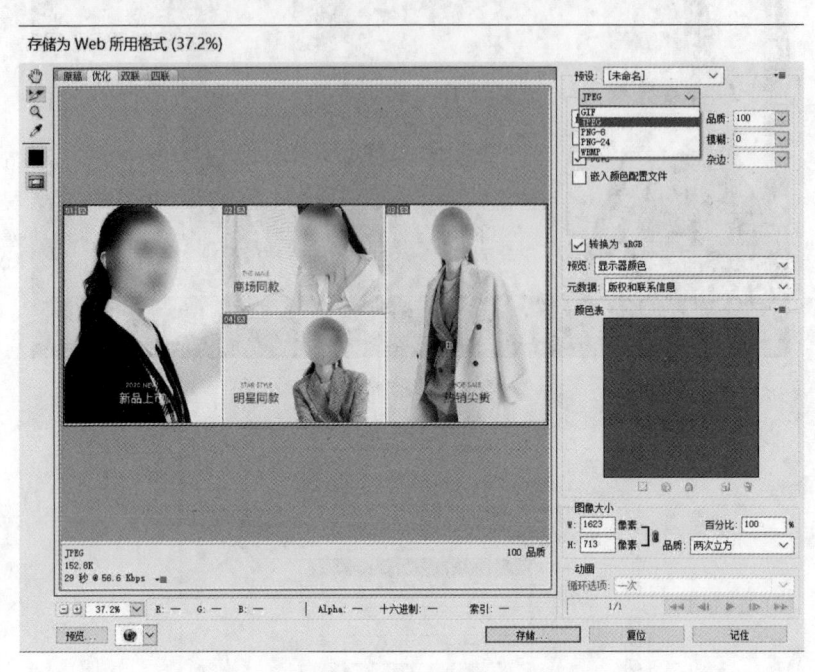

图 5-16 优化切片

步骤九：设置完成后单击"存储"按钮，在打开的"将优化结果存储为"对话框中选择保存格式为"仅限图像"，然后设置切片的保存位置与名称，如图 5-17 所示。

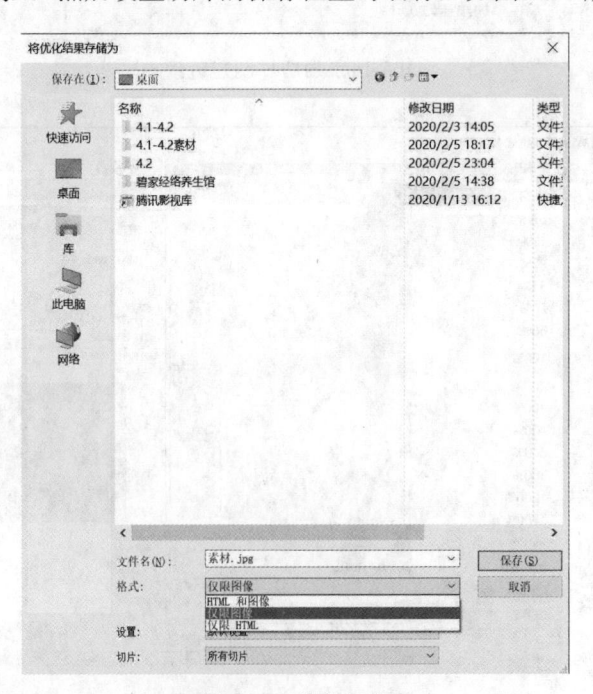

图 5-17 储存切片

步骤十：单击"保存"按钮完成切片的储存，在保存路径下可查看保存效果，可以看到一个名为 images 的文件夹。images 文件夹中包含了所有创建的切片，如图 5-18 所示。

图 5-18　查看保存效果

5.2.1.3　上传图片到图片空间

在进行装修或者发布商品前，卖家可将其需要用到的图片上传到图片空间，具体操作如下。

步骤一：首先打开淘宝网并使用淘宝账号登录，然后单击淘宝首页顶部的"千牛卖家中心"，如图 5-19 所示。

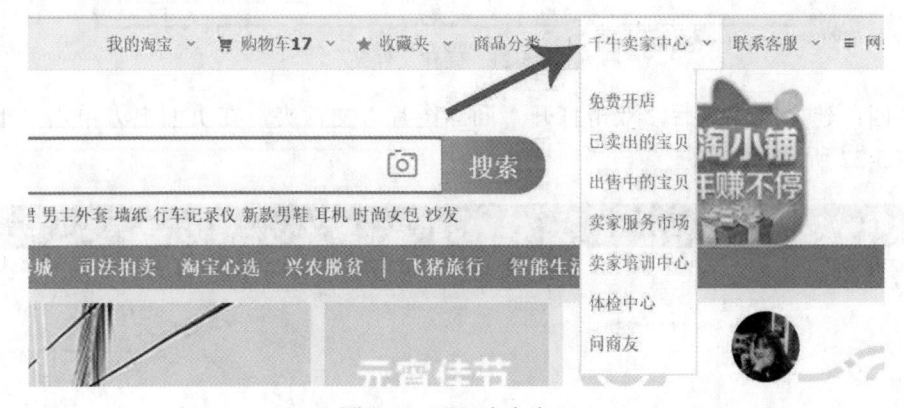

图 5-19　进入卖家中心

步骤二：在卖家中心左侧应用菜单中找到"店铺管理"→"图片空间"选项，如图 5-20 所示。

步骤三：在页面上单击"新建文件夹"按钮，打开"新建文件夹"对话框，输入分组名称"商品图片"，单击"确定"按钮，如图 5-21 所示。

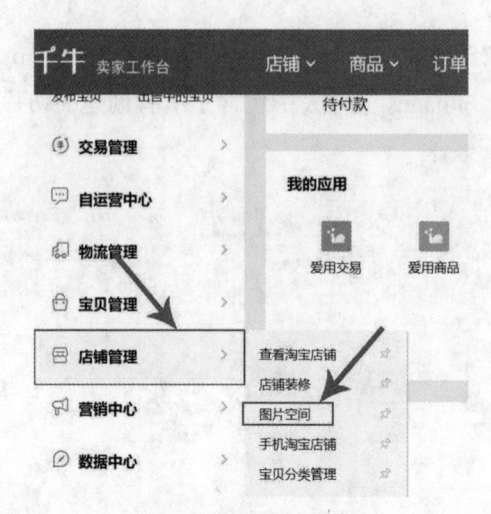

图 5-20　进入图片空间

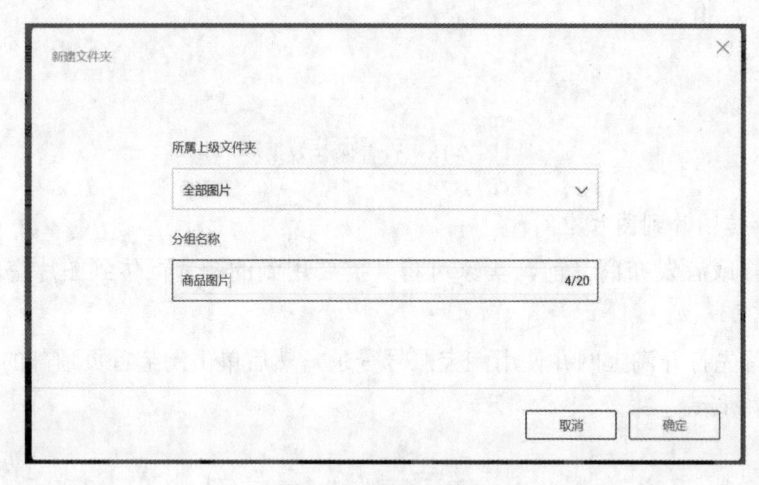

图 5-21　新建文件夹

步骤四：建好文件夹后，双击打开"商品图片"文件夹，在页面上方单击"上传"按钮，如图 5-22 所示。

图 5-22　上传图片

步骤五：打开"上传图片"对话框，可以将图片或文件夹拖放到虚线框内，或单击上传，如图 5-23 所示。

图 5-23　选择上传方式

步骤六：打开"打开"对话框，选择图片所在位置，并在其中选择需要上传的商品图片，按 Ctrl 键可多选图片，选好图片后单击"打开"按钮，如图 5-24 所示。

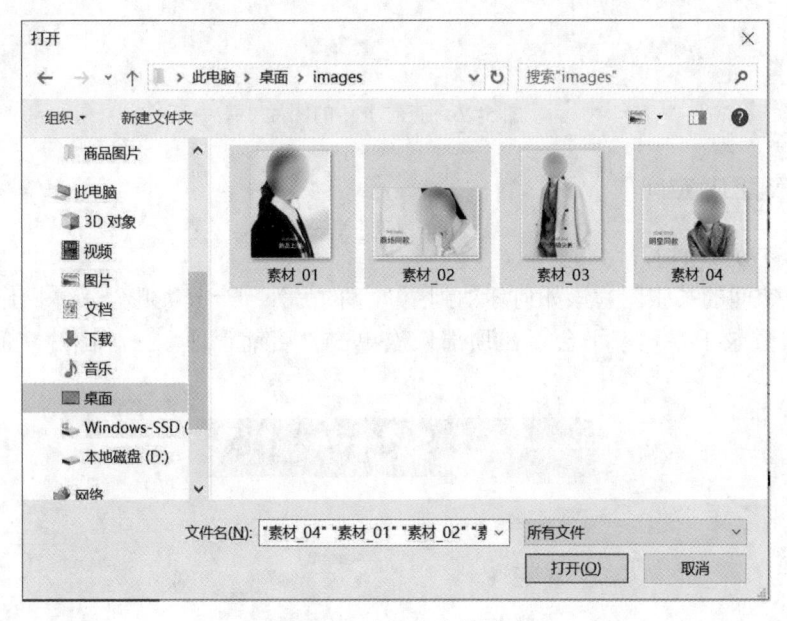

图 5-24　选择上传的图片

步骤七：此时，图片上传提示对话框打开，并显示图片上传进度，上传完成后勾选"上传完成自动关闭窗口"即可返回图片空间，如果不勾选也可单击"确定"按键，返回图片空间，如图 5-25 所示。

步骤八：图片上传完成后即可查看上传的图片，如图片没有显示出来，需刷新一下网页，再打开图片上传的文件夹，如图 5-26 所示。

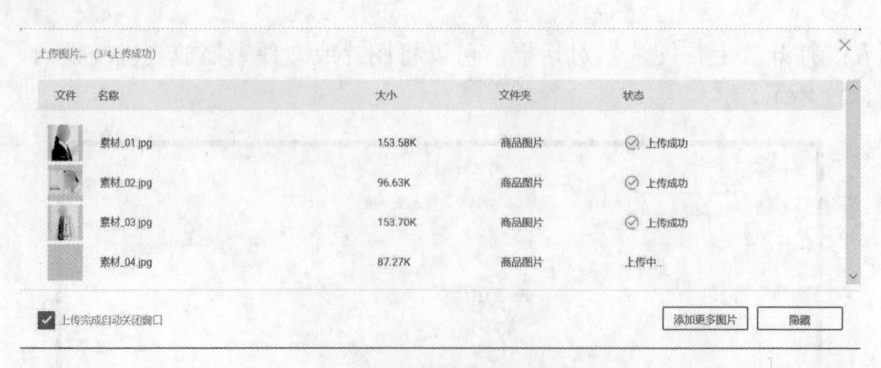

图 5-25　上传图片

图 5-26　查看上传的图片

5.2.2　管理图片空间

5.2.2.1　移动空间图片

淘宝图片空间的某张图片该如何移动到空间下的另外一个分类呢？具体操作如下。

步骤一：登录千牛卖家平台，在顶部依次单击"店铺管理"→"图片空间"选项，如图 5-27 所示。

图 5-27　进入图片空间

步骤二：在左侧单击打开一个想管理的文件夹，如图 5-28 所示。

图 5-28　打开文件夹

步骤三：勾选想要批量移动的照片，然后单击"移动到"选项，如图 5-29 所示。

图 5-29　勾选图片

步骤四：在弹出的"文件夹移动到"对话框中选择想移动到的文件夹，然后单击"确定"按钮，如图 5-30 所示。

图 5-30　移动图片

步骤五：可以看到原本在这个文件夹的图片已经被移走了，如图 5-31 所示。

图 5-31　移走图片

步骤六：打开移动到的新文件夹，可以看到刚才批量移动的照片，如图 5-32 所示。

图 5-32　成功移动图片

5.2.2.2　删除与替换空间图片

（1）删除空间图片。

方法 1：选择要删除的图片，然后单击"删除"按钮，即可成功删除图片（图 5-33）。

方法 2：删除图片空间中未引用的图片，可以节约空间，方便以后上传其他图片到空间中。在全部图片中勾选"全选"，然后单击"删除"按钮，在弹出的三个选项中选择"未引用图片清理"选项，这样就可以删除图片空间中未引用的图片（图 5-34）。

（2）替换图片空间。在淘宝图片空间中，可以将已经上传的图片替换成其他图片，但是替换图片后店铺引用的图片也会随着发生变化，具体操作如下。

步骤一：在图片空间中选择需要替换的图片，然后单击"替换"按钮，如图 5-35 所示，图中选择"素材_01.jpg"进行替换（替换图片一次只能选一张进行替换，不能多选）。

图 5-33　删除图片

图 5-34　删除未引用图片

图 5-35　选中替换图片

步骤二：打开"打开"对话框，在其中找到需要替换的图片，单击"打开"按钮，即可进行替换，如图 5-36 所示。

图 5-36　选择替换图片

步骤三：在弹出的"替换"对话框中，单击"确定"按钮即可完成替换，如图 5-37 所示。

图 5-37　替换图片

步骤四：查看图片替换效果（图 5-38）。我们可以从图中看到"素材_01.jpg"的图片已被替换，这样图片就替换成功了。

图 5-38　查看替换效果

5.3 电脑端首页装修

5.3.1 首页的风格和布局设计

淘宝店铺首页是淘宝形象的展示窗口。设计精美的店铺首页装修是引导买家、提高店铺转化率的重要手段。店铺装修直接影响着店铺品牌宣传和买家的购物体验。好的网店装修得像专卖店，更容易赢得买家的信任，而没装修的店铺则像摆地摊，因此店铺首页的视觉设计至关重要。

5.3.1.1 首页风格设计

首页是品牌调性的体现，品牌调性即第一眼看到首页的感觉，这时顾客往往不会注意到某些板块，主要关注点在背景色、首页风格设计等。首页背景色的定义和瞄准的目标群体、品牌的定位息息相关，如淘宝的橙色给人亲切、坦率、开朗、健康的感觉；代言部分的粉红色象征温柔、甜美、浪漫、没有压力，可以软化攻击、安抚浮躁。同时用户对于颜色是有视觉记忆的，作为核心流量区域，大部分首页和会员中心可以 Logo 主题色作为背景色，加深用户对品牌的印象。

风格设计有组成要素的稀疏和要素的风格差异，国外网站如 Amazon 首页偏简捷风，如淘宝、考拉等页面要素相对紧凑，但也有小众奢侈品网站一屏往往只有几个商品或者海报。这和平台的定位有关，如果是最小存货单位（Stock Keeping Unit，SKU）数量较少的精品商城则稀疏，如果是综合性的电商网站页面要素则偏紧凑。

首页也是商业模式的体现，社交电商、跨境电商、综合电商、奢侈品电商的定位在首页都会有所体现，淘宝作为 C2C 型综合电商平台，从字面含义理解用户可以在平台上"淘到宝贝"。首页是主要的寸土寸金的流量曝光入口，因 SKU 资源极为丰富，基于平台沉淀的丰富的用户数据，要在千人千面的大数据精准分发层面下较多的功夫，首页第二屏开始既展示个性化的商品推荐，又基于时间抢占的考虑，营造出各式各样的场景。

首页设计工作在电商的品牌建设中，无不在细节之处想沉淀出平台的"影响力"。一般使用场景包括：

（1）互惠：优惠券发放。
（2）承诺一致：7天包退、假一赔十、售后无忧等。
（3）社会认同：围绕代言人的扶持，为上榜的代言人提供认同感。
（4）喜好：热门商品推荐。
（5）权威：关键意见领袖的背书与介绍，全球甄选的历程。
（6）稀缺：抢购、秒杀活动信息。

5.3.1.2 首页模块布局

在电商首页的设计中，常会将页面分拆成一个个模块，做好之后再拼合成整个页面，使首页看起来层次分明、架构明显。首页布局就是有目的地展示一些商品，让顾客能够快速找到商品，并完成电商形象的传递和营销的目的。

要了解电商首页的布局方式，首先要了解首页上出现的图像和问题以及其作用和联系，以下将着重分析首页的功能性模块。

模块一：店招。该模块包含了店铺商品、店铺品牌、店铺价位等重要信息。顾客通过搜索进入产品详情页或者店铺首页，首页看到的是店招，这对顾客是否选择继续浏览起到了一定的作用，在设计店招时要注意品牌定位、产品定位和价格信息三方面。

模块二：导航。导航一般为方便顾客搜索商品设置，主要分为隐形导航、半隐形导航和显形导航。隐形导航一般以全店产品和所有类目为标题，当鼠标移动到上面时才会显示所有类目，所占位置最小，不易被发现；半隐形导航主要设置几个主要的大类标题，鼠标移动到上面停滞后显示细分类目，比较容易被发现；显形导航一般出现在首页底部区域，给予顾客全面的产品类目提示对流量进行分流和引导。

模块三：海报。海报也就是首页中较大型活动的展示，如果出现在首页第一屏，一般称为促销图、店铺焦点图等。海报的特点是占用面积较大、内容丰富，一般当作品牌展示、新品展示、活动展示，还可以用轮播形式循环播放。

模块四：活动 Banner。常见的活动 Banner 有穿插型 Banner，这种 Banner 因为占用面积小，可以灵活放在任意位置，或者作为不同类产品之间的穿插间隔，有活动分流的作用。

模块五：产品展示区。产品展示将部分商品按照一定的顺序和规则排列出来，商品展示的框架可以根据不同产品的大小和独特的展示方式进行设计。

模块六：推荐。推荐模块主要完善首页内其他模块未能展现的产品，也可以是推广产品、增加预热产品或者主推产品，增加产品的展现。

模块七：活动展示。用活动展示模块来增加点击量、提升转化率，活动模块的展示方式直接影响销售情况。

模块八：客服在线。客服在线模块是为了方便客户在浏览过程中随时有效地得到解答与帮助。

模块九：收藏。收藏功能不仅仅局限于店招、导航、页尾，只要考虑好结构上的美观，就可以添加收藏按钮。

以上分析的首页九个功能模块是出现在大部分电商店铺中的，但并不是每一个模块都要出现在首页上，也没有绝对的表现顺序。我们在设计首页时，需要根据产品类目、产品列表、企业战略以及营销策略的不同，对这些功能模块进行重新排列组合，同时要根据浏览数据对页面布局做出动态调整，以期达到最优化的首页布局。

5.3.2 主要模块区域设计及装修

下面以碧家经络养生馆首页设计效果为例（图 5-39），进行设计与装修演示。

5.3.2.1 店招的设计与装修

网店的店招是装修的重要部分，它代表一个店铺的文化和经营理念，优化好店招可以提升店铺形象，赢得消费者好感。

（1）店招设计。从内容上看，店招上面包含店铺的名字、Logo、广告语、收藏与关注，还可以加上优惠券、搜索框、店铺公告等详细信息。关于店铺定位的内容，都可以在店招上展现出来。店招的设计各式各样，展示的内容也会随着时间的推移而改变，但是不管如何设计店招,有些信息是店招必不可少的,如店铺名称、Logo 和广告语等基础信息。下面以碧家经络养生馆店为例介绍主要模块区域设计(图 5-40)。

图 5-39 碧家经络养生馆首页效果图

图 5-40 碧家经络养生馆店招

步骤一:创建店招背景。

店招规格:宽度 1920px,高度 120px。店招的内容要放在中间,淘宝店放在中间 950px

范围内，天猫店放在中间 990px 范围内。这是淘宝店，我们选 950px。

该店主打养生健康，为了凸显该店的特征，选用了自然的 #007b44 色作为店招的背景色，如图 5-41 所示。

图 5-41　店招背景设计

步骤二：修饰背景。添加一张带花的图片使背景变得更丰富，调整好位置，把图片不透明度调为 20%，如图 5-42 所示。

图 5-42　图层透明度设计

步骤三：添加店铺 Logo。把制作好的店铺 Logo 导入 Photoshop，借助辅助线放在合适的位置，如图 5-43 所示。

图 5-43　店招 Logo 设计

步骤四：布局整体。输入店铺名字，放在 Logo 旁边，店铺名字下面加一行英文，增加层次感，要注意字体大小，不宜过大。

在店招的右边放收藏店铺，这里选用了"自定形状工具"里的"锦旗"形状作为收藏本店的底图，如图 5-44 所示。

图 5-44　店招设计

（2）店招装修。店招和导航条是一起装修的，默认店招模块宽 950px，高 120px，一般导航条和店招的宽度一样，高度为 30px 最佳，两个加起来高为 150px。

下面我们一起来学习一下，店招装修的操作流程：

步骤一：登录淘宝账号，进入千牛卖家中心，打开图片空间，1920px 的店招上传到图片空间中，如图 5-45 所示。

步骤二：照片上传完成后，返回卖家中心首页，在首页左侧单击"店铺管理"→"店铺装修"选项，如图 5-46 所示。

第 5 章　网店的设计与装修　95

图 5-45　图片空间

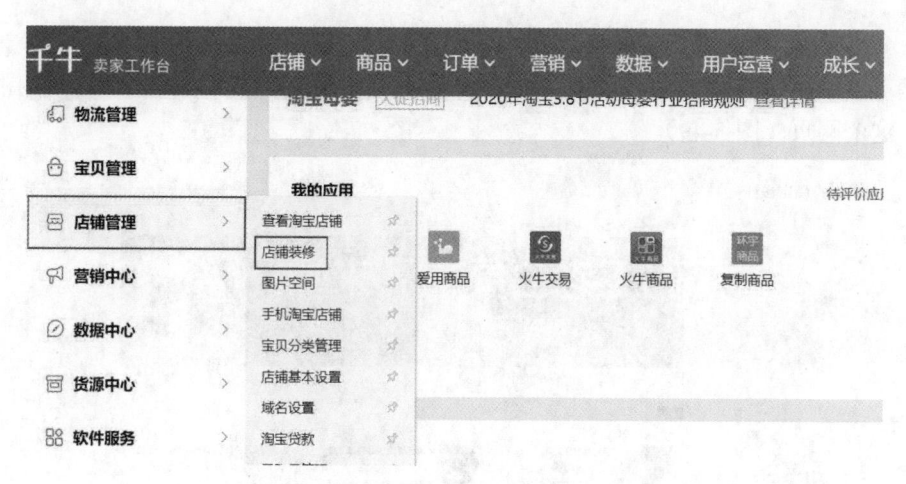

图 5-46　卖家工作台

步骤三：进入店铺装修后，在基础页中选择电脑端，然后单击"装修页面"按钮，如图 5-47 所示。

图 5-47　装修电脑端

步骤四：进入装修页面后，如果以前有装修过的店铺，需要把全部模块先删除掉，如果是新店铺就不需要，最后只留下店招和两个可添加模块（图5-48）。

图 5-48　电脑端装修页面

步骤五：装修时需要借助一个网页来完成装修，可以直接在百度搜索，这里用的是"码工助手"这个网页（图5-49）。

图 5-49　码工助手

步骤六：接下来到码工助手里面，找到"全屏店招工具"，单击"在线使用"选项，如图5-50所示。

图 5-50　全屏店招工具

步骤七：单击进入后选择"店铺类型"→"淘宝"，然后单击"图片空间"选项，找到刚刚上传的图片，复制图片链接，然后单击"下一步"按钮，建议尺寸1920px×150px，如图5-51所示。

图 5-51　全屏店招制作过程（1）

步骤八：图片裁切，单击"保存图片"按钮，把图片上传到图片空间中，就可以单击"下一步"按钮了，如图5-52所示。

图 5-52　全屏店招制作过程（2）

步骤九：填写对应平台图片地址，这里要复制图片空间里的图片链接，找到刚刚裁切好的图片，复制其链接，然后单击"添加热区"按钮，如图5-53所示。

步骤十：在店招适当位置添加热区，然后复制店铺相应的网址，粘贴到链接这个框内，就可以生成代码了，如图5-54所示。

步骤十一：生成代码后，选择淘宝基础版，根据实际需要复制相应代码，这里复制"自定义招牌"这个代码，右下角还有"详细教程"供参考，如图5-55所示。

图 5-53　全屏店招制作过程（3）

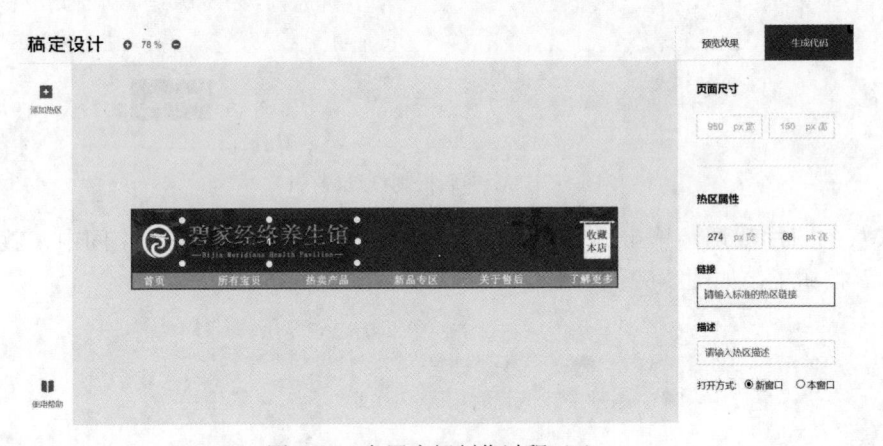

图 5-54　全屏店招制作过程（4）

图 5-55　全屏店招制作过程（5）

步骤十二：复制代码后回到店铺装修页面，在店招页面处单击"编辑"按钮，如图 5-56 所示。

步骤十三：打开"店铺招牌"对话框，勾选"自定义招牌"选项，单击源码，粘贴刚刚复制的代码，把高度改为 150px，然后单击"保存"按钮就可以了，如图 5-57 所示。

图 5-56　全屏店招制作过程（6）

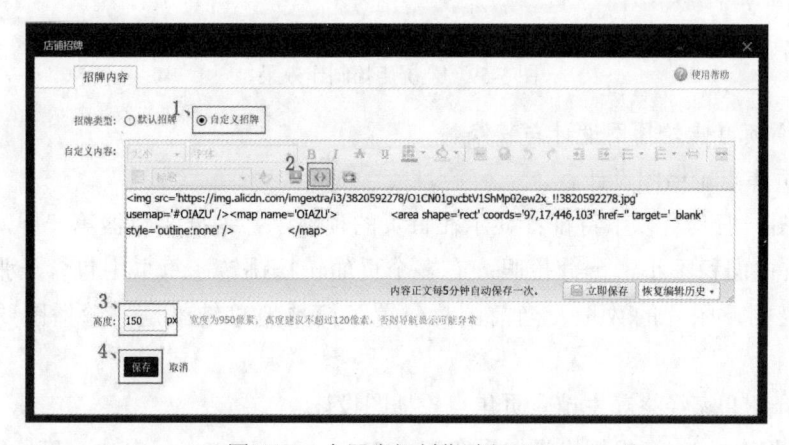

图 5-57　全屏店招制作过程（7）

步骤十四：回到店铺装修首页，选择左侧"页头"，"页头背景色"不勾选"显示"，"页头下边距 10 像素"选择"关闭"，"页头背景图"更换为 1920px 的店招图，"背景显示"选择"不平铺"，"背景对齐"选"居中"，然后把这个设置应用到所有页面，即可完成店招的装修如图 5-58 所示。

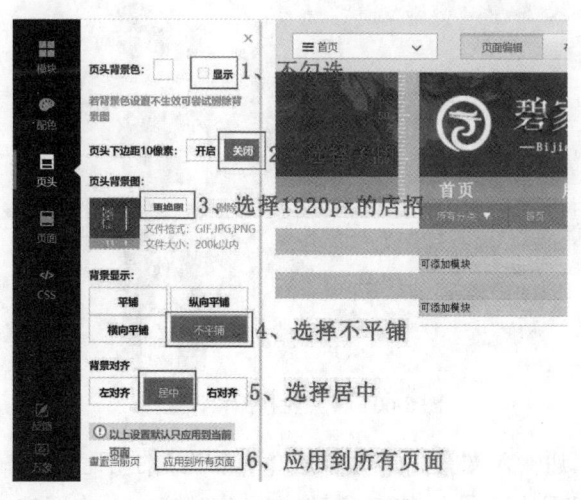

图 5-58　全屏店招制作过程（8）

步骤十五：预览装修效果，单击"预览"按钮即可跳转到网页中看到装修效果，如图 5-59 所示。

图 5-59　全屏店招制作效果

5.3.2.2　首页焦点轮播图设计与装修

（1）首页焦点轮播图设计。

1）轮播图一般具有以下特征：显示在首页的顶部，并占据浏览器第一屏，无须滚动即可看到，且所占面积不小，十分抢眼；有多个页面轮播跳转；每页中包含一张图片；底部会有指示器表明，图片的数量及当前图片位置。简单地总结就是：轮播图要让信息更显眼、更多。

2）下面介绍碧家经络养生馆首页焦点轮播图设计。

步骤一：将 Banner 海报规格设置为宽度 1920px，高度 900px，其中高度一般控制在一个屏的范围内即可。

步骤二：拖入一张干净的白色背景图，并在右边放入展示产品的人物，这样可以吸引顾客注意，如图 5-60 所示。

图 5-60　焦点轮播图设计过程

步骤三：在图的左边输入文案，使顾客更加了解产品的用途，如图 5-61 所示。

步骤四：这时会发现这个图有点空，可以在文案两旁加一点图案，在文案下加几个产品图，注意图案不能太显眼，要调整图案的不透明度为 40%，产品图不用调整，这样就完成了 Banner，如图 5-62 所示。

图 5-61　焦点轮播图设计过程

图 5-62　焦点轮播图设计效果

（2）首页焦点轮播图装修。下面进行轮播图装修，具体操作如下：

步骤一：将制作好的 Banner 上传到图片空间，轮播图需要两张以上才可以轮播，如图 5-63 所示。

图 5-63　轮播图上传图片空间

步骤二：到码工助手里选择"轮播工具"选项，如图 5-64 所示。

图 5-64　轮播图制作过程（1）

步骤三：复制图片链接并粘贴到地址栏中，如果需要单击图片实现跳转，就把链接复制到跳转链接框内，在图片设置旁边还有一个动态设置，可以根据需要进行设置，如图 5-65 所示。

图 5-65　轮播图制作过程（2）

步骤四：单击"生成代码"→"复制代码"，如图 5-66 所示。

步骤五：回到淘宝装修首页面，选择模块点击自定义区域拖到右边中间的区域，单击"编辑"按钮，在弹出的"自定义内容区"对话框"显示标题"选择"不显示"，然后粘贴代码，如图 5-67 所示。

步骤六：单击"确定"按钮就完成了轮播图的装修，如图 5-68 所示。

图 5-66　轮播图制作过程（3）

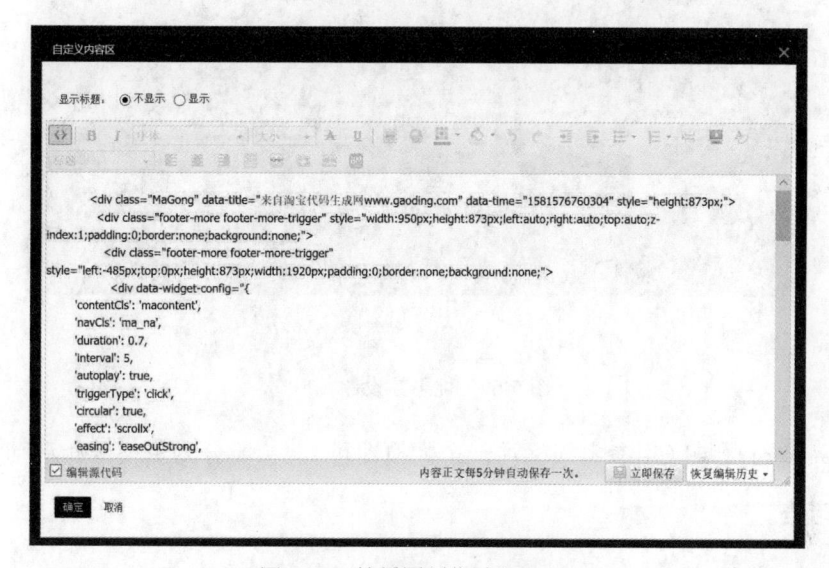

图 5-67　轮播图制作过程（4）

图 5-68　轮播图制作效果

5.3.3.3 优惠券设计与装修

（1）优惠券设计。淘宝优惠券设计没有固定方法，大部分优惠券都会重点突出面额和活动氛围，优惠券的尺寸有很多，主要根据需要放置的位置确定尺寸。下面我们就以碧家经络养生馆为例，为其创建首页的优惠券。

步骤一：画一个宽度为 360px、高度为 190px 的矩形，颜色选择与整体色调协调，如图 5-69 所示。

图 5-69　优惠券设计（1）

步骤二：划分区域（用参考线标注一个大概即可），一般分为价格区和活动说明区，如图 5-70 所示。

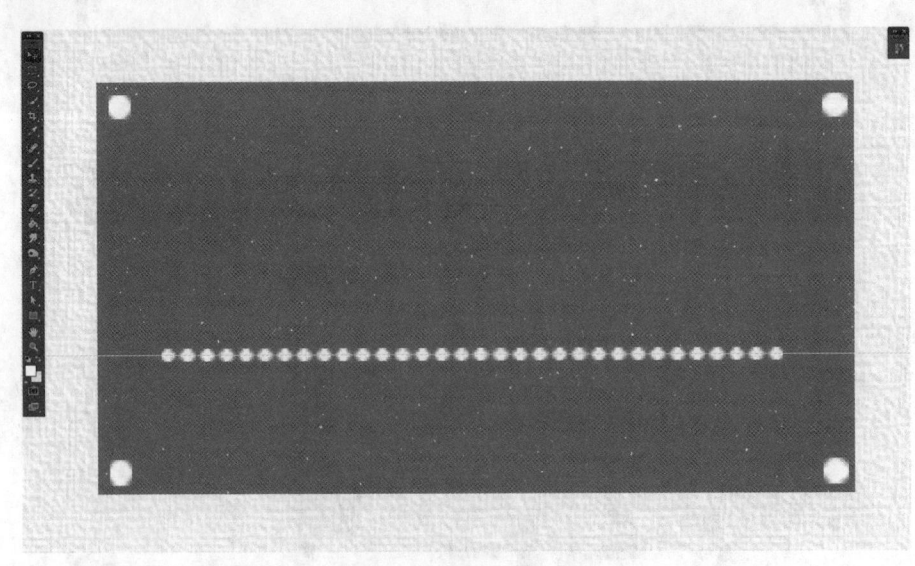

图 5-70　优惠券设计（2）

步骤三：输入价格，并细化，使用最简单的白色。注意在整个优惠券里重点突出价格，如图 5-71 所示。

图 5-71　优惠券设计（3）

步骤四：输入活动说明，一般采用上下排版的方式。重点突显使用条件、有效日期及产品范围等，并美化一下整合排版效果，这样一张优惠券就完成了，如图 5-72 所示。

图 5-72　优惠券设计（4）

步骤五：这里一套优惠券一共有 3 张，把刚刚做的优惠券建一个组，复制两个出来，调整价格即可完成一套优惠券，如图 5-73 所示。

图 5-73　优惠券设计（5）

（2）优惠券装修。下面我们进行优惠券装修，具体操作如下：

步骤一：把优惠券的图片上传到图片空间，如图 5-74 所示。

图 5-74　上传图片

步骤二：在码工助手里，选择"淘宝/天猫布局代码工具"选项，单击进入，如图 5-75 所示。

图 5-75　选择"淘宝/天猫布局代码工具"选项

步骤三：在"稿定设计"处粘贴图片链接，然后把宽高改为原来大小，这里是宽 1920px、高 436px，如果不知道图片尺寸的可以到图片空间中打开图片，就有图片的尺寸，"店铺类型"默认是"淘宝"，根据自己的店铺类型进行选择，如图 5-76 所示。

步骤四：单击热区，选择需要添加热区的区域，然后粘贴相应的链接地址即可，如图 5-77 所示。

第 5 章　网店的设计与装修

图 5-76　修改图片尺寸

图 5-77　单击添加热区

步骤五：单击生成代码，在"是否去间隙"中选择"去掉 20 像素"，单击"导出代码"按钮，然后复制 HTML 代码，如图 5-78 所示。

图 5-78　生成并导出代码

步骤六：回到淘宝装修首页面，选择模块单击自定义区域拖到右边中间的区域，单击"编辑"选项按钮，在弹出的"自定义内容区"对话框中"显示标题"选择"不显示"，然后粘贴代码，如图5-79所示。

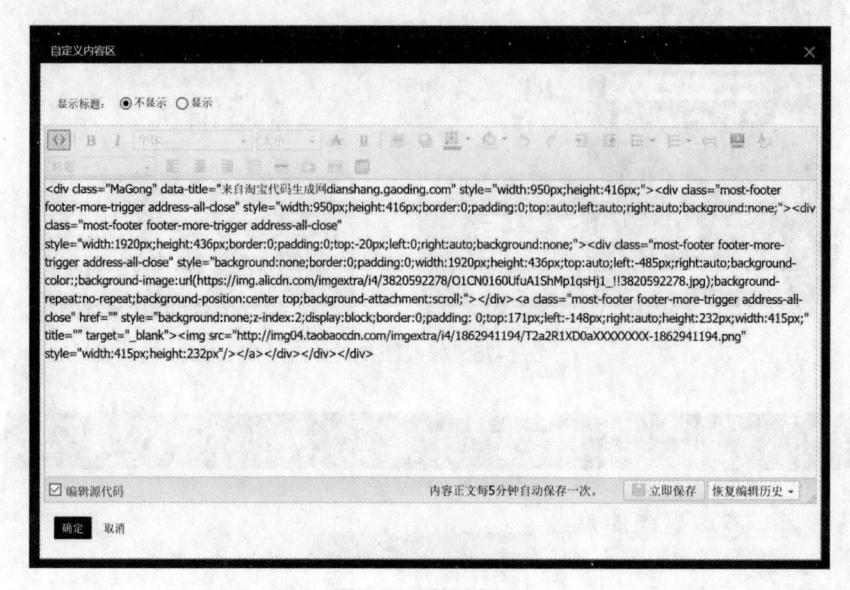

图 5-79　粘贴代码

步骤七：单击"确定"按钮，优惠券的装修就完成了，如图5-80所示。

图 5-80　完成优惠券装修

5.3.3.4　宝贝促销模块设计与装修

（1）宝贝促销模块设计。一个宝贝的首页是由不同描述信息模块组成的，有的模块是整个宝贝描述最主要的组成部分，有的模块是修饰功能，让宝贝看上去更加诱人，吸引消费者购买。下面来介绍碧家经络养生馆首页的一个模块。

具体设计过程如下：

步骤一：写出模块标题，这里的第一个模块是"爆款热卖"，可以用标题吸引顾客，如图 5-81 所示。

图 5-81　写出模块标题

步骤二：用两个描边不填充的矩形画出一个区域，一个横放一个竖放，如图 5-82 所示。

图 5-82　用矩形画出区域

步骤三：在竖框放入产品图片，横框左边位置可以写上产品名字，右边可以写上产品文案和产品价格，这样可以清楚地介绍一款产品，如图 5-83 所示。

图 5-83　产品介绍和图片

步骤四：用三个矩形区域展示产品，也用这个区域来隔开第一款和第二款产品，这样可以更直观地看到产品，如图 5-84 所示。

图 5-84　用三个矩形区域展示产品

步骤五：第二款产品也使用矩形来展示，这样可以保持页面统一，我们可以在矩形底下加深点的背景图，这样子更有层次感，如图 5-85 所示。

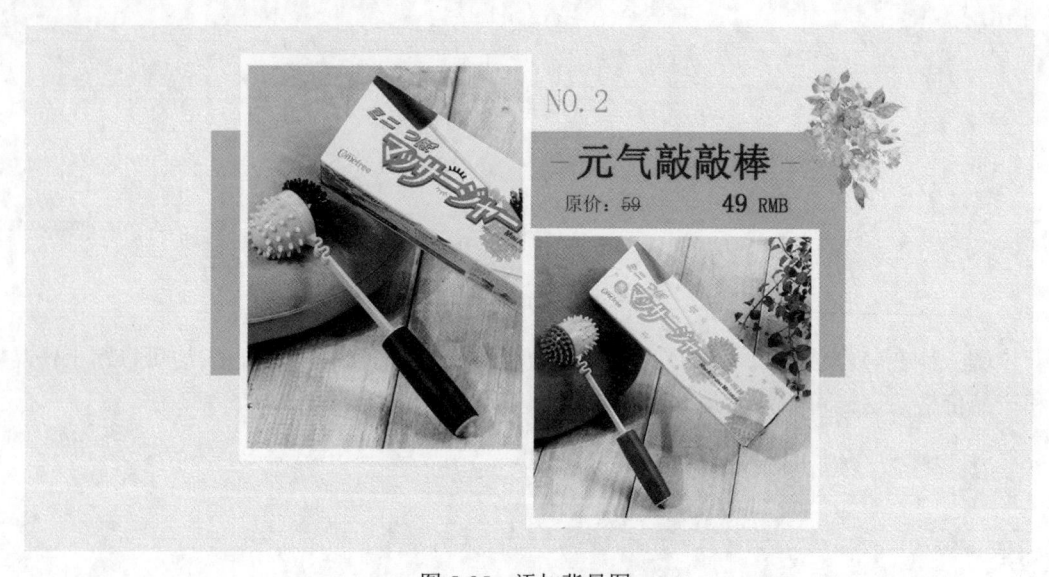

图 5-85　添加背景图

步骤六：这样第一个模板就完成了，把最热卖的两款宝贝放在第一个模块，消费者购买宝贝最主要看的就是宝贝展示的部分，通常这部分是用图片形式来展现的，一般情况下分为摆拍图和场景图两种类型，最终效果如图 5-86 所示。

（2）宝贝促销模块装修。下面我们进行宝贝促销模块装修，具体操作如下：

步骤一：把宝贝促销模块的图片上传到图片空间，如图 5-87 所示。

步骤二：到码工助手里，选择"淘宝/天猫布局代码工具"选项，单击进入，如图 5-88 所示。

图 5-86　促销模块效果图

步骤三：在"稿定设计"页面粘贴图片链接，然后把宽高改为实际大小，如果不知道图片尺寸的可以到图片空间中打开图片，就有图片的尺寸，"店铺类型"默认是淘宝，根据自己的店铺类型进行选择，如图 5-89 所示。

图 5-87　上传图片

图 5-88　选择"淘宝/天猫布局代码工具"选项

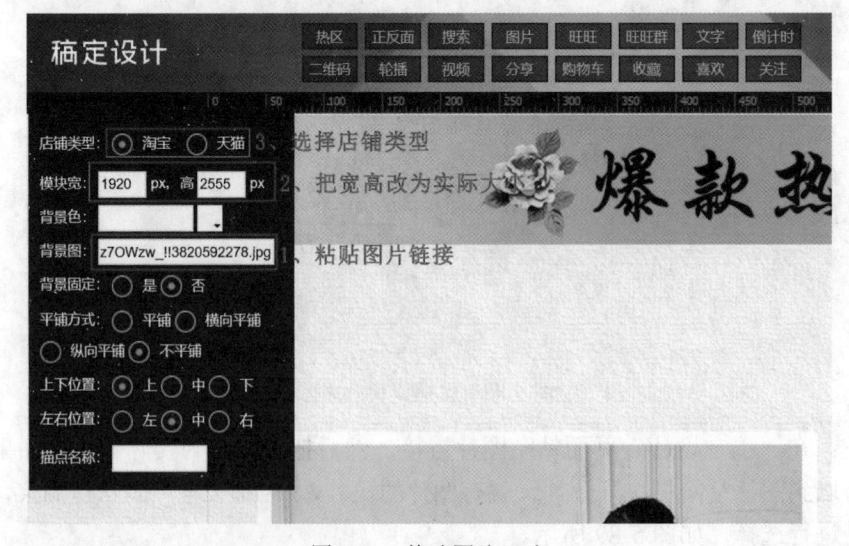

图 5-89　修改图片尺寸

步骤四：单击热区，选择需要添加热区的区域，然后粘贴链接地址即可，可以在图片和立即购买等区域添加热区，如图 5-90 所示。

图 5-90　单击添加热区

步骤五：单击生成代码，在"是否去间隙"中选择"去掉 20 像素"，单击"导出代码"按钮，然后"复制 HTML 代码"，如图 5-91 所示。

图 5-91　生成并导出代码

步骤六：回到淘宝装修首页面，选择模块单击自定义区域拖到右边中间的区域，然后单击"编辑"按钮，弹出"自定义内容区"对话框，"显示标题"选择"不显示"，然后粘贴代码，如图 5-92 所示。

步骤七：单击"确定"按钮，宝贝促销模块的装修就完成了。

5.3.3.5　尾部模块设计与装修

（1）尾部模块设计。页尾设计要根据整个装修风格来布局，简洁的装修就需要简洁的页尾设计，华丽的装修就需要华丽的页尾设计。页尾设计存在多种形式，卖家可以根据网店需要设计页尾。碧家经络养生馆的页面属于小清新简洁类型，所以尾部应进行简洁型设计。

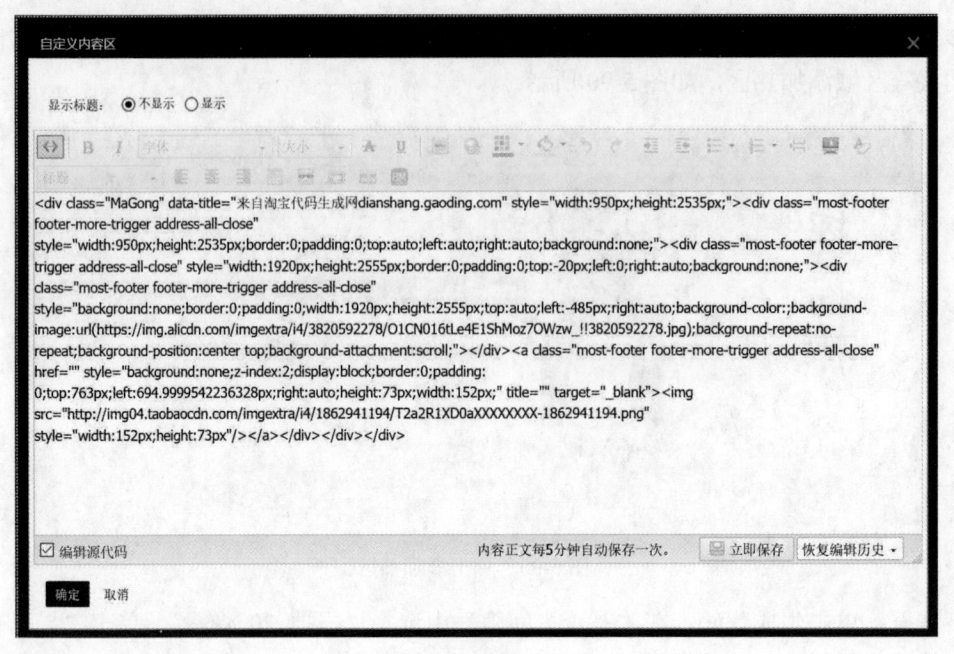

图 5-92 粘贴代码

具体设计过程如下：

步骤一：画一个宽 1920px、高 500px 的矩形，填充比整体底色深的颜色，在矩形顶部用画笔画一横，为底部增加设计感，如图 5-93 所示。

图 5-93 画矩形并填充

步骤二：添加一张带花的图片，把不透明度调为 25%，使底部与店招相呼应，如图 5-94 所示。

图 5-94 添加带花图片

步骤三：选择自定形状工具里的"方块形卡"，然后再复制两个，调整好位置，写上相应的文字，这样简洁的底部就完成了，效果如图5-95所示。

图5-95　尾部模块设计效果

（2）尾部模块装修。下面我们进行尾部模块的装修，具体操作如下：

步骤一：把尾部模块的图片上传到图片空间，如图5-96所示。

图5-96　上传图片

步骤二：到码工助手里，选择"淘宝/天猫布局代码工具"选项，单击进入，如图5-97所示。

图5-97　选择"淘宝/天猫布局代码工具"选项

步骤三：在"稿定设计"这里粘贴图片链接，然后把宽高改为实际大小，如果不知道图片尺寸的可以到图片空间中打开图片，就有图片的尺寸，如图 5-98 所示。

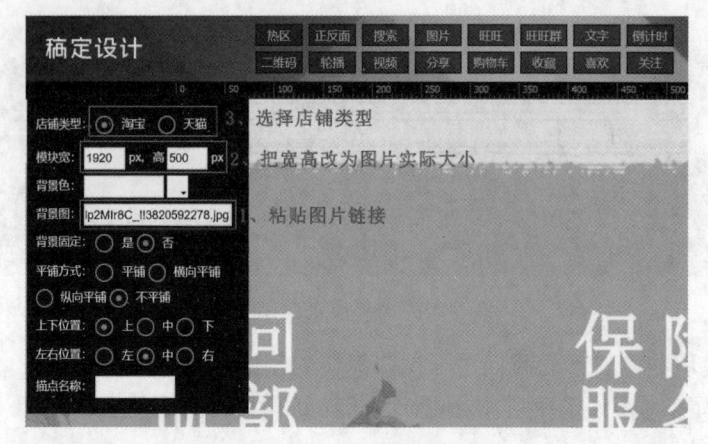

图 5-98　修改图片尺寸

步骤四：单击热区，选择需要添加热区的区域，然后粘贴链接地址即可，如图 5-99 所示。

图 5-99　单击添加热区

步骤五：单击生成代码，在"是否去间隙"中选择"去掉 20 像素"，单击"导出代码"按钮，然后单击"复制 HTML 代码"按钮，如图 5-100 所示。

图 5-100　生成并导出代码

步骤六：回到淘宝装修首页面，选择模块单击自定义区域拖到右边中间的区域，然后单击"编辑"按钮，弹出"自定义内容区"对话框，"显示标题"选择"不显示"，然后将代码进行粘贴，如图5-101所示。

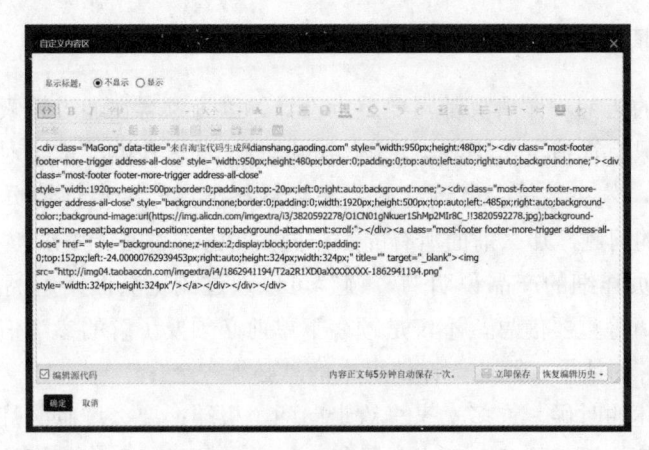

图 5-101　粘贴代码

步骤七：单击"确定"按钮，尾部模块的装修就完成了，效果如图5-102所示。

图 5-102　尾部模块装修效果

步骤八：全部模块装修完以后，在装修页面单击"发布站点"按钮，即可装修完成，如图5-103所示。

图 5-103　单击"发布站点"按钮完成装修

5.4 商品详情页装修

5.4.1 商品详情页布局与设计技巧

无论是什么样的店铺,详情页都需要重点设计,因为顾客在通过搜索进入店铺时,先进入的是详情页,也只有详情页承担着下单购买的职责。顾客在购买前会对详情页仔细看、反复看,甚至对比看,才决定是否咨询旺旺,是否最终下单。如果详情页不能满足顾客的需求,不能解决顾客的问题,那么前面所有的工作做得再好,都是无用功。

详情页就像一页详细的产品说明书,顾客可以通过浏览页面了解商品信息、属性、功能、外观、品质保障等重要信息,不仅是顾客下单前必须要了解的参考信息,也是顾客判断店铺是否有良好服务的依据。因此,详情页中信息必须齐全。

在制作宝贝描述的时候,许多卖家喜欢走向两个极端:要么堆砌照片,将宝贝页面弄得很长,买家看到的都是重复信息;要么就是很少的文字信息,买家都没看清楚宝贝的细节。宝贝页面不是越长越好,也不是越少越好,要根据实际情况安排宝贝详情页面的布局模式。但是每个布局模块要相互关联,如此才能随着卖家的表述思路将买家引导到期望的方向上。

通用型详情页框架部分的顺序如图 5-104 所示,前三个模块可根据不同类目的商品量身打造不同的个性化模块和顺序。

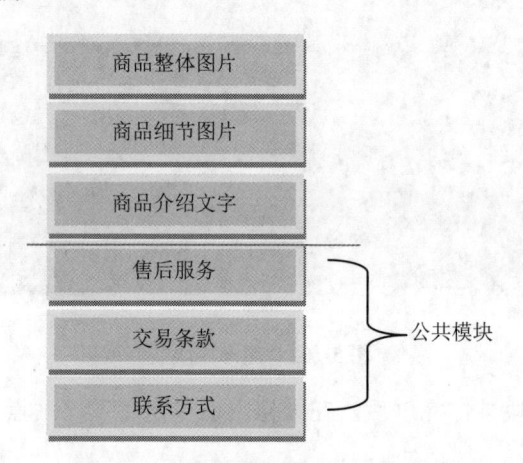

图 5-104 通用型详情页框架

如图 5-105 所示是一张产品详情页的说服逻辑图,主要从客户进入商品详情页面开始抓住顾客眼球,再到最后的促单成交,每一个章节凸显不同的说服方式与方法。

在设计详情页页面的时候,一定要注意页面设计的基础三原则。

基本原则一:信息图像化。

文字是循序渐进的处理,能给买家留下的印象远不及图片,所以详情页面的描述应尽可能图像化。

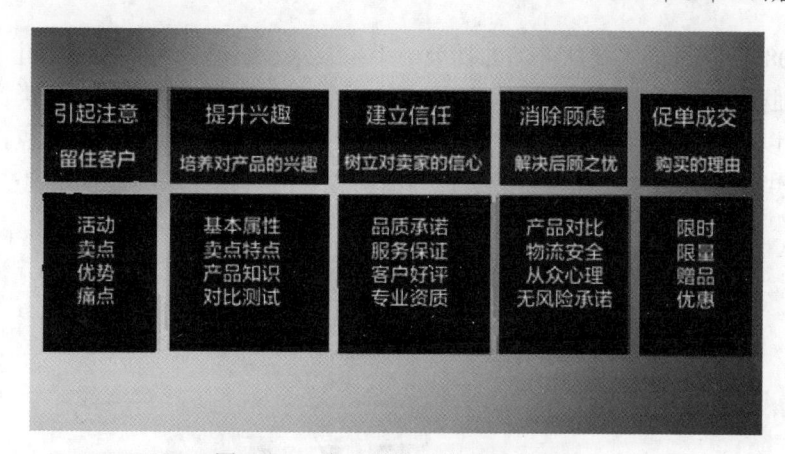

引起注意	提升兴趣	建立信任	消除顾虑	促单成交
留住客户	培养对产品的兴趣	树立对卖家的信心	解决后顾之忧	购买的理由
活动 卖点 优势 痛点	基本属性 卖点特点 产品知识 对比测试	品质承诺 服务保证 客户好评 专业资质	产品对比 物流安全 从众心理 无风险承诺	限时 限量 赠品 优惠

图 5-105 产品详情页的说服逻辑图

基本原则二：高效表达。

内容不要过于臃肿，表达要清晰有条理，简单直接，不要影响页面的打开速度。页面载入时间过长，会影响销量。

基本原则三：要掌握客户最关心的点。

你所认为客户最关心的地方，往往并不是客户最关心的；不同的产品客户所需求、所关注的地方不同，不同的产品顾客关注的地方也是各不相同。

了解了设计的基础原则后，我们一起来看看一个页面从抓住眼球到最终成交背后的逻辑，让页面深入人心，让页面可以帮助说服消费者。

（1）吸引顾客，留住顾客。客户的需求包括产品独特的卖点（与别人的产品不同的地方，产品优势）、活动价格优惠、不同的服务（购买产品能得到什么享受、服务）、痛点（解决问题烦恼）等。比如，服装类的产品顾客可能关注的是衣服的款式，模特穿着的样子、衣服的尺寸以及衣服的尺码，模特的身材、体重以及穿着衣服的大小码对比。而功能性产品比如保健品之类，顾客关注的就是产品到底有什么功能。产品肯定要有一个突出特点，如缓解疲劳。独特性主要可以分为近期热点事件、网络流行、新概念、主题氛围、生活主张、实际利益、好奇心、品牌嫁接、新品上市、产品创意、强视觉、名人效应、限时限量等。

如图 5-106 所示营造的氛围是使用这款防晒产品之后，就像戴上帽子在海边走般清凉，如图 5-107 所示纯色的背景突显梳子梳头的舒服，给顾客以代入感，吸引顾客，留住顾客。

图 5-106 防晒产品视觉营销效果

图 5-107 梳子视觉营销效果

如图 5-108 所示页面主要从产品的功效下手：补水、缓解痘痘、收缩毛孔、快速渗透，这些都是买爽肤水的顾客所需要的，实际功能是需要文字和图片结合的，这类产品一般文案都比较多，所以更要注意文案的排版，一定要有规律、有序、有层次、有重点，同时也别忘了运用背景的烘托效果。文案和背景的绿色与清新相呼应，让人深刻地感知到产品的功能。

图 5-108　芦荟胶视觉营销效果

如图 5-109 所示产品中加入生活主张：用上扫地机，繁忙的家务就没有了。这样的生活主张，对于劳碌的家庭主妇来说，还是很有诱惑力的，只要价格合适，都想购买。

图 5-109　扫地机视觉营销效果

（2）提升顾客兴趣，确认需求。上文提到的只是吸引顾客的方法，顾客看详情页面还是想买产品的，因此必须要有顾客想要看到的元素：产品参数一定要有，并且清晰，甚至模特的身高、体重、穿衣码数也要配上，方便顾客比对。

产品细节一定要尽量展示得详细，比如，包包的各种角度展示，包括内里、拉链部分。如果是品牌产品，品牌的 Logo 和走线一定要展示清楚，这样才能提升产品整体的品质感，如图 5-110 所示。

衣服的细节要尽可能展示清楚，也可以在旁边加一个全景展示和细节对比，如图 5-111 所示。排版可以不拘一格，更具有引导性。

图 5-110　展示产品走线与 Logo

图 5-111　展示产品细节

（3）用图来展现产品的设计理念。要展现一个产品的吸引力，最好是尝试找一个体现产品吸引力的图片放在旁边，让顾客通过图片感知吸引力。

如图 5-112 所示，图中并没有文字，通过产品定位，视觉效果把控，突显视觉张力，攻克消费者心理防线。

图 5-112　展示产品设计理念

5.4.2 商品详情页装修

买家在淘宝首页搜索并浏览商品主图时,一般会直接进入商品详情页。据统计,约 99% 的顾客是在查看详情页后生产订单的,详情页设计的好坏直接影响了该笔订单是否生成。由此可见,商品详情页的装修在店铺装修中至关重要,只有做好详情页,才能进一步提高成交量与转化率。

5.4.2.1 商品焦点图设计

详情页的首页焦点图一般为详情的第一版,是为推广该款宝贝设计的海报,由产品、主题与卖点三部分组成。当消费者点击商品进入店铺后,卖家要快速地切换到焦点图环节,通过让消费者看焦点图,迅速吸引和抓住消费者的眼球,使其明白这个商品是什么、商品的使用对象是谁。引发兴趣的焦点图可以是热销盛况、产品升级、买家的痛点等,元气小锤的焦点图设计如图 5-113 所示。

图 5-113 元气小锤焦点图

设计步骤如下:

步骤一:产品展示,突出产品的特性,让消费者看后有美感、舒适感,对商品有好感和购买欲,如图 5-114 所示。

步骤二:突出主题,通过一些生活化场景使顾客感到亲切自然,进而产生共鸣,运用色彩反差,营造视觉冲击,吸引买家眼球,同时使用辅助色来调节整个画面,合理控制色彩面积,要保证使用的色彩能够与宝贝的特点相吻合,如图 5-115 所示。

步骤三:明确卖点,用文字突出产品卖点,明确告诉顾客这个产品的卖点,给顾客留下深刻的印象,通过巧妙的展示,使顾客过目不忘,印入脑海,这样商品焦点图设计就完成了,如图 5-116 所示。

第 5 章 网店的设计与装修

图 5-114 产品展示

图 5-115 突出主题

图 5-116 焦点图设计效果

5.4.2.2 商品细节展示设计

商品细节展示一般在商品有了全貌展示的背景下开展，包括产品各角度的外观图、产品的内部细节图。此外，还可以在图上附文字，将图片无法传递的产品特性表述出来，让买家了解的商品细节越多，产生的信任就越多，如图 5-117 所示。

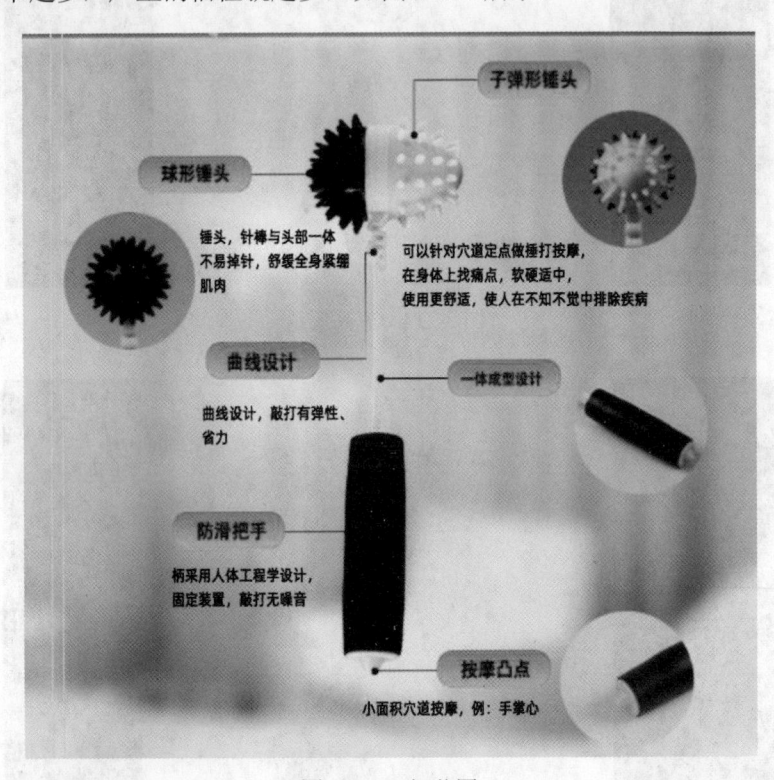

图 5-117 细节图

设计步骤如下：

步骤一：介绍产品各部位的特点，充分展示产品的设计特点，如图 5-118 所示。

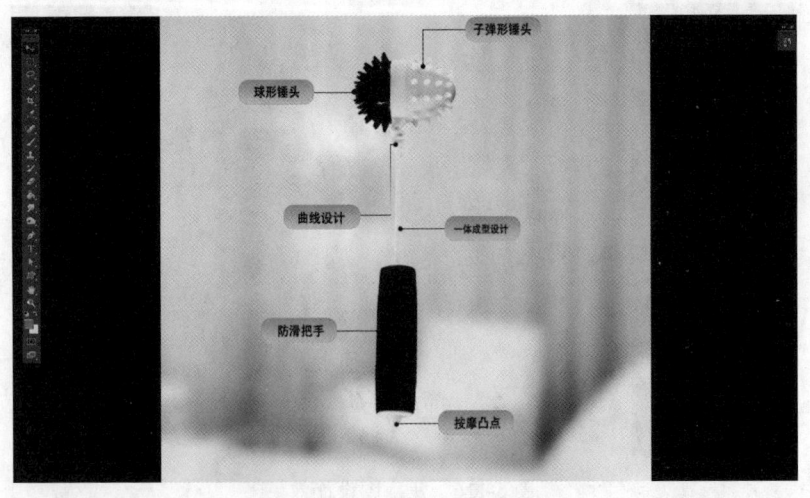

图 5-118 介绍产品各部分的特点

步骤二：展示产品的外观图，放大产品的细节图，让顾客多角度看到产品特点，如图 5-119 所示。

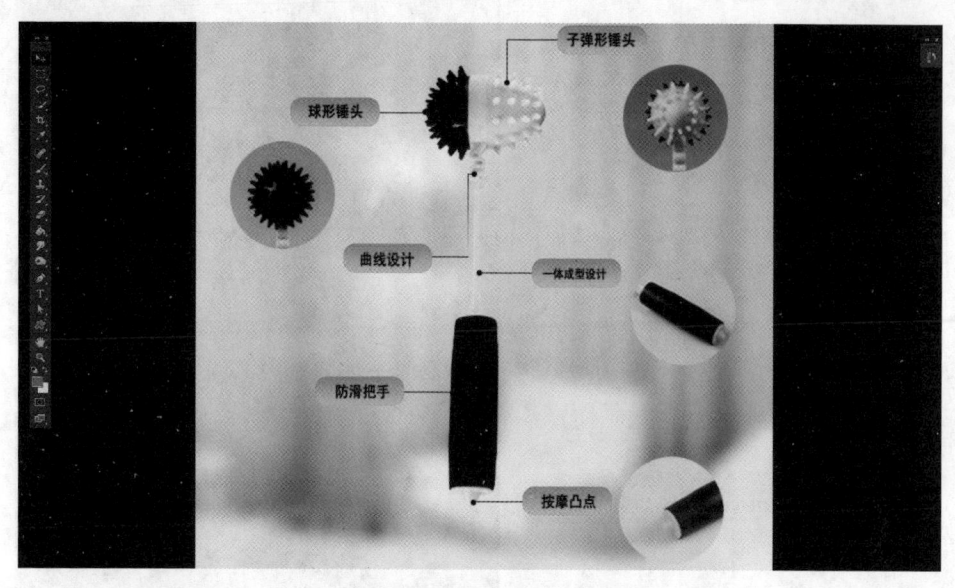

图 5-119　放大产品的细节图

步骤三：加上描述性文字展示产品的功能，让顾客更加了解产品的特点，这样商品细节展示设计就完成了，如图 5-120 所示。

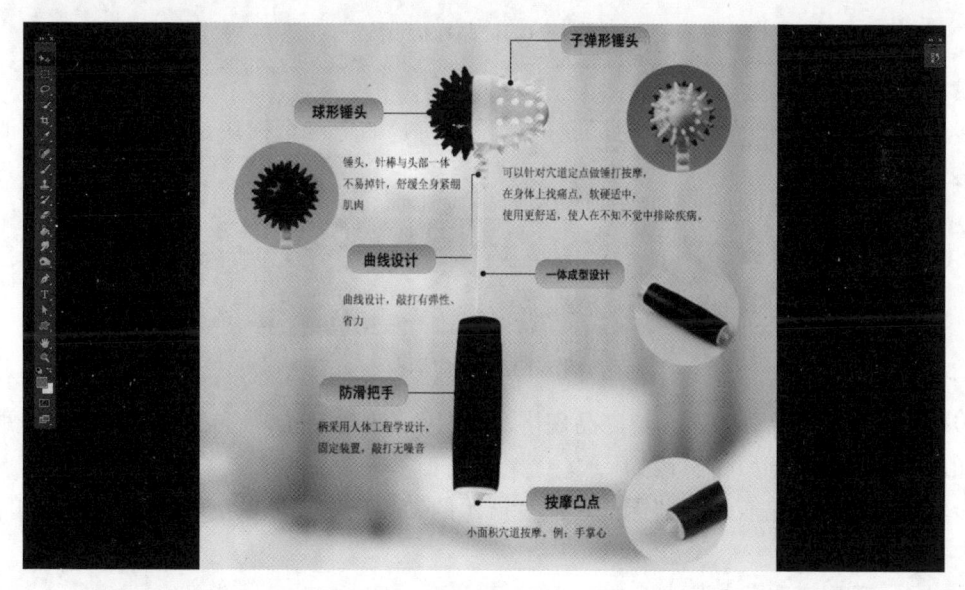

图 5-120　加上文字展示产品功能

5.4.2.3　商品信息展示设计

商品信息展示可以细分为参数说明、实物拍摄展示、颜色展示、全方位展示等。通过图片方式展示可以使消费者更直观地了解商品，同时一些无法用图片表达的参数，如材质、硬度、品质和厚薄等需要用文字进行描述，如图 5-121 所示。

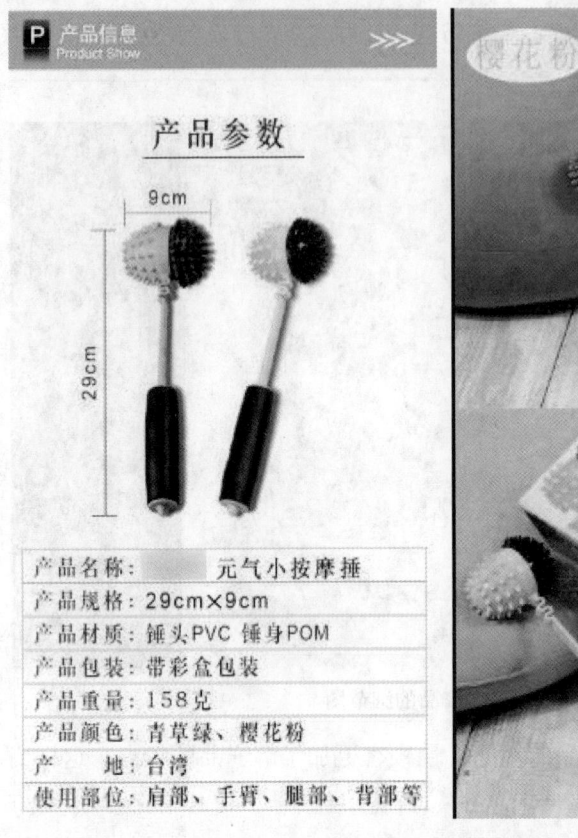

图 5-121　商品详情设计

设计步骤如下：

步骤一：制作"产品信息"的标题，让顾客清楚知道这个模块是展示产品信息的，如图 5-122 所示。

图 5-122　制作标题

步骤二：展示产品参数，介绍产品规格，如图中的长 29cm，宽 9cm，这样可以让顾客清楚地知道产品的大小，如图 5-123 所示。

步骤三：运用表格表达一些无法用图片展示的参数，这样可以使产品的参数更加完整，如图 5-124 所示。

5.4.2.4　商品售后模块设计

商品售后模块是和消费者相关的合约，比如邮费、发货、退换货、售后服务内容等，这些内容有必要告知买家，虽然有的顾客可能不会细看，但是"买家须知"这些内容可以给顾客安全感，一般用简单的图文进行设计，如图 5-125 所示。

图 5-123　展示产品参数

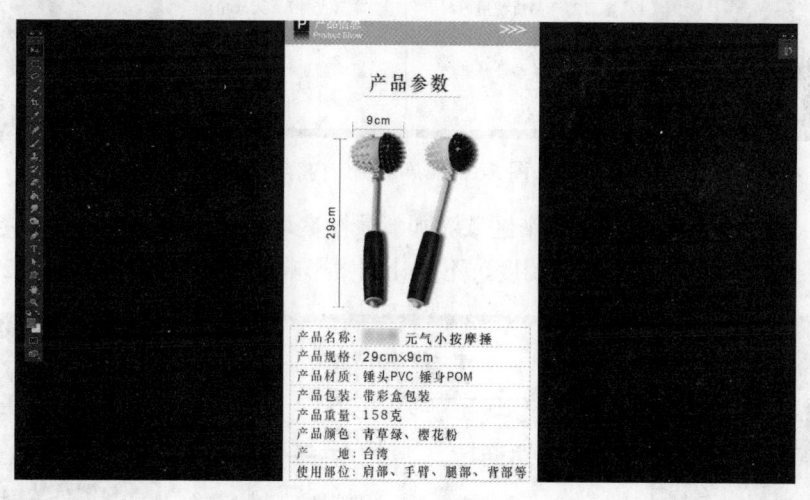

图 5-124　运用表格

图 5-125　商品详情买家须知

设计步骤如下：

步骤一：用线条分成四个区域，在每个区域展示相应的内容，如图 5-126 所示。

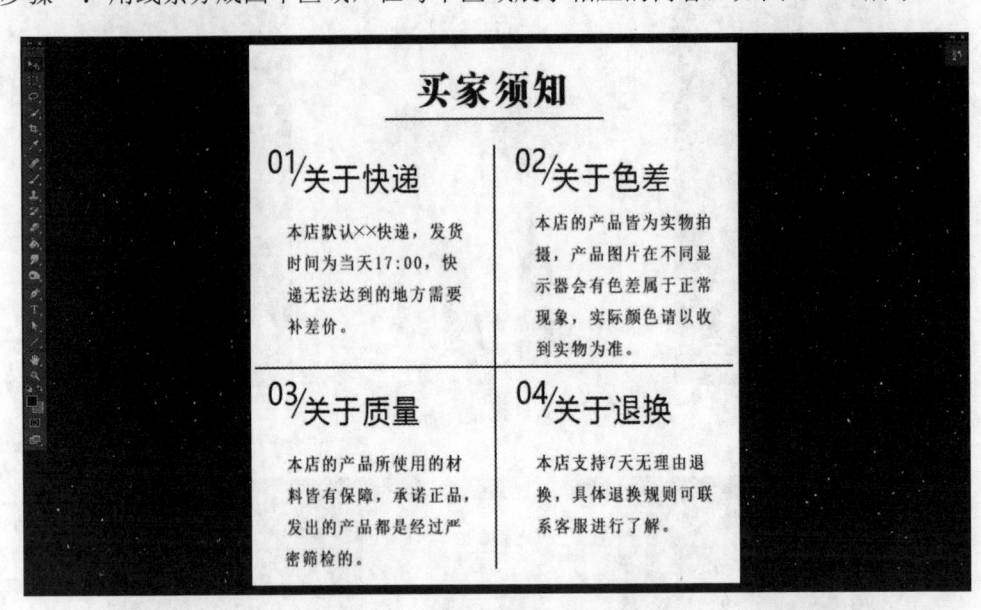

图 5-126　展示相应内容

步骤二：添加背景图案，在每个区域添加背景图案可以使这部分内容显得更加丰富，在添加图案时要注意调整图案的不透明度，不能让图案影响文字的展示，如图 5-127 所示。

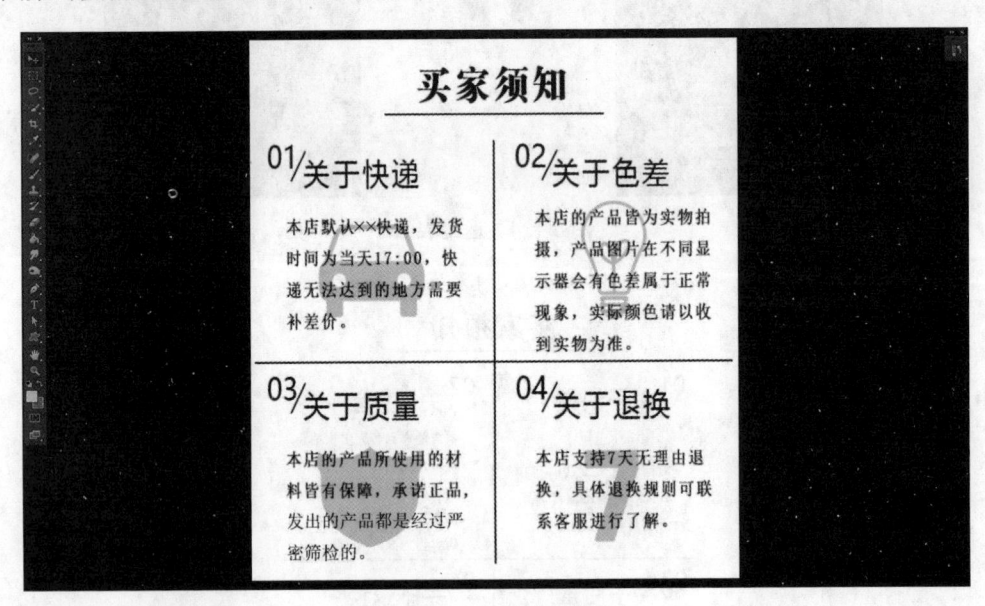

图 5-127　添加背景图案

5.4.3　详情页装修方法

用 Photoshop 设计完商品详情页以后，需要装修到网店上，此时需要将图片切小，并上传到网店图片空间，再进行商品上架装修，具体操作步骤如下。

步骤一：登录淘宝，进入"千牛卖家中心"页面，在首页左侧单击"宝贝管理"中的"发布宝贝"选项，如图 5-128 所示。

图 5-128　登录千牛卖家中心

步骤二：选择商品类目，然后单击"下一步，发布商品"按钮，如图 5-129 所示。

图 5-129　匹配商品类目

步骤三：进入商品发布页面后，单击"图文描述"按钮，找到"电脑端描述"选项，然后单击全屏进入，进行详情页的装修，如图 5-130 所示。

步骤四：单击"图像"按钮，上传图片，如图 5-131 所示。

步骤五：选择上传到图片空间的详情图，单击"确认"按钮，这样就完成了电脑端的详情页装修，如图 5-132 所示。

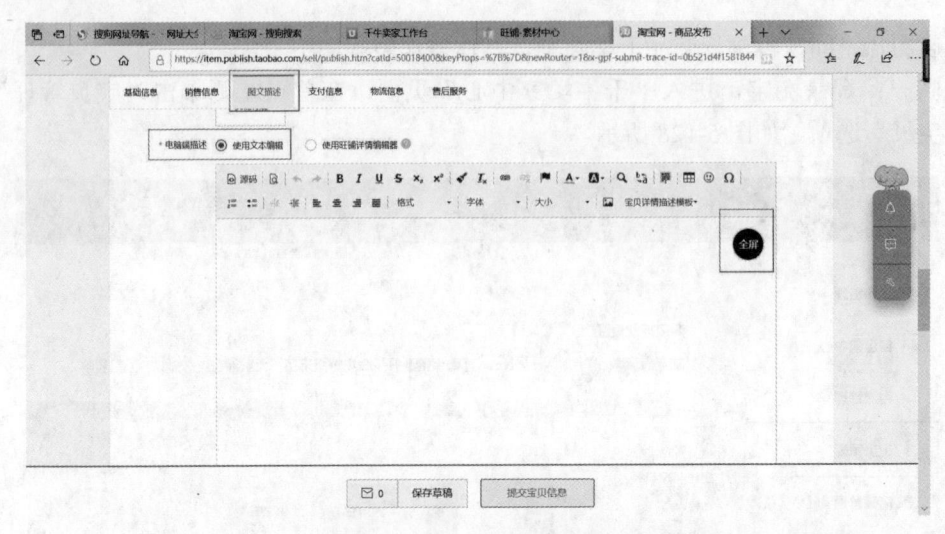

图 5-130　单击"图文描述"按钮

图 5-131　上传图片

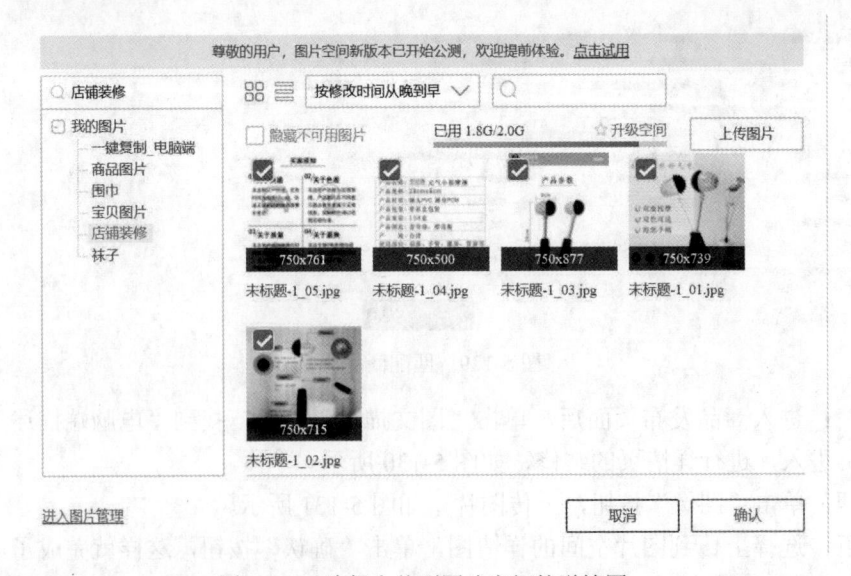

图 5-132　选择上传到图片空间的详情图

步骤六：退出电脑端描述后，在下面找到手机端描述，导入电脑端描述，然后单击"确认生成"按钮，即可完成手机端的详情页装修，如图 5-133 所示。

图 5-133　完成手机端的详情页装修

5.5　手机端页面装修

5.5.1　手机端首页风格

对于手机端来说，精简是主旨，卖点是装饰。电脑端讲究立意清晰，卖点明确且可重复，页面布局也更看重完整性。手机端虽然追求简单直接，但该有的都必须有，而且给消费者带来的第一印象必须强烈。

手机店铺首页最怕复杂，如果不做装修，在产品较多的情况下，分类页容易与主页色调冲突，使消费者眼花缭乱，不知从何下手。

只从主页海报来讲，卖点是贯穿整个页面的装饰，结合页面风格又要简单直接。

如图 5-134 所示，是某品牌冰箱的店铺，从主页海报文字就抓住了三大卖点"健康""保鲜"与"杀菌除味"。这三点连贯起来给消费者店铺产品性能好且安全健康的印象，只是主页海报就已经紧紧把握住消费者的心理。

主页海报一般是体现店铺主旨的宣传页，之后就是主推产品。

如果要在首页就直接完成成交转化，决定因素通常存在于这一页面。可以说，首页设计里最重要的就是主推海报。这部分要注意的有四点：卖点文案，价格，产品图以及与首页整体色调相融又要最突出。

如图 5-135 所示，从卖点文案来讲，"艺术彩晶玻璃，NAF 杀菌养鲜"说明这款产品采用先进的材料与技术，使消费者对此感兴趣，从而促成点击影响交易转化。推动交易转化又与价格及产品图第一印象有关，这个卖家可以自由把控。

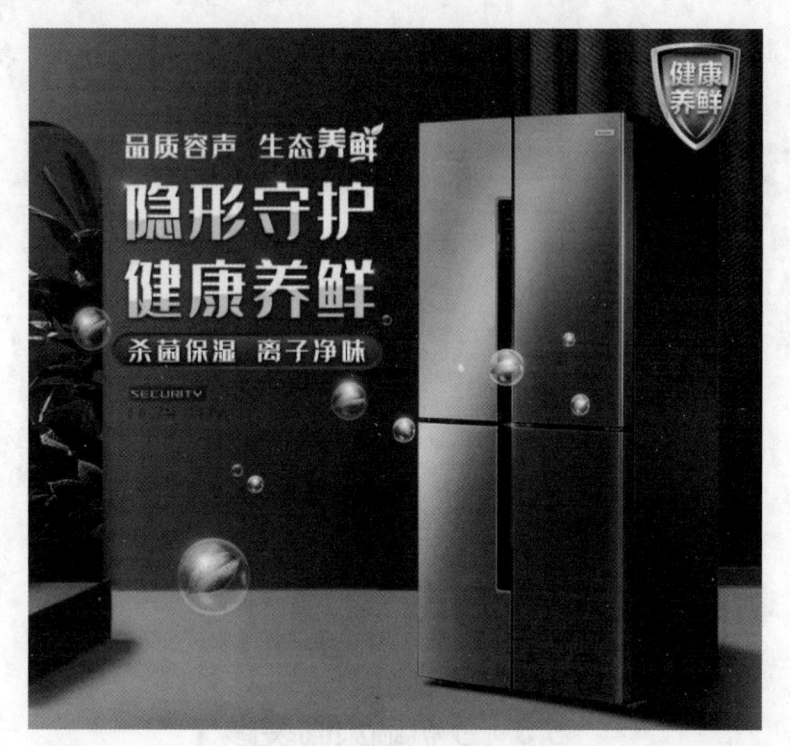

图 5-134　某品牌冰箱店铺手机端主页海报（一）

图 5-135　某品牌冰箱店铺手机端主页海报（二）

表明店铺主旨，介绍主推产品，这些都是引流的关键，与之互补自然还需要一款性价比高的产品来升华店铺质感，这点可以从文案直接体现，如图 5-136 所示。

从吸引消费者的角度来讲，店铺如果类目明确（比如案例中的冰箱），则不妨在首页放上多种功能的产品，消费者也有更多选择，毕竟不是所有人都只冲着一款产品而来。有条件的话，在首页提供多样产品选择，可以留住消费者。

图 5-136　高性价比文案

活动页与优惠价页面自由搭配，一般情况不会放在店铺显眼位置，如图 5-137 所示。

图 5-137　活动价产品图

分类页设计也有小窍门，观察图 5-138 可以发现，不单产品通过类型被分开展现，各自的优点通过简单文案，价格直接标明与优惠券也在一定意义上相辅相成。浏览到这里的消费者如果有意向下单，多半开始准备用优惠券下单了。

最后直接上页尾设计，这部分其实要做到真正意义上的精简。

浏览电脑端首页设计会发现，有质感的商家会在页尾将商家实力、品牌质量、售后服务等部分单独设计一屏页面展示，但对于手机端来说，切中要点的几个文案就足够了，如图 5-139 所示。

图 5-138　产品分类图

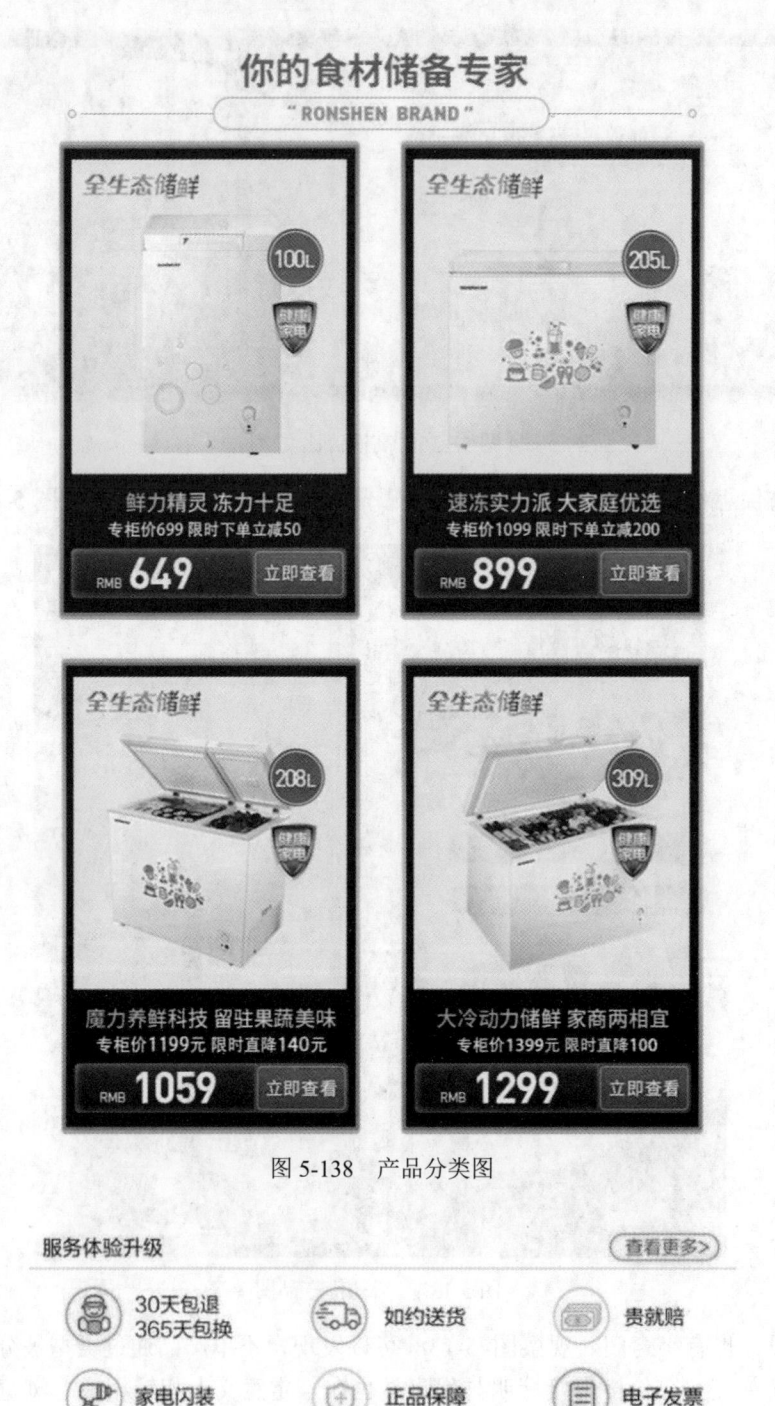

图 5-139　首页尾部

5.5.2 手机端页面布局

手机用户流量日益增加,手机端首页的视觉优化也一直被持续关注,如何对店铺首页进行针对性的视觉提升,如何细化全盘视觉调性,进行合理的布局规范,达到差异化视觉,这些都非常重要。

对手机端页面进行优化前,首先要对店铺的用户人群进行精准定位,精准的人群定位约等于产品、人群、风格的一致性表达,如图5-140所示。

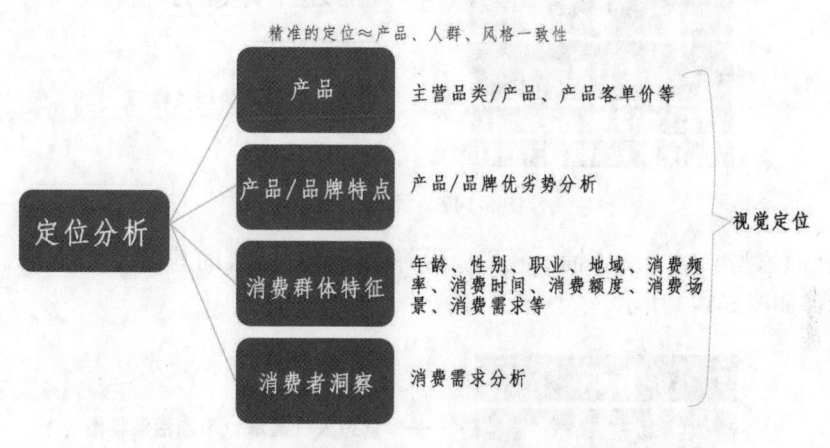

图5-140 产品定位分析

延展的视觉定位是与精确的定位息息相关的,我们所做的视觉规划、元素搭配、色彩氛围都是围绕精准定位进行。

接下来我们要根据店铺的不同战略方向,选择不同的页面布局逻辑,活动页面逻辑可以分为四种类型:分流型、聚流型、新商家型、腰部商家型。

(1)分流型。分流型主要是具有大流量,产品品类比较多的店铺活动页面。针对大流量的店铺,首先要做好的是在前三屏位置重点展示好活动内容,强化购物场景,并通过分类的明确指引,让顾客按需选择。

从图5-141所示中我们还可以看到,在产品分类进行了从左到右的展示,这是因为手机端用户大多为右手使用者,将重要的分类放在右侧更方便用户进行点击的,细微的局部调整都有可能带来更好的用户体验。

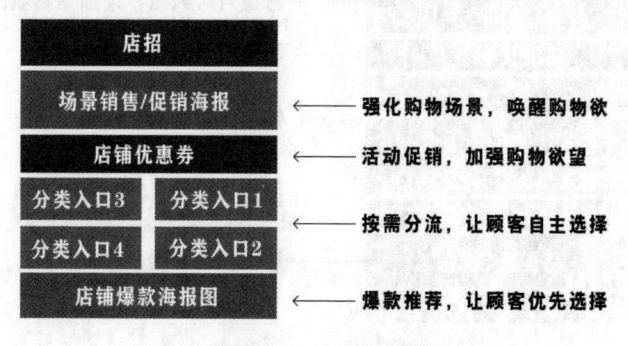

图5-141 分流型首页

（2）聚流型。聚流型是产品品类较单一，属于爆款/主推款型，在这类店铺的布局上，我们同样要注意做不遗余力的氛围展现，接下来对店铺主推产品进行推选，如图 5-142 所示。

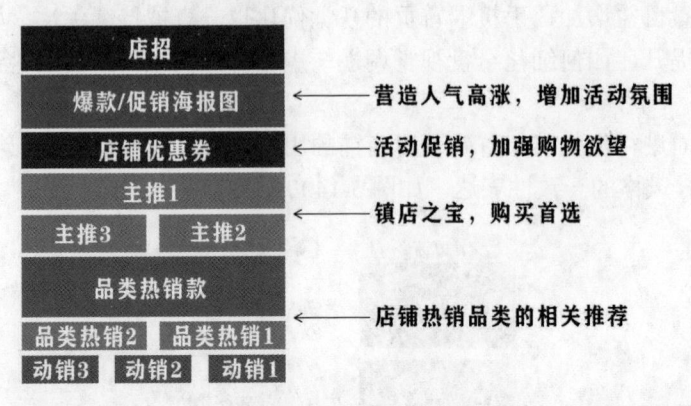

图 5-142　聚流型首页

（3）新商家型。对于新店铺，我们要做好的则是在主推的基础上，将店铺其他热销产品进行展示，如图 5-143 所示。

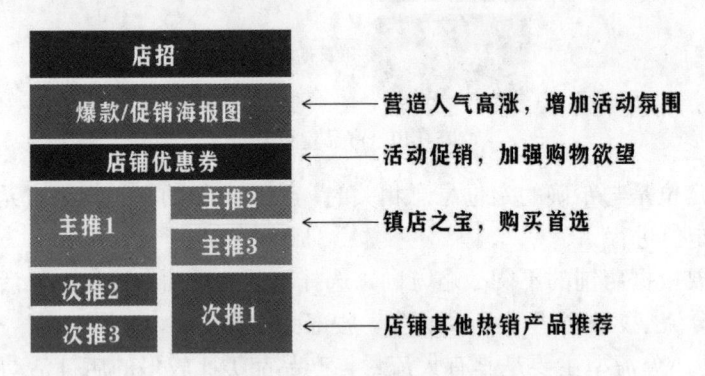

图 5-143　新商家型首页

（4）腰部商家型。对于腰部商家，在做好主推产品展示的同时，同样要做好分类的按需分流，再将店铺热销品牌的相关推荐进行展示，如图 5-144 所示。

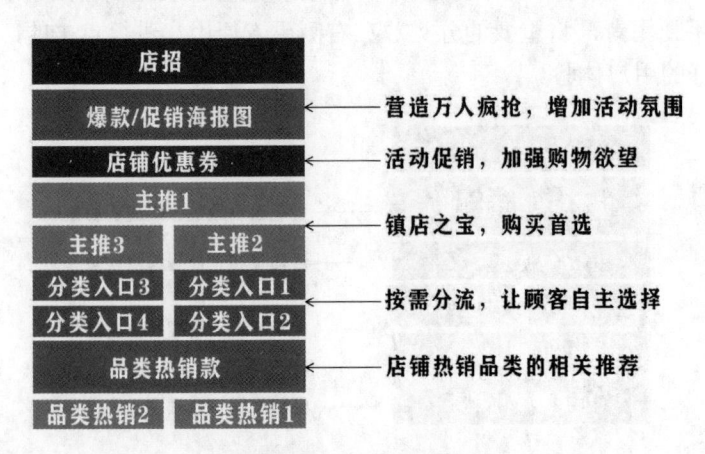

图 5-144　腰部商家型首页

总而言之，页面布局要遵循的逻辑是要将流量价值最大化。流量越大，越要在首页进行流量分配，尽量引导到活动专题或通过品类导航到分类页；流量越小，越要将流量聚焦到店铺的主推款或热销款上。

5.5.3 手机端页面设计

5.5.3.1 创作能对视觉进行有效引导的设计元素

（1）较大的视觉重量元素（焦点）吸引眼球。

（2）辅助元素（箭头和线）提示传递方向，如图5-145所示。

图5-145 视觉元素设计图

5.5.3.2 二八原则优化页面布局

当页面产品比较多时更需要注意页面的整洁，采用二八原则能将页面调性统一与协调：

（1）产品多，信息量大的时候，将页面的大部分设计得简洁。

（2）图片风格一致。

（3）选用低饱和度的配色。

5.5.3.3 功能区块化

还需要注意页面布局尽量有秩序，排列整齐，防止过紧或过松，有明显的"区块感"，切忌混乱；布局要充分表现其功能性，对于每个区域所代表的功能应有所区别。如标题区、商品区、提示/帮助区等；页面中最重要的信息所在的模块应在屏幕中最明显的位置；并且，应该是最大的与突出展示信息的位置保持一致性，让用户无须重新对页面信息分布进行理解，如图5-146所示。

手机端的页面布局优化是有据可循的，可以通过分析店铺定位去进行针对性的布局，注意手机端用户的使用习惯，页面元素对引导的重要性，运用二八原则对产品进行协调性展示，并做好手机端页面内容的区块化，做到功能集中表达，对视觉提升会有很重要的意义。

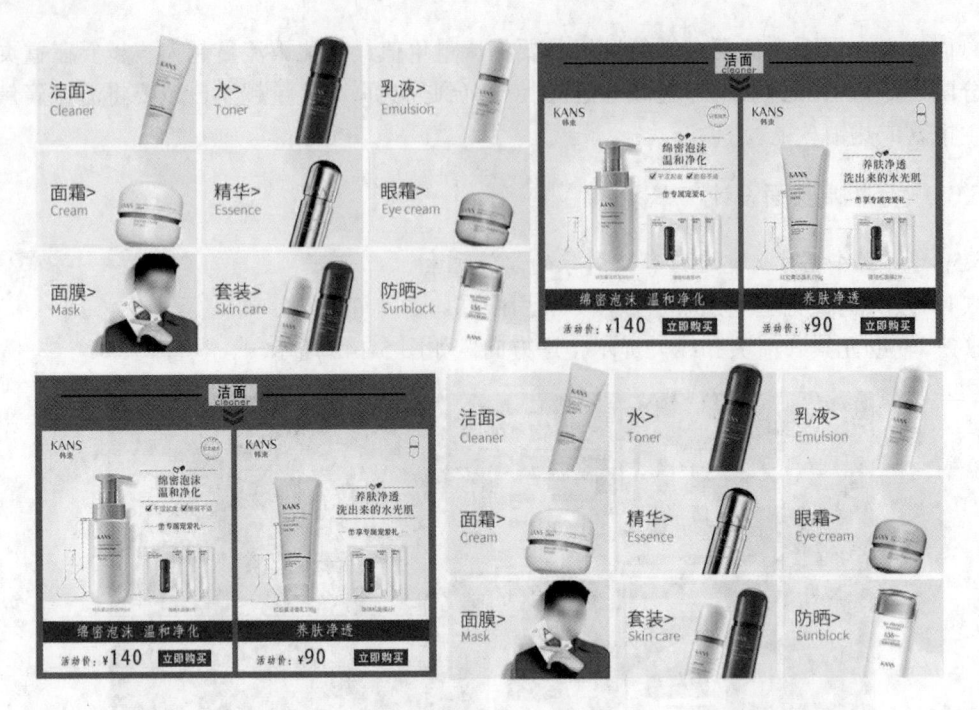

图 5-146　功能分区图

5.5.4　手机端页面主要模块设计

5.5.4.1　店招设计

手机端的店招尺寸是 750px×580px，店招背景图片呈渐变显示，在设计时要注意整体效果，我们可以选一个跟整体页面相吻合的颜色，将主要信息放在图片顶端，如店铺名称、风格产品等，如图 5-147 所示。

图 5-147　手机端店招设计

5.5.4.2 轮播图设计

轮播图放首页的顶部，即轮播海报，这里轮播图片 1～3 张为宜，建议图片宽度 750px，高度 200～950px，一组内的图片尺寸必须完全一致，这里可以放店铺的主推款和一些店铺公告，设计跟电脑端的一样，唯一的区别就是宽度改为 750px，如图 5-148 所示。

图 5-148　手机端轮播

5.5.4.3 优惠券设计

轮播海报下面是最夺眼球的地方，很多店铺的活动信息或者促销优惠券会放在这里，其设计同电脑端，如图 5-149 所示。

图 5-149　优惠券设计

5.5.4.4 分类设计

优惠券下面可以添加店铺分类，如有关养生类工具的店铺，可以分为拍打工具、刮痧工具、拉筋工具、温灸工具等热卖主推的类目，如图 5-150 所示。

5.5.4.5 宝贝展示图设计

可以根据店铺分类，设计宝贝展示图，尺寸为宽 750px，高不限制，如图 5-151 所示。

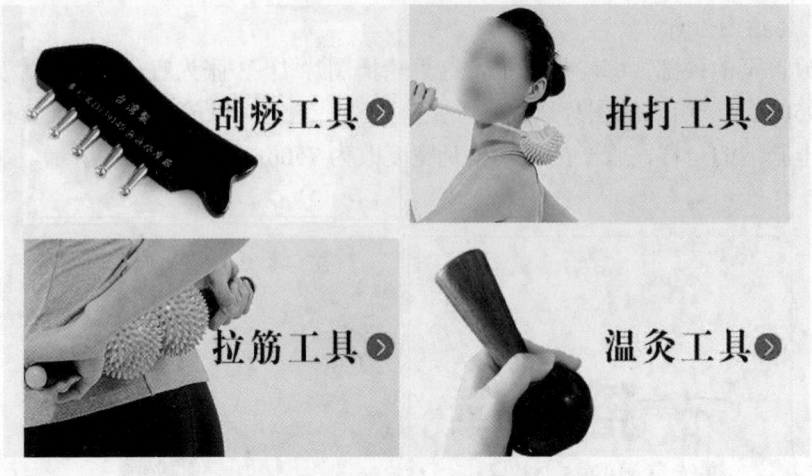

图 5-150 产品分类图

图 5-151 产品展示

5.5.5 手机端店铺装修

下面介绍手机端店铺装修。

5.5.5.1 模块装修

（1）店招装修。

步骤一：把做好的店招背景图上传到图片空间，如图 5-152 所示。

图 5-152　将店招背景图上传到图片空间

步骤二：在卖家中心单击"店铺管理"→"店铺装修"选项，单击进入，选择手机端中的"手淘首页"选项，然后单击"装修页面"按钮，就可以进去装修我们手机端的首页了，如图 5-153 所示。

图 5-153　手机端首页装修入口

步骤三：单击店招位置，在店招模块里单击"上传店招"按钮，如图 5-154 所示。

图 5-154　手机端店招装修

步骤四：弹出"店招设置"对话框，单击"替换图片"按钮，然后在图片空间中选择做好的店招背景图，即可完成替换图片，如图5-155所示。

图 5-155　手机端店招替换

步骤五：这样图片就替换好了，左边是预览效果，单击"确定"按钮，我们的店招就装修好了，如图5-156所示。

图 5-156　手机端店招装修完成

（2）轮播图装修。

步骤一：将轮播图上传到图片空间，如图5-157所示。

步骤二：返回到店铺装修页面，选择"轮播图模块"选项，将其拖动到页面的右边，如图5-158所示。

步骤三：单击"上传图片"按钮，最多可以添加4张图片，如图5-159所示。

步骤四：我们还可以输入相应的链接，然后单击"保存"按钮，这样轮播图的装修就完成了，如图5-160所示。

图 5-157　轮播图上传到图片空间

图 5-158　首页增加轮播模块

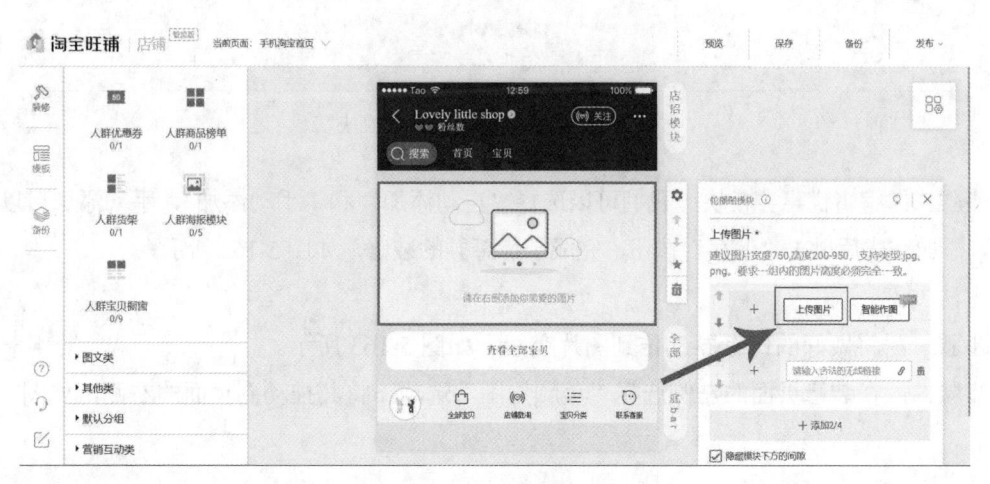

图 5-159　上传图片

图 5-160　添加链接

(3) 优惠券装修。

方法一：

步骤一：选择"优惠券模块"选项，将其拖动到页面的右侧，如图 5-161 所示。

图 5-161　首页增加优惠券模块

步骤二：编辑优惠券模块，我们可以选择"自动添加"和"手动添加"，手动添加可以设置样式，添加完成后单击"保存"按钮，完成了优惠券的装修，如图 5-162 所示。

方法二：

步骤一：将做好的优惠券上传到图片空间，如图 5-163 所示。

步骤二：在装修页面的左侧选择"美颜切图"选项，将其拖动到页面的右侧，如图 5-164 所示。

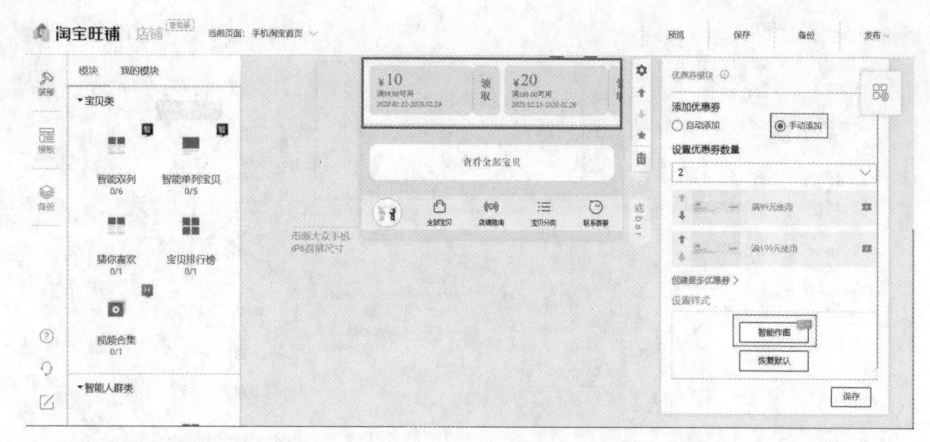

图 5-162　设置优惠券

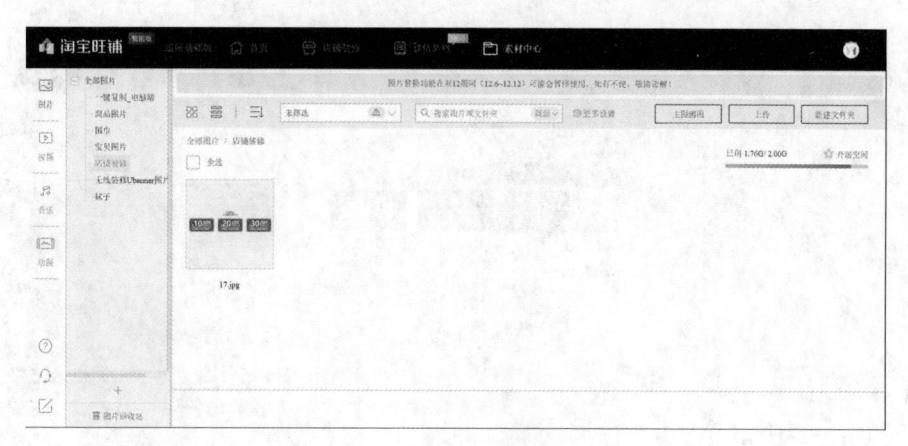

图 5-163　优惠券上传到图片空间

图 5-164　首页添加美颜切图

步骤三：单击"上传图片"按钮，在图片空间选择相应的图片，注意图片尺寸：宽度 750px，高度 335～2500px，如图 5-165 所示。

步骤四：上传完图片后，可以选择"添加热区"选项，添加完热区后单击"完成"按钮，如图 5-166 所示。

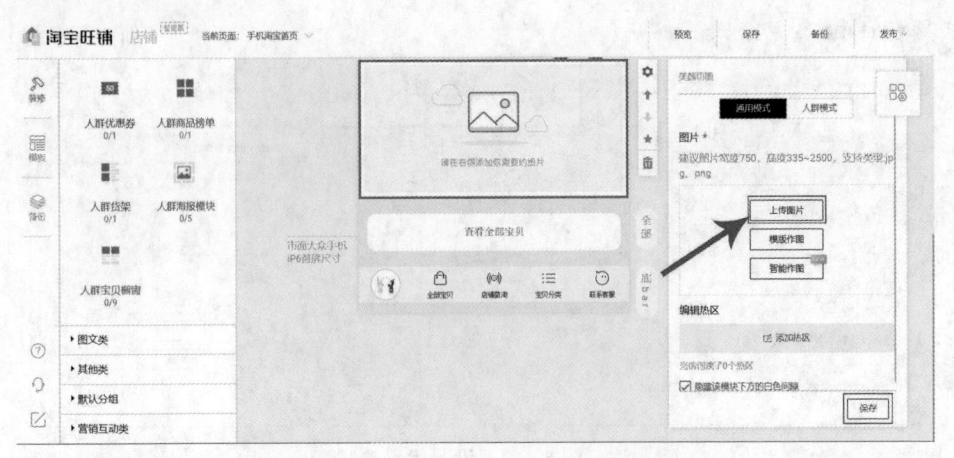

图 5-165　选中图片空间中的优惠券

图 5-166　优惠券添加热点区域

步骤五：单击"保存"按钮，这样优惠券就装修好了，如图 5-167 所示。

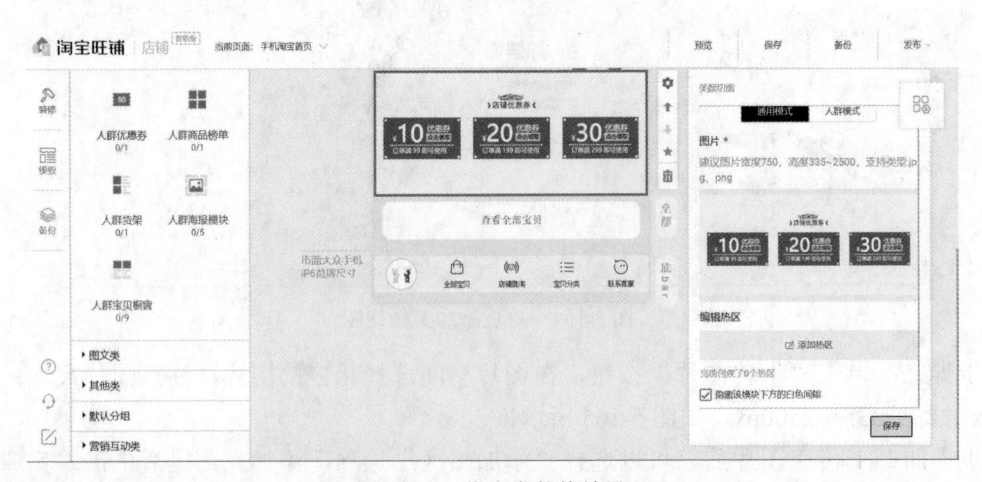

图 5-167　优惠券装修效果

（4）分类装修。

步骤一：把设计好的分类设计图上传到图片空间，如图 5-168 所示。

图 5-168　分类图上传图片空间

步骤二：在装修页面的左侧选择"美颜切图"选项，将其拖动到页面的右侧，如图 5-169 所示。

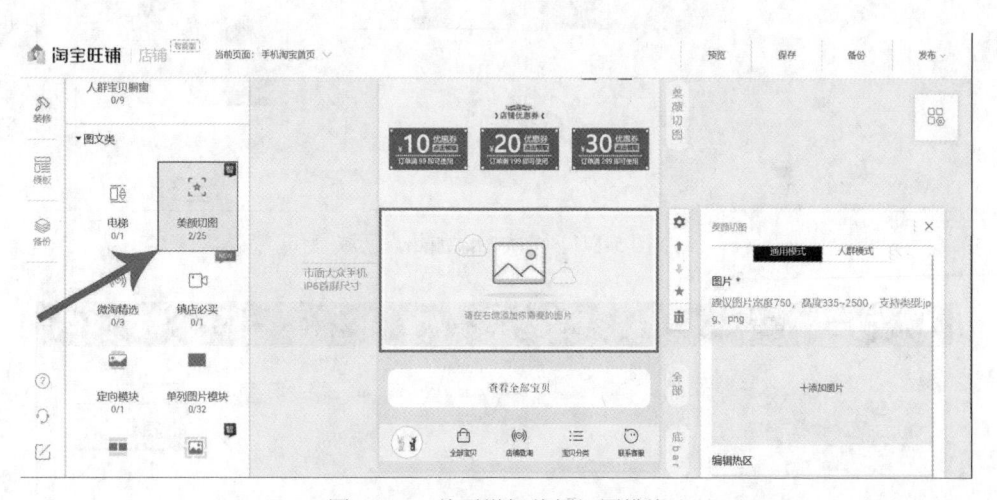

图 5-169　首页增加美颜切图模块

步骤三：在通用模式的添加图片区域，单击"上传图片"按钮，在图片空间选择相应的图片，注意图片尺寸：宽度 750px，高度 335～2500px，如图 5-170 所示。

步骤四：上传完图片后，可以添加热区，添加完成热区后，单击"保存"按钮即可完成分类装修，如图 5-171 所示。

（5）宝贝展示装修。

步骤一：将设计好的宝贝展示图上传到图片空间，如图 5-172 所示。

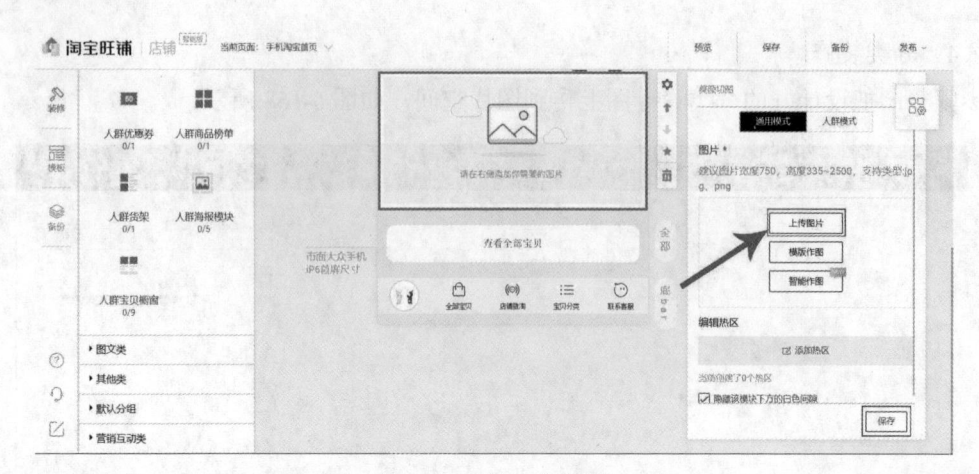

图 5-170　选中分类图

图 5-171　分类图添加热点区域

图 5-172　宝贝展示图上传到图片空间

步骤二：在装修页面的左侧选择"美颜切图"选项，将其拖动到页面的右侧，如图 5-173 所示。

第 5 章 网店的设计与装修

图 5-173 首页添加美颜切图模块

步骤三：在通用模式的添加图片区域，选择"上传图片"选项，在图片空间选择相应的图片，注意图片尺寸：宽度 750px，高度 335～2500px，如图 5-174 所示。

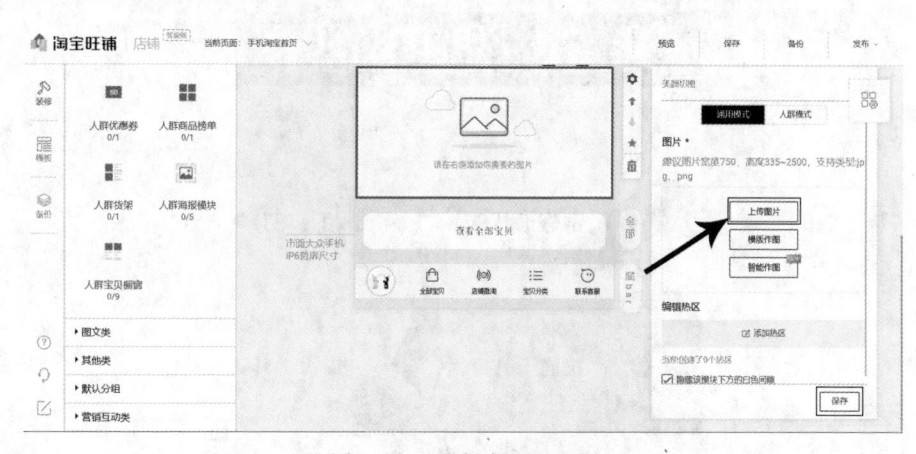

图 5-174 选择宝贝展示图

步骤四：上传完图片后，可以添加热区，添加完热区后，单击"保存"按钮即可完成宝贝展示装修，如图 5-175 所示。

图 5-175 宝贝展示图添加热点区域后效果图

步骤五：这样手机端的装修就完成了，整体效果如图 5-176 所示。

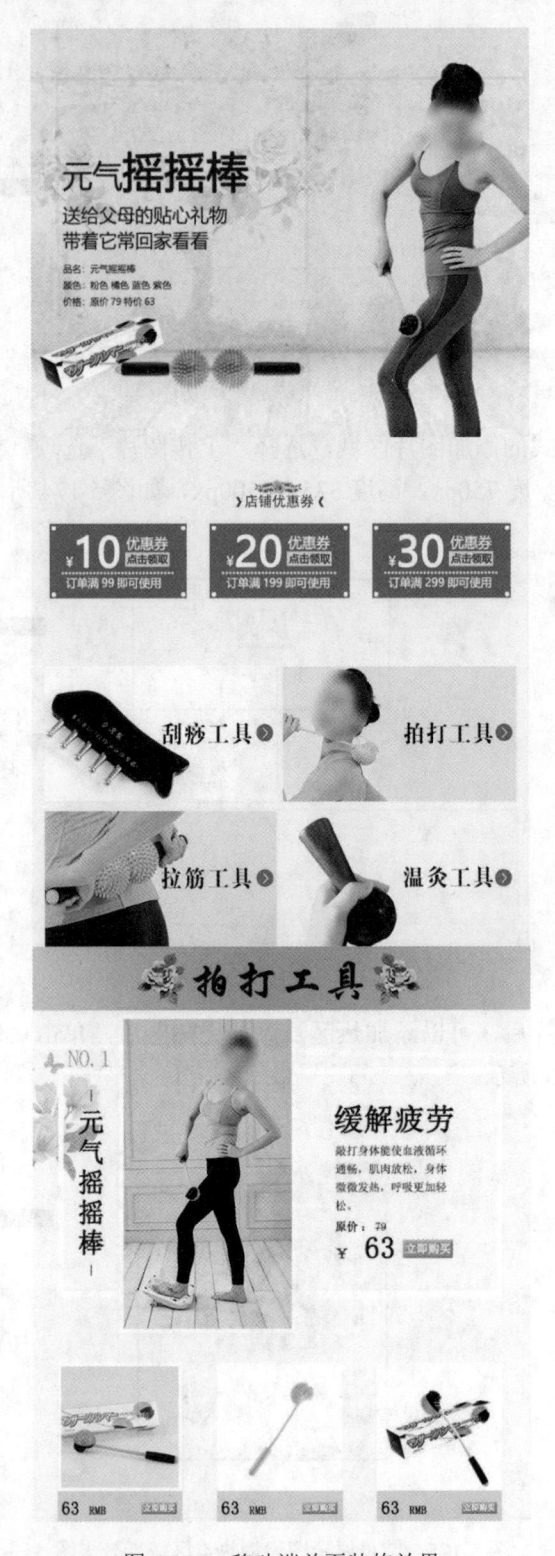

图 5-176　移动端首页装修效果

5.5.5.2 模板装修

步骤一：在店铺装修页面，单击"一键装修首页"按钮，如图5-177所示。

图 5-177 单击"一键装修首页"按钮

步骤二：在打开的"选择模板"对话框中选择适合的模板后，单击"确定"按钮，如图5-178所示。

图 5-178 选择模板

步骤三：然后在模板中替换我们设计好的图片，如图5-179所示。
步骤四：图片替换完成后，手机端的装修就完成了，如图5-180所示。

图 5-179　替换产品图

图 5-180　模板装修首页效果

本 章 小 结

通过本章的学习，理解网店装修的目标、内容和方法；在掌握网店平台图片空间使用和管理的前提下，开展网店的设计和装修。通过分析网店电脑端的风格和布局设计，演示案例碧家经络养生馆电脑端各模块的设计和装修过程，教会大家掌握网店首页设计；通过分析商品详情页布局与设计技巧，演示案例元气摇摇棒详情设计与装修过程，教会大家掌握产品详情页设计流程与装修；通过分析移动端首页的风格与布局设计，演示案例碧家经络养生馆移动端的设计和装修过程，教会大家掌握网店移动端装修。

课后习题

一、简答题

1．请描述网店装修的目标有哪些？
2．网店装修具体有哪些内容？

二、实训任务

结合以下模板（图 5-181）为网店设计手机端首页。

图 5-181　手机端首页模板

实训目标：一是有利于了解关于网店装修与设计的掌握程度，能够有的放矢地开展针对性学习；二是提升网店装修的装修与设计技能，结合自己的网店，做起来更有动力和更为深入的思考；三是便于将课本所学的技能应用到实践工作中，体会到所学知识的意义。

实训内容：规划自己网店手机端的布局、根据网店销售类目确定风格、配色，收集网店中销售的宝贝图片用于网店首页，运用 Photoshop 进行设计，完成效果图进行切片装修。

实训步骤：

第一步：规划网店手机端的布局、根据自己网店销售类目确定好风格和配色。

第二步：收集自己网店产品的图片，用于放到首页。

第三步：查阅相关尺寸，运用 Photoshop 开展网店手机端设计。

第四步：切片并装修到网店中。

实训具体要求：

1. 要求设计尺寸符合平台要求。
2. 要求视觉统一、美观。
3. 装修到自己网店中，提升视觉营销。

第 6 章　网店推广和营销

学习目标

本章主要包括店内推广、网店搜索引擎优化、站内外推广等网店营销推广的相关知识，以及直通车、淘宝客等营销方式的营销原理和设置方法；网店推广营销的方法和技巧；网店引流及提升转化率的方法等。

知识框架

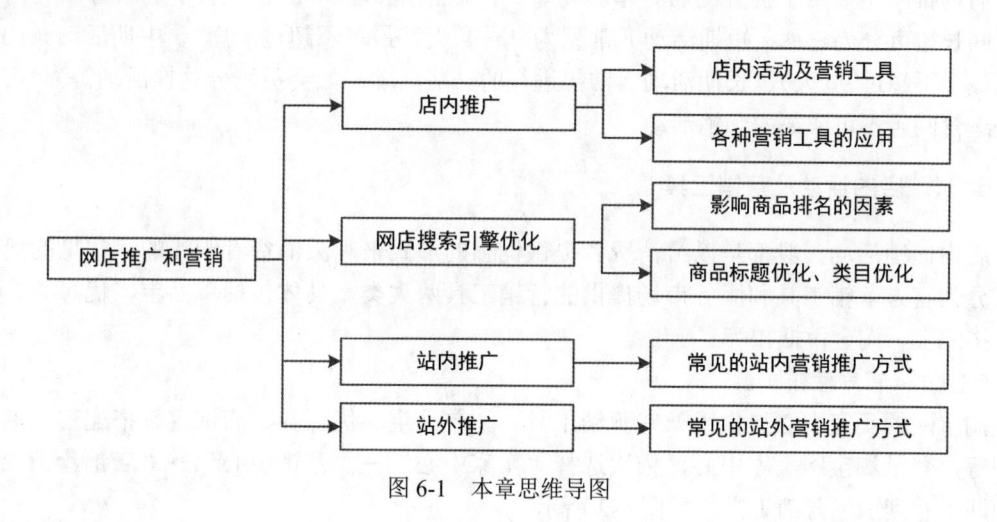

图 6-1　本章思维导图

案例导入

美妆店营销推广

小王的店铺是一家主营服饰产品的网上商店，作为刚开店不久的淘宝卖家，他没有选择需要足够的资金来维持的直通车和钻展运营，而是选择了更适合的活动营销。他先是参加了淘宝试用中心的活动，将店铺内比较具有代表性的外套、衬衫等几样产品免费提供给买家试用，不收取任何运费。这些试用的产品每个数量在 2~5 份，买家申请试用产品时需要先关注店铺，成为店铺粉丝并填写申请报告，才有机会获得试用资格。

获得一定客户后，小王还参加了"天天特价"中的全国包邮和限时特价活动。由于产品质量好，加之活动单价低，很受买家欢迎，为店铺带来了大量的流量。为了留住辛苦积攒的客户，小王在店铺设置了淘金币，每个关注店铺、分享店铺、到店铺签到、带图评价的买家都能获得一定数额的淘金币，买家获得的这些金币可以在购买产品时抵用现金或兑换其他产品。

通过各种营销手段，小王的店铺慢慢发展起来，有了一大批忠实客户。小王深知现在电商市场竞争激烈，要想靠单一的方法来达到一劳永逸的效果是不可能的。为此，下一步他打算通过淘宝客、直播营销等方式为店铺引入更多的流量。

在网店运营中，提升店铺销售额、提高店铺竞争力、处理店铺库存、推销新品等都可以通过网店营销推广实现。网店营销推广就是利用一定的媒介和合理的计划让更多的人知道自己的店铺，达到店铺引流的目的。推广是淘宝店铺营销必不可少的一种手段，也是刺激买家购买店铺商品的主要方式。淘宝针对店铺实际运营中的不同营销情况提供了多种推广工具，除了淘宝内的营销工具，我们还可以根据自身运营情况和运营能力选择其他营销方式从站外引流。

6.1 店内推广

店内推广主要用于提升网店订单转化率、网店销量、客单价和网店复购率等。店内活动按时间长短可分为三种：短期活动（常见为 1~4 天，最多不超过一周）、中期活动（10~35 天，最多不超过 90 天）、长期活动（常年进行的一些活动，如会员积分兑换活动等）。店内活动是运营网店不可或缺的营销活动。

6.1.1 店内活动及营销工具

店内促销活动一般都是以给消费者提供优惠的形式来刺激消费者购买的，常见的促销方式可分为官方营销工具和服务市场提供的营销工具两大类，具体包括单品宝、优惠券、店铺宝、搭配宝、淘金币抵扣等。

6.1.1.1 官方营销工具

淘宝网的卖家中心提供了一些营销工具，如单品宝、优惠券、店铺宝、搭配宝、淘金币抵扣等。登录淘宝网卖家中心，依次选择"卖家中心"→"营销中心"→"店铺营销工具"选项即可看到上述营销工具，如图 6-2 所示。

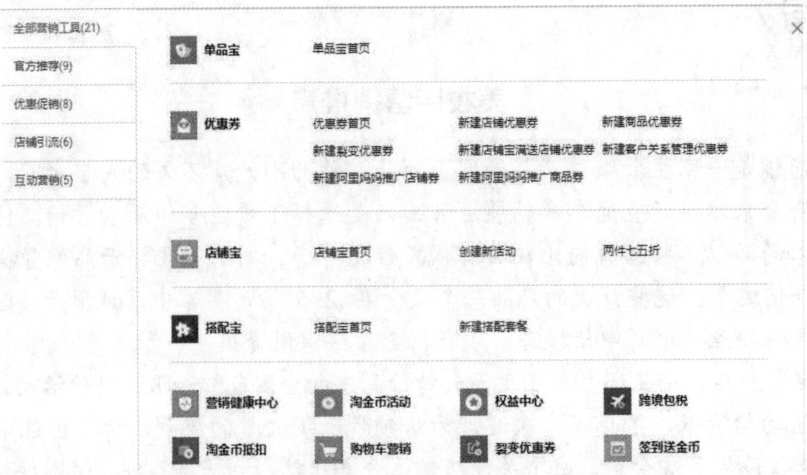

图 6-2 官方营销工具

6.1.1.2　服务市场提供的营销工具

进入淘宝网服务市场，选择"流量/运营/管理工具"选项，在选项中选择"营销管理"→"营销模板"选项，选择合适的店铺模板。如图 6-3 所示为淘宝服务市场页面。

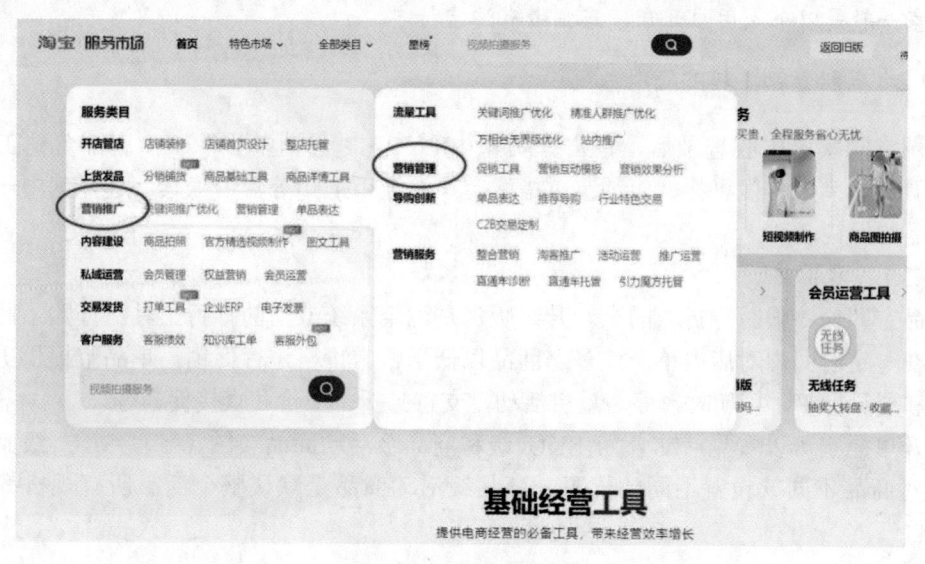

图 6-3　淘宝服务市场

在"服务市场"搜索栏中输入"促销工具"进行搜索，如图 6-4 所示。淘宝 B 店和淘宝 C 店在促销工具的使用上是有明显区别的，一般淘宝网提供给淘宝 B 店卖家的促销工具是免费的，而提供给淘宝 C 店卖家的大部分工具是收费的，在购买前可以选择试用版进行体验。

图 6-4　服务市场促销工具

知识补充：淘宝网的 B 店和 C 店

B 店指的是 B2C 类网店，一般指在天猫商城上开设的店铺，这类店铺卖家一般都是大的商家、品牌商，店铺带有天猫标志；C 店指的是 C2C 类网店，淘宝上的普通店铺基本属于此类，卖家一般是以个人用户开店，店铺带有淘宝标志。

6.1.2 各种营销工具的应用

在淘宝网卖家中心登录后，单击"卖家中心"→"营销中心"→"店铺营销工具"选项，可看到单品宝、优惠券、店铺宝、搭配宝、淘金币抵扣等营销工具，选择其中一项即可创建商品的促销活动。

6.1.2.1 单品宝

单品宝即原"限时打折"的全新升级版，是淘宝系统专门的打折工具。订购了此工具的卖家可在一定时间内对店内单个或多个商品以低于日常价格进行促销。单品宝提供更多的优惠级别和展示标签，可随时暂停与重启活动，支持打折、减价和直接促销等。

打开单品宝可以看见活动分为 SKU 级和商品级活动商品（图 6-5），SKU 级商品活动可以针对商品不同款设置不同的优惠，商品级活动商品是默认整个商品所有规格都是一样的折扣。

图 6-5 SKU 级和商品级活动级别

知识补充：什么叫 SKU

针对淘宝而言，SKU（Stock Keeping Unit，库存量单位）是指一款商品，每款都有出现一个 SKU，便于电商品牌识别商品。一款商品多色，则是有多个 SKU，如一件衣服，有红色、白色、蓝色，则 SKU 编码也不相同，如相同则会出现混淆，容易发错货。

单品宝具有以下功能：

（1）活动创建（图 6-6）。可以在活动创建界面进行商品活动促销时间段、优惠级别和优惠方式等设置。

图 6-6　活动创建

（2）活动管理。可以对商品促销活动设置未开始、进行中、已暂停和已结束等活动状态（图 6-7），还可以一键重启已结束的活动（图 6-8）。

图 6-7　活动状态设置

图 6-8　已结束活动一键重启

（3）商品管理。可以修改商品的优惠信息，如图 6-9 所示。

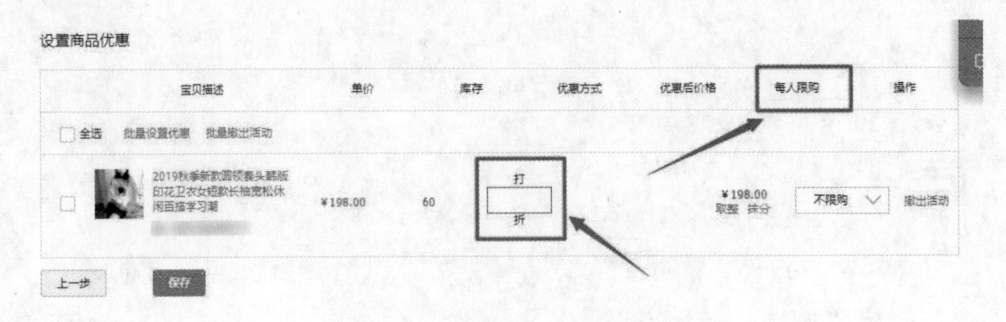

图 6-9　修改商品优惠信息

6.1.2.2　优惠券

优惠券是一种虚拟的电子券，卖家可以针对新买家或者不同等级的会员发放不同面额的优惠券。优惠券中一般需标注消费额度，即消费到指定额度可使用该优惠券，同时，在优惠券下方还可以介绍优惠券的使用条件、使用时间、使用规则等。优惠券必须清楚地显示在店铺中，或明确指示优惠券的领取地址，让到店消费的买家一眼就能看到，这样才能发挥比较好的促销效果。所有的优惠券创建及设置都是通过官方营销工具"优惠券"来实现的。如图 6-10 所示为某店铺的优惠券。

优惠券一般包括以下三种类型：

（1）店铺优惠券。全店通用，买家购买店内商品可凭券抵扣现金。

（2）商品优惠券。定向优惠，针对某一个或某一类商品，买家购买特定商品可凭券抵扣现金。

（3）包邮券。特色服务，买家购买全店商品达到优惠券使用要求可凭券享受包邮服务。

图 6-10　优惠券

6.1.2.3　店铺宝

店铺宝即原"满就减（送）"，为店铺级优惠工具（图 6-11），支持创建部分商品或全部商品的满减、满折、满送赠品等营销活动。

店铺宝具有以下功能：

（1）活动创建（图 6-12）。活动开始、结束时间精确到秒，优惠内容包括满送优惠券、打折、包邮、赠品等（图 6-13），优惠对象支持面向定向人群设置。

图 6-11　店铺宝活动

图 6-12　活动创建

图 6-13　设置优惠内容

知识补充：店铺宝活动设置注意事项

1）活动的名称控制在 10 个字以内，字数太多，卖家是没有耐心看下去的，会影响活动效果。活动创建后优惠方式将无法更改，设置时一定要考虑清楚。

2）在店铺内同一个宝贝如果既设置了全店活动又设置了自选商品活动时，同一时间段内，该宝贝仅生效自选活动。

3）活动时间最长可设置180天，活动时间依照自己的活动方案设置。

4）优惠类型是选择全店活动还是部分产品活动，是卖家根据店铺的实际情况决定的。定向人群的选择也是如此。

（2）活动管理。可对商品活动的活动状态、活动信息、商品管理（图6-14）等进行设置。

图 6-14　活动管理

（3）活动数据分析。在数据效果板块可以查看活动商品基础数据分析。

6.1.2.4　搭配宝

淘宝搭配宝是一款商品关联搭配工具，是在天猫"搭配宝"和集市"搭配套餐"工具的基础上全面合并升级而来的。搭配宝是将几种商品组合设置成套餐进行销售，通过促销套餐让买家一次性购买更多的商品，以此提高客单价和转化率。如图6-15所示为某店铺搭配套餐活动的截图。

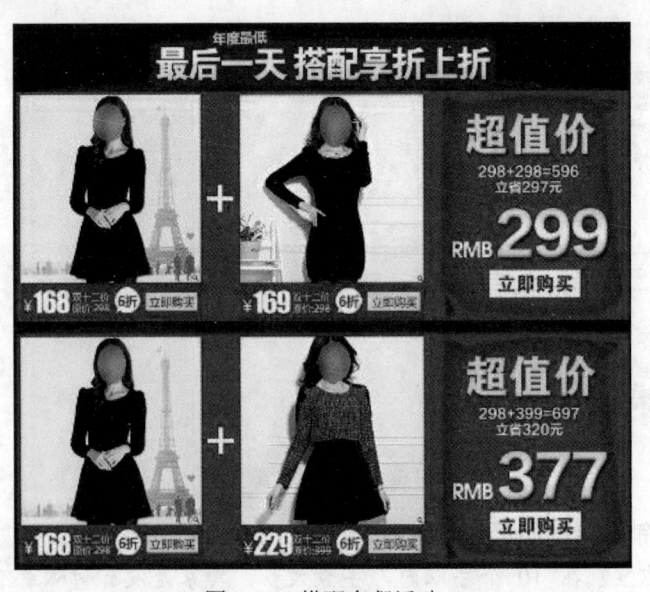

图 6-15　搭配套餐活动

搭配销售需要注意以下几点：

（1）使用淘宝搭配宝可以设置商品搭配套餐，最多可以创建 3000 个商品搭配套餐。一个套餐最多可以同时搭配 5 件商品，套餐中每个商品均可由买家评价。

（2）搭配套餐中的所有商品总价要低于单个商品原价总和。若搭配总价高于单个商品原价总和，系统会自动按原价总和销售。

（3）搭配套餐的商品关联性要强。套餐中的商品结构要具有较强的关联性，否则强制搭配套餐很可能会降低买家的购买热情。

搭配宝目前不支持虚拟类商品。

6.1.2.5 淘金币抵扣

淘金币是淘宝网的虚拟积分工具，是淘宝用户的激励系统和通用积分系统。根据淘金币的获取途径不同，淘金币有不同的作用。

（1）淘金币抵钱：全店支持买家使用淘金币抵扣部分商品金额，促成买家下单，提高店内成交转化率。设置淘金币抵钱，全店的商品根据千人千面的计算，就会显示在淘金币页面，从而多了一个引流的渠道。

（2）店铺签到赠送淘金币：对进店签到的买家赠送淘金币，买家每天到店铺回访，增加店铺浏览量的同时提升买家黏性。

（3）群打卡送金币：只针对达标的商品开放。群内的买家可以每日到群里打卡，领取淘金币，从而提高群内活跃度，有助于群营销。

（4）关注/收藏店铺赠送淘金币：对收藏了店铺的买家赠送淘金币，提升店铺收藏人气。新客到店后，通过送淘金币来引导客户收藏店铺，增加店铺粉丝。

（5）淘金币活动：淘金币活动是淘金币营销平台为卖家提供的活动入口，包括日常活动——超级抵钱（图6-16）和主题活动——金主独享日（图6-17）两种。

图 6-16 日常活动——超级抵钱

图 6-17 主题活动——金主独享日

淘金币是淘宝网非常大的流量营销平台，具有独立访客量高、用户黏性好、转化率超高、成本低廉等特点，是十分受淘宝卖家青睐的一种日常营销活动。卖家可通过淘金币"卖家服务中心"→"金币招商"→"日常活动"或"主题活动"报名（图 6-18）进行店铺淘金币活动设置。

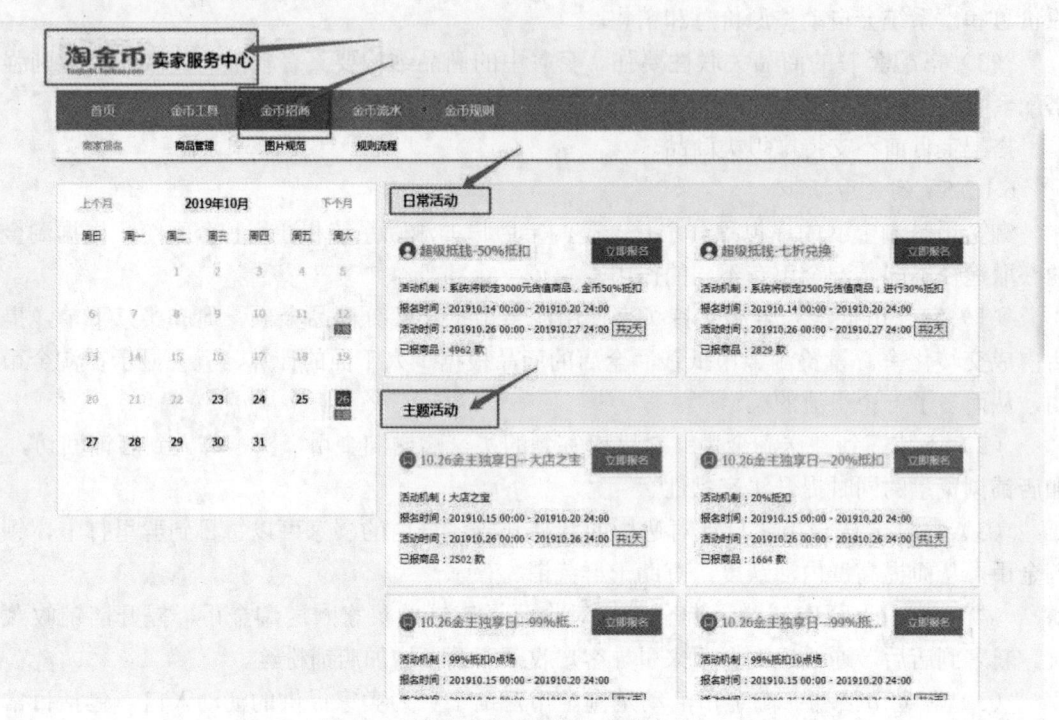

图 6-18　淘金币卖家服务中心报名入口

6.2　网店搜索引擎优化

在淘宝网店经营初期，店铺还不能达到参加活动标准时，店铺流量大部分来自淘宝的自然搜索流量。通常来说，自然搜索流量是指买家输入商品关键词搜索商品，店铺因此自然获得的流量。买家一次点击算一次流量，卖家不需要对此进行付费。一个网店能否长远发展，自然搜索流量有着关键作用，自然搜索流量稳定，对网店转化率和人气有着积极的影响。

要获取自然搜索流量，就需要对淘宝搜索引擎进行优化。

6.2.1　影响商品排名的因素

淘宝搜索引擎优化是专门针对淘宝电商的搜索引擎进行优化，影响搜索结果排序的因素非常多，且有其特殊性。网店新手要想获得更多自然搜索流量，首先要清楚"搜索"→"展现"→"点击"→"流量"这个淘宝搜索思维模式，其次需要对淘宝搜索排序主要影响因素有所了解。

6.2.1.1　直接影响因素

（1）点击率。点击率是指商品展现后被点击的比率，是它是一个百分比，代表网站页面上某一内容被点击的次数与被显示次数之比。即点击率=商品被点击的次数/被显示次数×100%。新品上架后的随机展示概率是相似的，在固有的展示次数中，如果点击率越高，则表示该商品的标题和图片的搭配越合理，淘宝网会给该商品增加展示机会；反之，点击率过低可能会被降低排名。

（2）收藏量。收藏量从侧面反映网店或商品的受欢迎程度。一般来说，收藏量越多，网店或商品的权重越大，越容易排到搜索结果的前列。

（3）交易量、成交转化率。交易量分为商品总交易量和最近30天的交易量，搜索引擎会以最近30天的交易量作为参考。交易量越大，商品权重越大。

转化率是指发生交易行为的客户占咨询客户数量的比例，是商品能否得到买家认可的一种体现。转化率=交易量/访客量×100%。一般来说，商品图片越清晰，买家信任度越高，转化率越高的商品，商品描述越详细，淘宝网会对此类商品的排名进行提升。对于转化率过高的商品，为了鉴别真伪这类商品将进入人工审核系统，审核合格则提升排名；反之，如果检测出有刷单、刷信誉等嫌疑，则会被降权处理。

（4）复购率。回头客是判断店铺品质的重要依据，也是淘宝判断店铺质量的因素之一。店铺的回头客越多，排名会越靠前，同理，商品复购率越高，店铺排名也会越靠前。

（5）跳失率。跳失率是指买家浏览了首页就离开的访问量与总访问量的比率，是产品描述质量的一种体现。淘宝网会根据买家在网店的停留时间和跳失率来判断商品描述是否对买家具有吸引力。买家在店铺停留的时间越长，浏览的页面越多，跳失率越低，越有利于店铺排名的提高。

（6）商品属性的完整度和准确度、商品标题关键词匹配度。在淘宝网、天猫商城的商品排名规则中，相关性是最基本的规则。一般网购平台上的相关性是指商品和搜索的关键词是否相关，主要分为类目相关、属性相关和标题相关三个方面。因此，卖家在填写商品类目和属性的时候必须做到尽量完整且定位准确。尽量完整是指尽量按照淘宝网中列举的条目填写完整；定位准确是指描述产品的类目和属性的时候必须准确，如衬衫，必须填写为男士或者女士衬衫，一般不能笼统写成衬衫，否则容易被降低权重。

一般来说，细分淘宝商品标题关键词的时候，要用该商品所在类目下的热门关键词，同时，在商品详细描述中也最好包括商品的热搜关键词，这样更有利于提升排名。

6.2.1.2 间接影响因素

（1）DSR（Detail Seller Rating，卖家服务评分）。DSR评分（图6-19）是指买家在交易完成之后给店铺"宝贝与描述相符""卖家的服务态度""物流服务质量"这三项进行打分。系统会计算最近180天内所有买家给店铺打分的平均值，每一项评分满分为5分。想要得到高的DSR评分要做到三点：商品质量好，客服态度有保证，发货速度快。高的DSR评分能获得更高的转化率，提高店铺交易量，拉升店铺权重，将商品排名拉前。

（2）全店动销率、滞销率。动销率指的是在一定周期内店铺有销量的商品与店铺内上架在销售的所有商品数量的比值，一般是以30天为一周期。动销率越高，店铺权重越高。与之相对的是滞销率，指的是滞销商品与店铺内上架在销售的所有商品数量的比值。滞销商品是指在最近90天内无编辑、无浏览、无成交的商品。滞销商品越多，滞销率越高，网店权重也就越低。

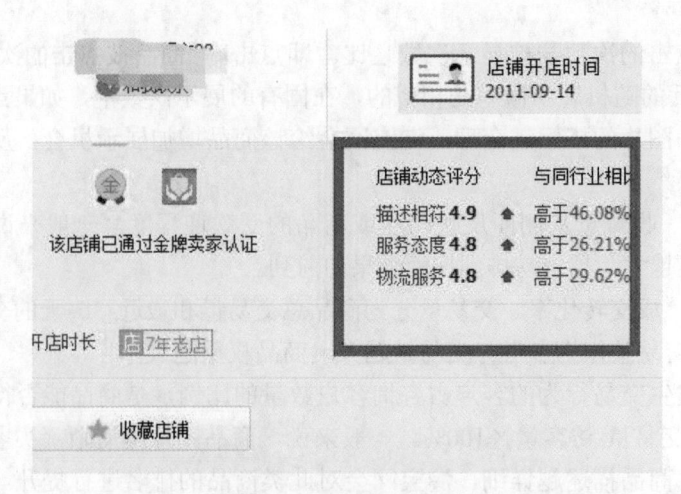

图 6-19　店铺 DSR 评分

（3）退款纠纷率。退款纠纷是指买卖双方未自行协商达成协议，由淘宝网介入并且判定为支持买家及维权成立的维权笔数总和。退款纠纷率是指 30 天内退款纠纷笔数占支付宝成交笔数的比例。退款率和退款纠纷率是判断商品质量和服务质量的重要指标，退款率比同行高的店铺，排名会降低，而有纠纷或纠纷率高的网店则会被淘宝网做降权处理。

（4）人群标签。人群标签越精准，得到的流量就越匹配。淘宝网会根据买家的行为判定买家标签，然后通过买家的访问、收藏、加购等维度权重反向给商品打上相应的标签，从而实现自动匹配，也就是"千人千面"。老客户是最大的精准人群标签库，利用好老客户去做标签，能很好地帮助提升商品搜索排名。

知识补充：淘宝网的"千人千面"

根据淘宝网的"千人千面"排名算法，不同买家搜索同样的关键词展现的商品排名是不一样的。淘宝网尤其是手机淘宝，会根据买家以往的购买浏览、加购、收藏等行为呈现给买家最有可能让买家成交的页面。一般来说，排名第一的位置是不变的，其他商品排名会根据不同人群标签出现不同的展现，卖家可以利用这个机制，找出商品的对应人群，进行商品优化。

（5）店铺违规降权行为。当店铺有违规行为或遭到举报、投诉会被淘宝记录在案，导致店铺权重下降，直接影响到商品的自然搜索排名。违规降权行为的触发主要有错放类目和属性、标题滥用关键词、重复铺货、SKU 作弊、盗图、炒作信用、邮费作假等。目前最长的降权时间是从最后一次不规范操作开始计算，30 天左右结束降权。

6.2.1.3　商品标题优化

（1）商品标题的结构。商品标题的结构主要包括以下几个部分：核心词、类目词、属性词和长尾词。标题的作用就在于引流，一个好的标题能够提升关键词排名，增加展现次数。商品标题优化最基本的前提是符合买家的搜索习惯。为了增加被搜索的概率，卖家应尽可能地组合与商品相符的长尾关键词，商品关键词主要包括顶级关键词、二级关键词和长尾关键词等。

1）顶级关键词。顶级关键词也叫核心关键词或类目主关键词，是对商品的基本描述。这类关键词搜索量非常大，但新手卖家很难通过顶级关键词获得较多的流量。

2）二级关键词。二级关键词指比较形象具体的词汇，通常包括材质、颜色、用途、性能、品牌等方面的描述。这些关键词一般由4～5个字组成，相当于淘宝网中下拉框内的词语（业内称之为"下拉词"，指在搜索框内输入关键词后出现的联想词），例如"韩版女包""短袖T恤""碎花连衣裙"等。新手卖家要尽量避免直接与大卖家在二级关键词上竞争。

3）长尾关键词。长尾关键词是指单个词搜索量低，但数量庞大，加起来搜索量可超过核心词的关键字群。长尾关键词通常由2～3个词组成，具有可延伸性、针对性强、范围广的特点。长尾关键词竞争商品数量少，但可以给店铺带来较大的流量，新手卖家可以采用这类关键词制作商品标题。

商品标题一般是关键词的组合，一般是"长尾关键词+二级关键词+顶级关键词"的组合，标题长度最多为30个汉字、60个字符。长尾关键词搜索精准度较高，顶级关键词、二级关键词受销量、信用、动态评分、转化率、收藏量的影响最大。

（2）商品标题关键词来源。

1）搜索框下拉列表中的关键词。选择关键词的一个重要窍门是选择买家搜索商品时常用的关键词。在淘宝网首页（或在手机淘宝搜索框输入商品类目词，手机端和电脑端的搜索行为有分化，更多的是参考手机搜索框的下拉词）搜索框输入商品类目词，搜索框会自动匹配最近搜索量大的关键词。如以"篮球服"为搜索类目词，对应的产品和淘宝下拉框给出来的关键词如图6-20所示。

图6-20 淘宝网搜索下拉列表中的关键词

2）直播车中的关键词。直通车（图6-21）输入目标关键词也会给出很多相关拓展词，可以利用直通车的搜索引擎，找到具有数据的关键词，选择对应数据较好的关键词。

3）生意参谋中的关键词。生意参谋（图6-22）是卖家专用工具，可通过选择"专题工具"→"选词助手"→"行业相关搜索词"进行选词。也可通过"市场"→"搜索分析"进行选词。搜索分析属于高级服务，需要额外付费，但订购后可以查看行业热词榜TOP100到TOP500的热词，所带来的搜索数据也相对精准。

图 6-21　直通车中的关键词

图 6-22　利用搜索分析选取关键词

4）旺店宝中的关键词（图 6-23）。如果卖家没有订购生意参谋，也可以使用服务市场工具"旺店宝"的热词搜索功能进行关键词查询，重点要看展现量和点击量高、但竞争少的词语。

图 6-23 旺店宝中的关键词

5）拆分与组合关键词。淘宝标题由多个关键词组成，依靠前面的搜索方式可以清楚了解当前类目中的买家热搜词、关键词搜索热度、点击量等数据，把这些数据导出到表格（图 6-24）进行分析，重点选择搜索人数较高，在线商品数较少的关键词进行拆分组合，即可得到自己商品的标题。

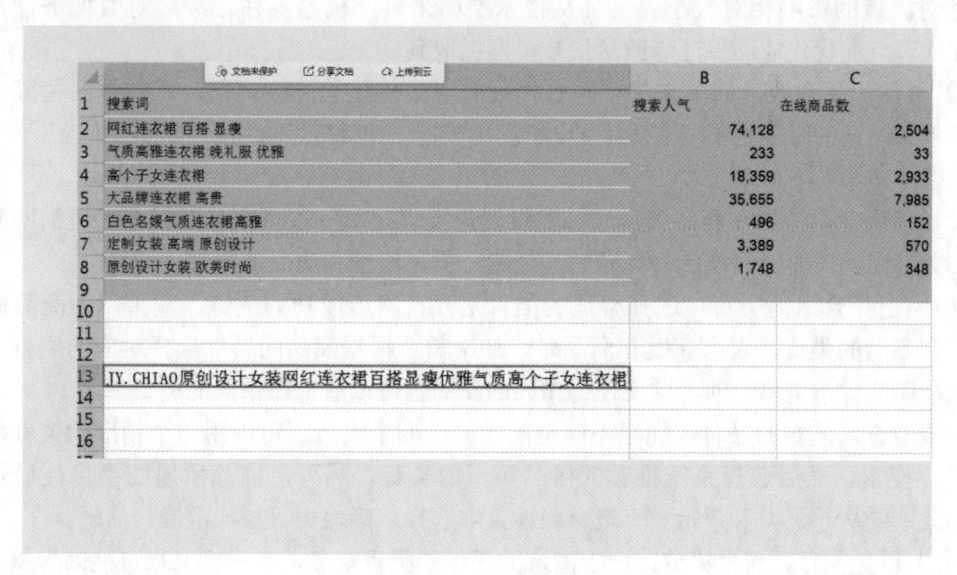

图 6-24 拆分组合关键词表格分析示例

在拆分组合关键词的过程中，需要注意两点：紧密相连的词（本身没有空格的词）不要调换顺序也不要进行拆分，原本怎样就怎样写在标题里；数据非常好的词，最好原封不动地写上，不要改变这个词原有的形态，空格处可以加词填充。

（3）常见的错误。

1）没有写满 30 个字。标题中 30 个字的空间每个字都很珍贵，需要尽可能写满。对于冷门商品，如果实在填不满可以参考竞品标题挖掘更多关键词和属性，多一个关键词就增加一点被搜索的可能性。

2）关键词重复堆砌。主关键词不宜过多，控制在 1~2 个为佳，对于冷门商品可以有 3 个。关键词堆砌会浪费字符空间，因为相同的关键词只会被搜索引擎抓取 1 次。另外，很多词重复出现，标题就没有办法充分描述宝贝的特征，很可能带来不少垃圾流量，最终降低商品转化率。

3）标题和属性不相关。标题是对宝贝最核心的描述，一定注意关键词要和商品属性、主图、详情页有相关性，如果相关性较弱甚至出现矛盾一定要修改。

4）出现极限词、非自有品牌词。近几年随着广告法的完善，淘宝为了规避法律风险对违规词汇也加大了处罚力度。切忌以身犯险，扣分到一定程度不仅会店铺降权，很多权益会一并被收回。

（4）标题的优化。

1）标题的优化主要集中在流量销量靠中后的商品。标题的优化一定要结合数据来做，对于店铺中的爆款宝贝，除非有明显的数据下滑，原则上不需要修改。

2）标题优化时间。宏观维度调整要把握换季前的时节，用户搜索习惯往往会有较大变化。因为涉及不同的类目，用户的浏览、下单习惯都会有较大的差异，优化时间点需要多加尝试总结经验。

如果实在难以确定，尽量安排在晚上 10:30 之后，这时候用户的浏览量会下降，此时修改标题对流量的影响相对较小。另外从技术层面来讲，机器往往在凌晨对数据进行各种更新，在次节点前优化能够保证修改尽快被机器抓取到。

3）具体优化内容。简单来讲就是去掉没有流量转化的垃圾词汇，有数据的关键词不要动。替换关键词的时候也不要有太大的改动，原则上一次修改不超过 6 个字为佳。

6.2.1.4　商品类目优化

类目优化主要是指在商品类目选择和设置进行优化，并根据商品类目的关键词匹配商品标题的关键词，从而提高商品与标题的匹配度，提高店铺和商品的流量。

（1）选择合适的类目。选择合适的类目是开设网店成功的关键。淘宝网为商品提供了分类非常齐全的类目，卖家在发布商品时，通常需要根据商品的属性选择对应的类目。但有时候商品属性并不是单一的，这就使得相同的商品也可以放置在不同的类目下。

一般而言，发布商品时，如果不确定商品属于哪个类目，可以用一个精准的关键词在搜索栏进行搜索，然后选择系统推荐的排名第一的类目。另外，商品所属的类目往往是分级的，为此，要从一级类目开始，一级一级地正确选择，确保类目层次准确、清晰。

（2）避免类目、属性错放。由于淘宝网提供的类目众多，新手卖家很可能因为搞不清商品的类目和属性而选错。当然，也有部分卖家故意放错类目，希望以此来获得过更多的流量。不管是何种原因造成商品类目和属性的错选，都会对商品造成负面影响，甚至导致被降权。

1）类目不相关问题。对于这种情况，最直接的影响就是通过淘宝网的商品标题搜索时找不到该商品。

2）属性设置有误。如设置有误，该商品就有可能被降权。

（3）设置详细的商品类目和商品属性。在设置商品类目和属性时，要尽可能填写详细，做好细节。商品类目和属性的合理性和完整性都会对商品的排名产生影响，描述详细准确的商品可以更好地定位目标消费人群，也更方便买家了解商品细节，赢得买家的信任。在填写商品属性的时候，注意带"*"号的选项为必填项，一定要认真填写。

6.3 站内推广

网店推广方式主要分为站内推广和站外推广两大类。站内推广是指由淘宝网本身带来的推广渠道，是卖家主要的流量渠道。

6.3.1 直通车

淘宝直通车是为专职淘宝和天猫卖家量身定制的，按点击付费的效果营销工具，为卖家实现宝贝的精准推广。直通车是淘宝网卖家进行宣传与推广的主要手段。直通车不仅可以提高商品的曝光率，还能有效增加店铺的流量，吸引更多买家。

淘宝直通车的推广形式是卖家通过设置关键词来推广商品，淘宝根据用户搜索的关键词展示广告。买家点击商品进入详情页会产生一次或多次跳转的流量，淘宝网通过直通车流量的点击数进行收费。

6.3.1.1 直通车产品分类

根据匹配技术和展现内容的不同，淘宝直通车的推广形式可以分为全域搜索、定向推广和店铺推广。

（1）全域搜索。全域搜索也称为全局搜索，淘宝网上的全域搜索（图 6-25）是通过设置与推广商品相关的关键词和出价进行推广的方式。买家搜索相关关键词时，推广商品通过展现获得流量，实现精准营销，卖家按所获流量（即点击数）付费。当卖家加入淘宝或天猫直通车时，即默认开通搜索营销。这意味着，卖家在加入直通车后，其商品会自动参与到搜索营销中，当买家搜索相关关键词时，卖家的商品有机会获得更多的展现和流量。

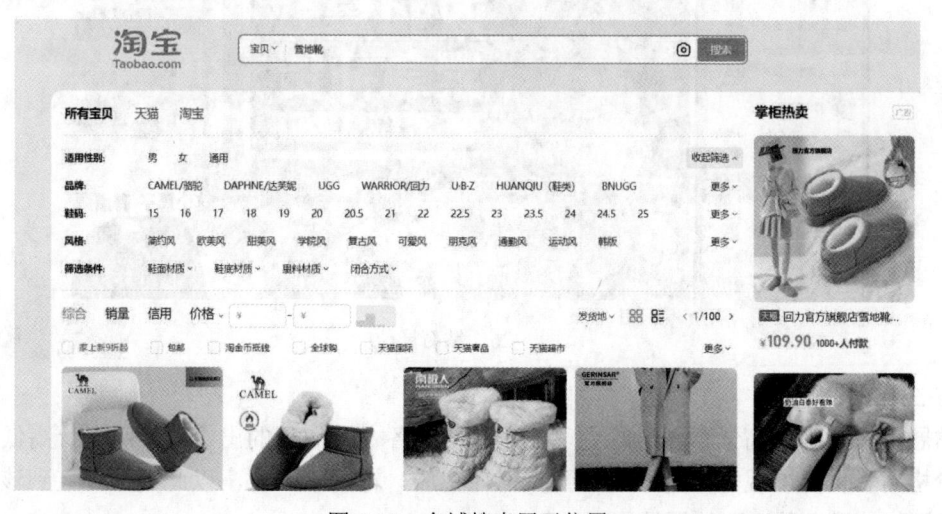

图 6-25 全域搜索展示位置

（2）定向推广。定向推广是继搜索推广之后的又一精准推广方式。它利用淘宝网庞大的数据库，通过创新的多维度人群定向技术，锁定目标客户，并将卖家的推广信息展现在目标客户浏览的网页上。此外，它还分析不同买家在各种浏览路径下的不同兴趣和需求，帮助卖家锁定潜在目标买家，并将卖家的推广信息展示在目标买家浏览的网页上。关键词出价高且买家反馈信息好，定向推广展现概率越大。同时，系统会根据商品所在类目下的属性特征及标题匹配商品，商品属性填写越详细，被匹配概率也就越大。

（3）店铺推广。店铺推广是淘宝推出的一种通用推广方式，适用于向带有模糊购买意向的买家推荐多个匹配商品，能满足卖家同时推广多个同类型商品、传递店铺独特品牌形象的需求。店铺推广可以有效补充单品推广，吸引买家进入店铺中所有同类型商品的集合页面，为买家提供更广泛的浏览空间。店铺推广可以推广除单个商品详情页面外的店铺任意页面，包括分类页面、商品集合页面和导航页面，结合设置的关键词为店铺带来更多的精准流量。

6.3.2 钻石展位

钻石展位（图 6-26）是淘宝网图片类广告位竞价投放平台，是为淘宝卖家提供的一种营销工具。钻石展位依靠图片创意吸引买家点击，获取巨大流量，为卖家提供了数量众多的网内优质展位，包括淘宝首页、内页频道页、门户、画报等多个淘宝站内广告位，以及搜索引擎、视频网站和门户网站等多个站外媒体展位。钻石展位是按照流量竞价售卖的广告位。计费单位为 CPM（每千次浏览单价），按照出价从高到低进行展现。卖家可以根据群体（地域和人群）、访客、兴趣点三个维度设置定向展现。

图 6-26 钻石展位

6.3.2.1 展现原理

钻展是按照出价高低顺序进行展现的，系统将各个时间段的出价，按照竞价高低进行排名，价格高者优先展现。出价最高的预算消耗完后，轮到下一位，以此类推，直到该小时流量全部消耗，排在其后面的无法展现。

卖家在钻展系统的后台（图 6-27），可以通过钻展系统圈定标签人群，把广告只展现给精准用户。因此，每个行为不同的人，在同一时间打开钻展的广告位，看到的广告是不一样的。通过合理定向，将广告展现给卖家想要的人群，获得精准流量和较好的广告效果。

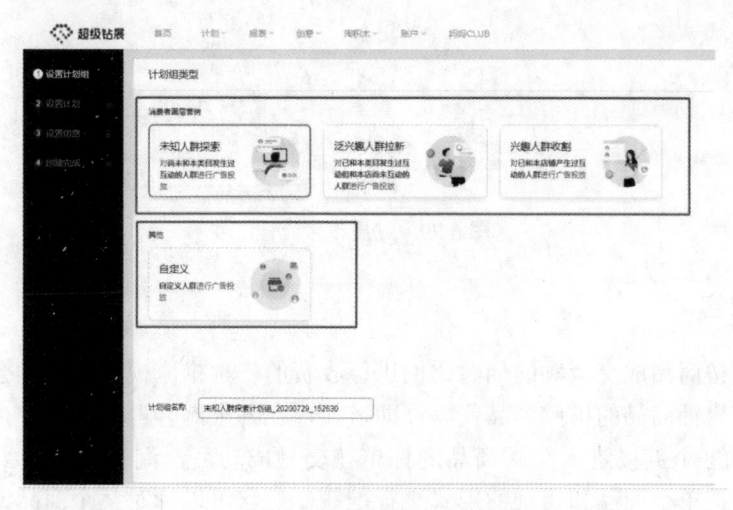

图 6-27　钻展定向人群设置

（1）扣费方式。相对于直通车按点击量的收费方式，钻展千次展现一次收费，还可设置定向精准人群，只给想看的用户展现，因此从长久来看，钻展比直通车更好用、更省钱、竞争更小。同时卖家在出价的时候，系统会有建议出价，卖家根据店铺自身的情况在这个价格上下浮动即可。（注：钻展系统会自动统计展现次数，并在钻展后台报表中给予反馈，不满1000次的展现系统自动折算收费。）

（2）推广形式。卖家进入钻展后台（图 6-28），选择"新建推广计划"命令，就可以看到五种推广场景，每一种场景都有不同的资源位展现。一般来说常用的是全店推广和单品推广，新手卖家暂时还用不上视频推广、直播推广等场景。

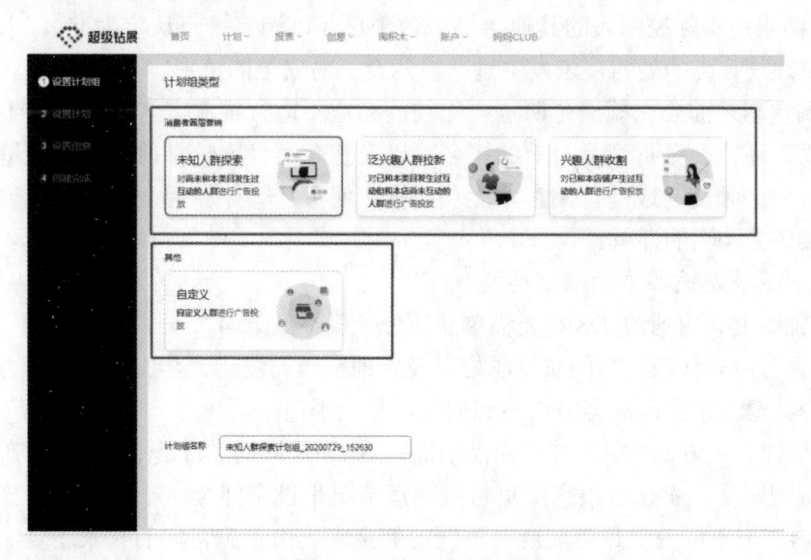

图 6-28　钻展推广场景

全店推广就是为店铺引流，它的资源位重点展现在电脑端和手机端的首页焦点图。单品推广则是为商品引流，它的资源位重点展现在手机淘宝的"猜你喜欢"位置。但是不管是哪个场景，设置钻展的流程相同，如图 6-29 所示。

图 6-29 钻展设置流程

6.3.3 淘宝客

淘客推广是按商品成交金额的佣金比例进行收费的一种推广模式，淘客会从阿里妈妈淘客联盟获取卖家店铺商品的推广商品代码，即链接，在各大淘客群、网站、微博等渠道进行推广，只要通过这个链接进入购买商品的订单在交易成功后，淘客都会获得相应的推广佣金。淘宝客支持按单个商品和店铺的形式进行推广，卖家可以针对某个商品或整个店铺设定推广佣金。淘宝客佣金的范围很广，佣金越高越容易得到淘宝客的关注。淘客就是帮商家进行推广的个人或者网站。买家一般是淘客粉丝群里面的客户，对于淘客群有比较忠实的粉丝黏度。

6.3.3.1 淘宝客推广对店铺的要求

（1）店铺状态正常（店铺可正常访问），用户状态正常（店铺账户可正常登录使用），近 30 天内成交金额大于 0。

（2）淘宝店铺掌柜信用≥300 分，信用分查看（天猫店铺无此要求）。

（3）淘宝店铺近 365 天内未存在修改商品如类目、品牌、型号、价格等重要属性，使其成为另外一种商品继续出售而被淘宝处罚的记录。

（4）店铺账户实际控制人的其他阿里平台账户（以淘宝排查认定为准），未被阿里平台处以特定严重违规行为的处罚，未发生过严重危及交易安全的情形。

在推广淘宝客之前要先搞清楚两点：你的商品适不适合推淘宝客？淘客愿不愿意推广你的商品？其次，还需要分析商品目前的排名，以及整个类目比较靠前商品的销量。这里要注意几点：①订单必须交易成功，淘客才能获得推广佣金；②计算佣金的订单必须是通过淘客推广代码链接进去购买的订单。

6.3.3.2 淘客更愿意推广的店铺类型

（1）店铺维度。店铺的 DSR 天猫单品评分一般不低于 4.7 分，淘宝店铺 DSR 最好在 4.8 分以上，评分越高代表商品的质量越好以及店铺整体的发货、客服、综合实力越强，这样产生的退款少。退款过多，淘客会拿不到佣金，相当于白推。

（2）最低佣金（图 6-30）是推广商品单价的 3%，不同的类目是不一样的。在淘宝客推广中，佣金设置规则是：卖家可根据宝贝自身利润情况来设定佣金。一般来说，普遍设置的佣金在 10%以内，但不同的类目可能会有不同的佣金率。由于淘客们的收入还要给阿里妈妈技术服务费，太低的佣金基本没人愿意推广，因此前期佣金多设置在 10%～40%之间，以便于吸引推广。

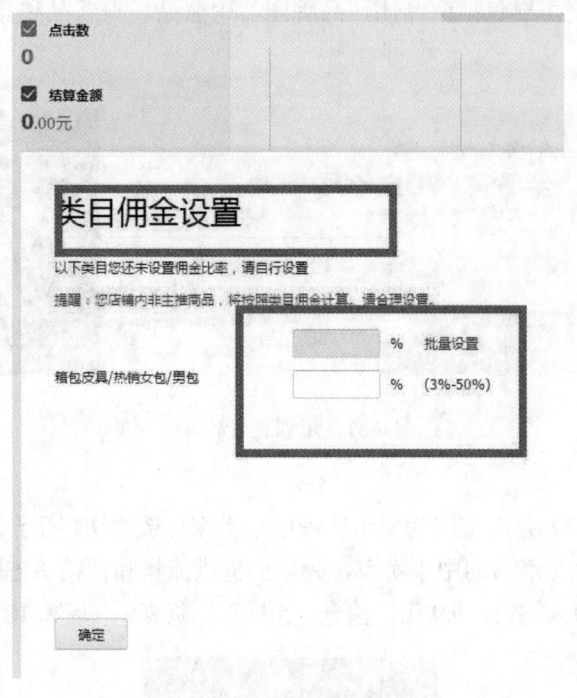

图 6-30 佣金设置

（3）一般淘客推客单价比较低的商品，客单价偏高会比较难推。

（4）在商品类目上，常规类目会比较好推，偏类目不好推。比如，服装类的一般比较好推的。淘客会根据同期推广过的同类商品的推广价格、佣金和服务费来对你的商品进行评估，以此来确定商品的推广价格和佣金比例。

（5）设置激励活动。奖励对于一些刚做淘宝客的人是十分有吸收力的。可以设定个期限，比如半个月或者一个月，每天发布排名，或者隔几天再发奖金，这样卖家店铺的激励制度会吸引一批淘客。

中小卖家建议找小淘客，因为量太少找大淘客不会接，在推广前分析下商品的购物群体和所找的淘客的粉丝群群体是否是相匹配，现在淘宝千人千面搜索方式，如果人群标签不匹配会打乱店铺的人群标签。

6.3.4 参与淘宝活动

淘宝活动是卖家网店流量的重要来源，除了前文提到的直通车、钻展、淘宝客之外，还有聚划算、天天特卖等其他付费或免费活动，卖家可根据自身店铺和商品情况进行选择。

6.3.4.1 聚划算

聚划算是淘宝平台中爆发力最强的营销平台，汇聚了数量庞大的用户流量，具有非常可观的营销效果。商家通过参加该活动，可以打造超过店铺日销数倍的营销数据，获得更多的收益。聚划算对招商商品的要求较为严格，除了基础招商标准外，还对不同类目的商品作出了不同的要求。招商商品通常需要缴纳一笔保证金和基础费用，聚划算将按照不同类目的费率进行收费。

聚划算（图6-31）主要包括商品团、品牌团、聚名品、聚新品和竞拍团五种类型。

图6-31 聚划算活动页面

6.3.4.2 天天特卖

天天特卖（图6-32）是淘宝网为集市店铺中小卖家打造的扶持平台，用于扶持有特色的货品、独立货源和一定经营潜力的中小卖家，为他们提供流量和营销等方面的支持。天天特卖频道目前有工厂必买·万人批发、9.9工厂清仓、5折工厂货（0点场和10点场）等活动版块。

图6-32 天天特卖活动页面

6.3.4.3 U先试用

U先试用是免费试用中心的升级版,是一个由商家提供试用品供买家使用的场所,其中聚集了大量试用机会和试用商品,试用者试用商品后可以提交全面而真实的试用报告,为消费者提供购买建议。卖家可以通过U先试用对店铺和商品进行宣传推广,提高品牌影响力。

天猫U先试用要求参加U先试用的店铺必须同时符合以下要求才能报名,天猫U先也会基于选择更为优质商家/商品等原因,面向满足特定要求的商家定向招商。

- 报名商家须符合《营销平台基础招商标准》要求。
- 报名商家须为天猫商家(含天猫国际)。

报名商品必须同时符合以下条件,方可报名:

- 报名商品须符合《营销平台基础招商标准》要求。
- 报名商品的活动价须为1元或9.9元,特殊营销活动以实际活动公告为准。
- 仅对某部分一级类目商品招商,同时须满足对应一级类目的报名库存、商品一口价及货值要求(具体类目商品明细过多,请查天猫U先试用申请要求明细)。

天猫U先会在活动上线前3个工作日完成商品的所有审核,除以上的各项审核标准外,也将根据具体的经营和业务需要,新增或调整相应的审核标准。免费试用活动对提高淘宝天猫店铺的销售额有明显作用,需要报名的商家们要了解清楚活动申请规则,同时为了增加申请成功的概率,可以多申请几次。

6.4 站外推广

站外推广是指从淘宝网以外的其他互联网平台获取的推广渠道。

6.4.1 在淘宝论坛中宣传店铺

淘宝论坛(图6-33)是一个完全开放的平台,淘宝网的买家和卖家可以在淘宝论坛的任何一个版块发表见解,可以在论坛中分享生活中的喜怒哀乐、购物经验、开店经验等。

图6-33 淘宝论坛页面

淘宝论坛首页包含热点关注、深度解读、干货分享、经验畅谈、营销工具导航等模块，提供最新电商知识学习、淘宝热点话题分析、商家经验交流分享、官方动态先知、官方活动报名等功能。在淘宝论坛发帖可以增加店铺曝光率、增加买家信任、持续地带来流量、提供知名度、结交有经验的朋友。

登录论坛首页，选择版面，帖子撰写完成后起一个响亮的标题，内容可以贴近淘宝主题，或者分享创业经验等。发表成功后还可分享推广、申请帖子加精。帖子加精要求帖子图文并茂，标题内容与帖子内容相符，帖子内不能带有广告，内容需要原创。

（1）回帖。在淘宝论坛可以通过回帖的方式与其他淘友进行讨论，打开需要回复的帖子，在帖子下面单击"回复本帖"就可在对话框输入回帖内容。回帖要求禁止发违反法律规定的内容、禁止发人身攻击的内容、禁止发广告内容（尤其是带病毒、恶意代码、广告链接的内容），也禁止刷屏行为（即连续多次无意义回复）。

（2）淘宝论坛违规处罚。对于论坛内的抄袭行为、转载他人声明不得转载的文学作品、转载又冒称原创、未经许可擅自使用他人的原创图片等，将会给予不同程度的处罚，例如抄袭行为处罚将会被删帖、扣银币、关小黑屋等。

6.4.2 微博推广

微博用户在当下依旧是一个比较庞大的群体，微博平台发布信息和传播信息的速度都比较快，博主通过每天更新微博内容，发布粉丝感兴趣的话题，可以与粉丝保持良好的交流互动，培养其坚实的粉丝基础。企业用户可以通过微博向粉丝传播品牌信息、产品信息，树立良好的企业形象，增加品牌影响力。个人用户也可以通过微博建立自己的粉丝圈子，打造个人品牌，开展各种营销活动。

除了培养自己的粉丝圈子进行引流，还可以尝试以下方式引流。

6.4.2.1 搜索关键词

搜索关键词，从微博网友的评论中直接私信回复获取目标客户。

搜索相关关键词之后，可以看到有些留言是咨询购买的。那么，你就可以得到一个精准用户，这个时候就需要把对方发展成自己的客户。你可以直接私信给她，具体的私信内容可以根据她发表的内容来确定，过硬的广告内容效果不一定好。可以以交流的名义分享自家店铺链接，推荐自家店铺的修容笔，这个过程需要耐心也需要讲究一定的技巧。

6.4.2.2 寻找博主，投递好的素材

在关键词搜索的基础上，把注意力从微博内容转移到微博用户，寻找一些例如粉丝5000人，或1万到5万人这样级别的博主，给他们发一些比较符合他们微博定位的内容，私信内容加上自己的Logo或其他标志就更好了。当私信发的次数多了，你会发现，很多博主是愿意与你沟通交流的。这个过程中，你就能够积累人脉，甚至可以把店铺商品给到他们进行推广，借力打力，将流量引流到自己店铺。

这次修容的方法是看了毛老师的视频后才有所启发毛老师貌似说过，修容不一定是用 阴影去调整，也可以用提亮的方式来画，甚至这种方法更好，更自然(大概理解的就是这个意思台)然而我自己的画法就是明暗结合，感觉这种方法也更适合我。

首先想画好鼻子就一定要保证鼻子周围是干净的，像我这种肤色不均匀的，一要在画底妆的时候都遮住，基本看不出鼻子轮廓才好修容，再就是画完鼻子阴影一定要用遮瑕遮掉多余的部分，这样鼻子才会立体，整个鼻子才会看起来很干净。

阴影的打法就是鼻梁骨的位置尽量淡一点，形成渐变才自然，千万别 一条很深的阴影直线画下来，这样会很死板，侧边看看会很脏。

高光的打法尽量选择点涂的方式，同样不要一整条高光从额头打下来，尽量点在山根处，和鼻头的那一点，这样打出来又自然又干净。

还有的宝贝属于那种鼻翼比较大的，(好....就是我这种)我尝试过很多方法，用修容粉去打在鼻翼感觉只会越来越明显，甚 至感觉有点像在强调鼻翼一样。终于让我找到了正确的方法，就是尽量用一个和周围皮肤相似颜色的遮瑕，画在鼻翼轮廓出，来弱化整个鼻翼的轮廓感。虽然这种方法堪比不上整容级的那么明显，但是在肉眼看来真的会缩小很多，并且非常自然。

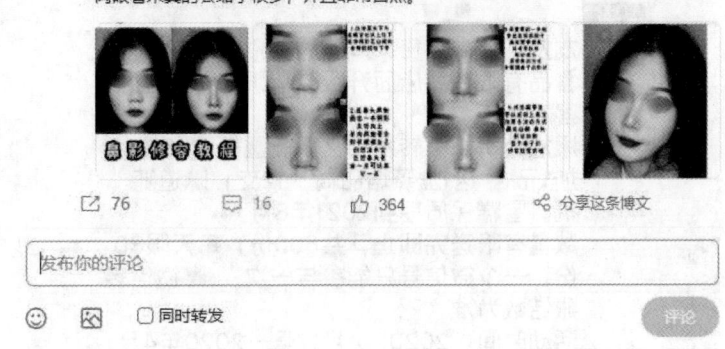

图 6-34　关键词搜索结果

6.4.3　微信推广

微信的出现逐渐改变了人们的生活习惯和方式，作为现在的主流新媒体，它在营销活动中出现的频率非常高。微信营销主要建立在智能手机、平板电脑等移动终端上，是网络经济时代企业或个人常用的一种营销模式。基于微信的社交性，微信推广更多是建立在朋友圈和微信公众号的内容营销基础上。

6.4.3.1　朋友圈

微信个人营销是微信营销中非常重要的部分，可以看作是微信朋友圈营销，其营销的对象是自己的好友，可以通过手机通讯录、社群、二维码等用户信息进行添加，发展和获得足够的好友。获得好友后需要进行维护，经常与好友进行互动，增加自己的曝光率，加强与好友之间的联系，但注意保持礼貌和适当的频率。不要发布虚假广告和无意义的信息，同时保护好好友的个人信息，不要私自泄露给他人。

节日问候、话题讨论等都是比较常用的互动方式，如图 6-35 所示的日常问候。有了良好的好友关系后再开展朋友圈内容营销，就可以快速获得好友支持，使得他们主动配合营销，扩大营销效果。

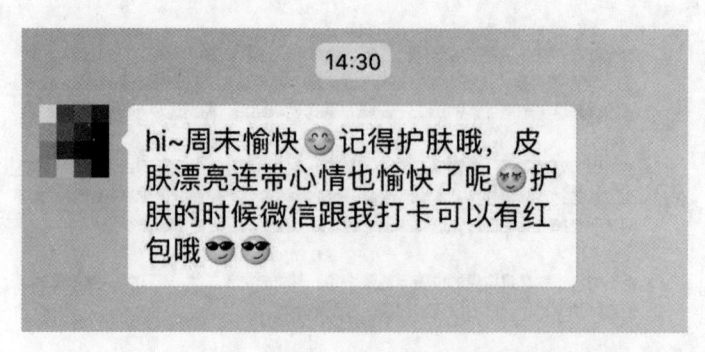

图 6-35 常用的互动方式之日常问候

除了直接在朋友圈发布营销内容外，还可以通过一些互动来获得曝光率和转发量，以此扩大营销范围，例如转发、点赞、试用、互动等。其中转发和集赞比较常见。如图 6-36 所示为转发集赞的营销方式。

图 6-36 转发集赞的营销方式

6.4.3.2 微信公众号

微信公众号是在微信公众号平台上申请的应用账号，通过微信公众平台，个人和企业可以打造专属自己的特色公众号。在公众号上可通过文字、图片、语音、视频等方式，与特定的群体进行全方位的沟通和互动，也可以提供公众号关注、移动应用下载、卡券发放、品牌活动等多种官方推广方式，实现品牌传播、宣传推广等营销目的。

微信公众号有三个公众号类型：订阅号、服务号、企业号，如图 6-37 所示。每一种类型的使用方式、功能、特点均不相同，用于营销的公众号一定要选择最适合自己的公众号类型，才能达到预期的营销推广效果。

图 6-37　微信公众号类型

一般来说，公众号的内容推广主要以文章推送为主，文章有转载和原创两种，原创难度较大，但粉丝忠诚程度相对较高。在编写文章的时候要注意对文章标题、封面图设计、正文内容等进行策划，同时，微信公众号和个人微信一样，需要进行粉丝维护。对于公众号粉丝来说，关键词回复、问题搜集和反馈、评论互动都是比较有效的维护方式。总的来说，保持和提高公众号粉丝数量最基本的要求就是推送内容要有价值。只有推送内容能够满足用户的需求，才能保证用户的持续关注，进一步提高粉丝数量。

6.4.4　电子邮件推广

邮件推广是以电子邮件为推广工具向用户传递营销信息的一种推广方法。邮件推广常通过电子刊物、会员通信、专业服务商的电子邮件广告等方式实现。在进行邮件推广的时候，如果邮件发送规模比较小，可以采取一般的邮件发送方式或邮件群发软件完成，如果发送规模较大，就应该借助于专业的邮件列表发行平台发送。邮件是一对一的，客户收到邮件，与做网站广告相比，邮件的印象更深，也更容易找到忠实的访客。

一个好的推广方式离不开好的内容，做邮件推广也一样，内容的编辑非常重要，一般来说邮件内容的编辑要遵循以下原则。

6.4.4.1　目标一致性

邮件列表内容的目标一致性是指邮件列表的目标应与企业总体营销战略相一致，营销目的和营销目标是邮件列表邮件内容的第一决定因素。因此，以用户服务为主的会员通信邮件列表内容中插入大量的广告内容会偏离预定的顾客服务目标，同时也会降低用户的信任。

6.4.4.2　内容质量性

如果对我们订阅的电子刊物和会员通信内容进行仔细分析，不难发现，有的邮件广告内容过多，有些网站的邮件内容匮乏，有些则过于随意，没有一个特定的主题。尽管增加邮件内容不需要增加信息传输的直接成本，但应从用户的角度考虑，邮件列表的内容不应过分庞大，过大的邮件不会受到欢迎。

首先，由于用户邮箱空间有限，字节数太大的邮件会成为用户删除的首选对象；其次，由于网络速度的原因，接收/打开较大的邮件耗费时间也更长；最后，太多的信息量让用户很难一下子接受，反而降低了邮件推广的有效性。因此，应该注意控制邮件内容，不要有过多的栏目和话题，如果确实有大量的信息，可充分利用链接的功能，在内容摘要后面给出一个URL，如果用户有兴趣，可以打开链接到网页浏览。

6.4.5 直播推广

随着目前流量渠道的多元化和人们购物时间的碎片化，各种形式的广告铺天盖地，作为一个淘宝卖家，抢占流量是很有必要的。近年通过直播使得流量飞速上升的店铺非常多，可以说，直播带来了新的机会。本章节主要从两个不同板块来讲解直播，一个是淘宝直播，一个是抖音直播。

6.4.5.1 淘宝直播的开播和推流

淘宝直播是一个免费工具，不收取任何费用，并且开通淘宝直播是没有条件的。目前出台的规则是对经营的类目有所限制，官方需要核实商家店铺内的类目是否支持，只要类目符合就可以开通，对店铺的话也没有信用等级要求。

（1）注册开播（主要针对商家、达人、档口主播）。

1）下载最新版淘宝主播 APP，登录淘宝账号，进入应用首页。

2）点击左侧上方的"主播入驻"按钮，如图 6-38 所示。

3）根据指引进行实名认证（即刷脸确认自己是否是账号本人），如图 6-39 所示。

图 6-38 单击"主播入驻"

图 6-39 进行实名认证

4）根据指引填写信息，上传主播头像，输入主播昵称，检查两个协议，单击完成，如图 6-40 所示。（若提示类目不符合，说明系统暂不支持该店铺主营类目开通淘宝直播。）

（2）推流。

1）登录手机淘宝主播 APP，在"我的直播"选择相应的现场直播或预告单击开始播放，选择分辨率，之后点击正式开始便可开始淘宝直播，如图 6-41 所示。

2）使用电脑直播进行开播和推流。

图 6-40　注册成功　　　　　　图 6-41　创建直播

目前淘宝/天猫直通车还上线"直播推广"功能，可以把商家的店铺直播间在淘宝搜索的结果页直接展示出来。这一功能为商家提供了"直播中"和"直播后"的解决方案。

1）在直播时，实时为正在直播的直播间引流，提升直播间的流量以及粉丝积累。

2）在直播后，将直播片段作为新的短视频呈现，促进高购物意向用户的成交。

对商家而言，"直播推广"功能让他们的直播间变得可被搜索，也让直播这个以往偏重私域流量运营的场景，变得更加开放，可以从广阔的公域中获取新流量、新粉丝。同时，随着直播间回放片段可以用短视频进行广告落地页投放，这也大大延长了直播间的生命周期。一场直播的时间有限，但以视频讲解回放的形式，不仅能将一场直播的价值最大化，也可以采用短视频动态化地展现产品卖点，加深用户对商品及品牌的兴趣与好感。"直播推广"的上线，重新定义了直通车和搜索广告的价值。阿里妈妈平台业务总经理左向表示，直播推广兼具"大规模流量、确定性流量、实时、精准"这四大特点。

6.4.5.2　抖音直播

2017 年 11 月，抖音开启直播功能；2018 年 3 月抖音推出购物车功能，正式开启直播带货。如今，抖音凭借着日活 4 亿的超级流量池，已经成为直播卖货新入口，涉及产品类目广，直播功能丰富多样，进驻抖音直播的人也越来越多。

（1）申请开通方式。登录抖音 APP→我→右上角☰图标→创作者服务中心→商品分享，如图 6-42 所示。

图 6-42 抖音商品分享

（2）开通条件。

1）抖音账号需实名认证。

2）抖音个人主页视频数（公开且审核通过）大于 10 个。

3）粉丝数大于 1000 人。

6.4.5.3 直播推广注意事项

直播带货围绕"人、货、场"，人是首要核心。一个好的主播一定是有自己独特的人格魅力的。所谓的人格魅力就是来源于主播人设的定义，简单说就是粉丝对主播的外貌、穿衣打扮、语言风格的固有形象，以及粉丝眼中的性格印象。通过人物设定可以让自身的定位更加鲜明立体，让粉丝通过一个关键词或者一句话就记住你，形成记忆点。

除此以外，一个好的直播推广主播还必须具有以下三大特征。

（1）控场能力：在直播过程中能控场，控制自己的直播带货节奏。

（2）懂货：深刻了解销售商品所在行业及商品的优劣，能够针对用户痛点讲解商品优势。

（3）情商高：有说服力、引导能力、亲和力、能让人产生信任感等。

本 章 小 结

流量是店铺之根本，恰当的网店推广和营销方案能够给店铺带来稳定的流量，对提升店铺销售额和店铺竞争力起着至关重要的作用。本章从店内推广、网店搜索引擎优化、站内外推广等方面介绍了网店营销推广的相关知识，旨在让大家了解并掌握网店营销推广的方法和技巧，有效提高网店的流量和转化率，保证网店健康发展。通过本章的学习，可以快速、有效地为网店引入流量，提升转化率，最终提升网店的销售额。

课 后 习 题

一、名词解释题

1. 淘金币
2. 直通车
3. 淘宝客
4. 动销率
5. 滞销率
6. 转化率

二、单项选择题

1. 淘宝网店 SEO 主要是指（　　）。
   A．网店在淘宝站外搜索引擎的排名　　B．淘宝网站的站外优化
   C．淘宝网站内的优化　　D．网点在淘宝站内的搜索排名
2. 计算淘宝网店的动销率，一般是以（　　）天为一个周期。
   A．30　　B．90　　C．10　　D．60
3. 计算淘宝网店的滞销率，一般是以（　　）天为一个周期。
   A．30　　B．90　　C．10　　D．60
4. 退款纠纷率是指（　　）天内退款纠纷笔数占支付宝成交笔数的比例。
   A．30　　B．90　　C．10　　D．60
5. 新手卖家最好选择（　　）关键词。
   A．顶级　　B．二级　　C．长尾　　D．类目
6. 直通车的扣费原理是（　　）。
   A．按照展现量付费（CPM）　　B．按照展现时长付费（CPT）
   C．按照成交量付费（CPS）　　D．按照点击量付费（CPC）
7. 推广工具中按成交量付费的工具是（　　）。
   A．直通车　　B．钻石展位　　C．淘宝客　　D．聚划算

8. 钻展通常是按照（　　）方式来计费的。
   A．CPM　　　　B．CPT　　　　C．CPS　　　　D．CPC
9. 下面流量中，不属于免费流量的是（　　）。
   A．淘宝收藏　　B．聚划算　　　C．淘宝论坛　　D．淘宝搜索

三、简答题

1. 淘宝网官方营销工具主要有哪些？在淘宝网上找出使用优惠券的网店，并总结优惠券的类型。
2. 淘宝网活动报名入口主要有哪些？一般而言，淘宝网活动对卖家的要求主要体现在哪些方面？
3. 简述淘宝搜索引擎的工作原理和步骤。

四、实训任务

实训任务一：分析影响商品排名的因素

在淘宝网搜索自己网店中的商品，然后回答以下问题。

1. 如果搜不到商品，请分析其原因。
2. 如果能搜到商品，请分析其原因。

实训任务二：商品标题的优化

1. 为自己淘宝网店的某一商品编写有利于在淘宝网搜索的标题，并能灵活组合运用三种级别的关键词，且需说明标题中每一个关键词的类型。
2. 用生意参谋或其他查找关键词的方法，查找上面编写的商品标题中的每一个关键词，说明关键词是否合理，如果不合理应该如何优化。

实训任务三：淘宝网站内推广

1. 进入淘宝营销导航，进行"淘宝运营活动"报名，每个网店最少报两个活动。
2. 从淘宝网上找出一些使用直通车、钻石展位、淘金币等营销方式的商品，讨论使用这些营销方式的条件和技巧。

第7章　网店物流与客户关系管理

学习目标

本章内容涵盖了网店运营中物流、快递公司的选择、客服及客户关系管理几个方面。物流方面：对物流的各种模式及利弊进行介绍。快递公司选择方面：对常见快递公司的实际情况及特征进行介绍。客服方面：详细总结了高质量客服所需的方法技巧，对售前和售后两部分客服工作的职责进行了归纳并提出了对应的话术建议。客户关系管理方面：结合最常见的淘宝平台，介绍客户评价的分类、管理工具及程序的应用重要性及管理办法。

知识框架

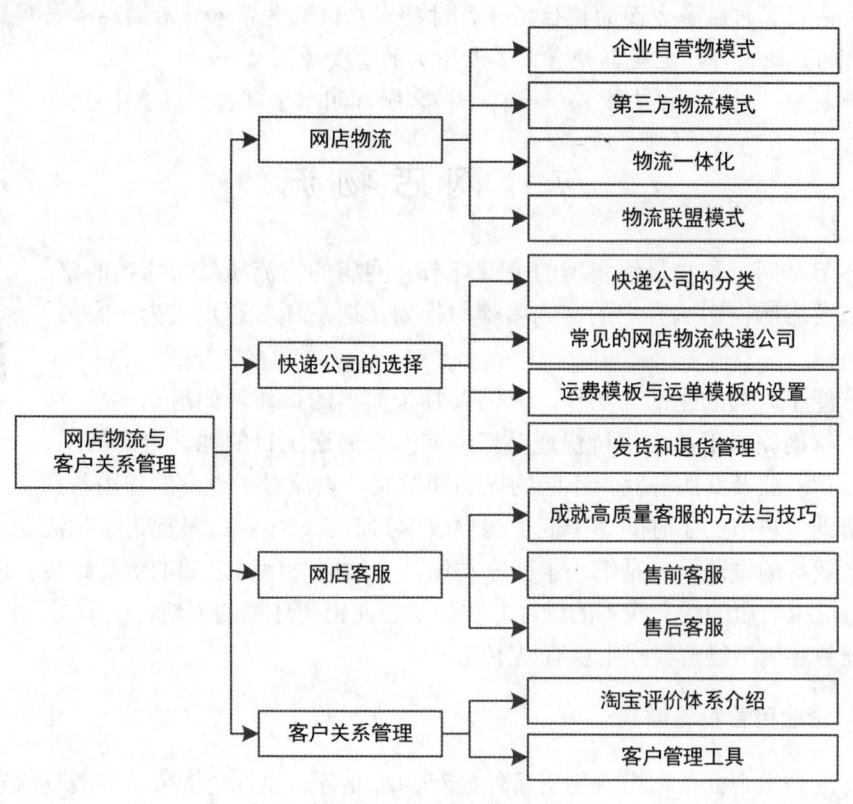

```
                              ┌─ 企业自营物模式
                              ├─ 第三方物流模式
                   网店物流 ──┤
                              ├─ 物流一体化
                              └─ 物流联盟模式

                              ┌─ 快递公司的分类
                              ├─ 常见的网店物流快递公司
                  快递公司的选择┤
                              ├─ 运费模板与运单模板的设置
网店物流与               └─ 发货和退货管理
客户关系管理
                              ┌─ 成就高质量客服的方法与技巧
                   网店客服 ──┼─ 售前客服
                              └─ 售后客服

                              ┌─ 淘宝评价体系介绍
                 客户关系管理 ─┤
                              └─ 客户管理工具
```

图 7-1　本章思维导图

案例导入

有一种客服部叫"全球客户满意中心"

三只松鼠股份有限公司成立于 2012 年，公司由章燎原创立，总部位于安徽芜湖，注册地址为安徽省芜湖市弋江区芜湖高新技术产业开发区,并在南京成立研发与创新中心,是中国第一家定位于纯互联网食品品牌的企业,其主营业务覆盖了坚果、肉脯、果干、膨化等全品类休闲零食。经过十年的发展,现已成为年销售额破百亿元的上市公司,成为零食行业首家迈过百亿元门槛的企业,并在2019年7月12日在深交所创业板上市。创新且独特的客户服务模式是三只松鼠取得成功的一个重要原因。

在客户服务中,三只松鼠将客户的性格和个人喜好分类,将客服按消费者的聊天风格再分配,个性招呼、服务的不同方案也依据销售过程的不同分为售前和售后。在售前服务阶段,端正积极的售前服务态度使得消费者好感递增,如对待客户提问在30秒内快速响应,永远做最后一个结束对话的人,"用心去真诚交流";在三只松鼠,客服所承担的角色实质上是服务者而非销售,这样,与客户聊天就不再充满目的性。客服人员也会时常组织讨论和学习如何提升客服质量,对客户的提问与反馈进行讨论,如分享聊天记录并做讨论,对客户的消极或积极的反馈进行分析,更进一步理解和满足客户需求。在售后服务阶段,三只松鼠承诺消费者,如对产品有任何不满意,可以无条件退货,这使得客户在购买产品时充满了信心。

三只松鼠在客户服务方面的换位思考,对待客户做到售前和售后的贴心与周到,使得其收获了客户的广泛好评,也是其销售额不断增加的重要原因之一。

(案例来源:三只松鼠大揭秘——有一种客服部叫《全球客户满意中心》)

7.1 网店物流

物流环节是网上购物最终实现的关键环节。网店的物流质量对店铺的整体发展有重要影响,影响客户的网购体验与行为,这一环节逐步成为店家关注的重点。

电商方便了人们的生活与工作,只需要几个简单的操作,如滑动屏幕、点击鼠标,就能完成下单,等待快递员把网购的产品送至目的地。电商的不断发展使得物流业及其服务获得不断的提高和发展,物流对于电商的作用与意义是至关重要的:一是帮助用户节约了时间、降低了购物成本与消费成本;二是促进了物流业、电子商务业、虚拟产业等的发展;三是缩小了国家与国家、地区与地区之间的贸易距离;四是促进了企业实体与虚拟商店的线上线下的融合,实现了多元销售环境的创新。

电子商务环境下物流模式主要有以下几种:

7.1.1 企业自营物流模式

自营物流是指企业依据自身物资条件经营物流业务,建设全资或是控股物流子公司,完成企业物流配送业务,即企业自己建立一套物流体系,自行组织物流活动。

自营物流有诸多有利之处。第一,较强的监管与控制。企业提供的物流服务可对产品包装、流通加工、运输、装卸等流程进行较为全面的监管与控制。第二,服务质量较高。自营物流可以提供高质量的物流服务,及时高效地保障企业顺利进行生产经营活动。第三,弹性与协调性较好。自营物流相关部门是由企业生产经营需要而设立,物流服务与流程可以根据企业自身需求进行增设或删减,有利于弹性规划与协调生产与经营活动。第四,专业性和针对性较强，专门为企业自身的生产、经营活动以及物流问题提供服务与支持，具有较强的专业性和针对性。

采用自营物流的不利之处在于以下几处。第一，增加了企业的投入成本，降低了企业的抗风险能力。企业构建自有物流部门，并组织相关资源和日常管理，需要投入较高的成本，使其支出增加，影响企业综合实力的提高。第二，规模化程度较低，很多企业的规模并未达到充分利用自营物流的程度，且专业化程度不高，难以达到规模效应，以至于造成不同程度的物流资源的浪费。第三，影响核心竞争力的培育，自营物流部门的设立与相关资源的配备的增加会减少企业对核心业务的投入，从而影响企业对核心竞争力的培育。

小资料：

京东物流

京东集团于 2007 年设立自营物流部门并配备相关资源，于 2012 年注册物流公司，2017 年 4 月 25 日正式成立京东物流集团。京东物流以节约社会物流成本为使命，努力将过去十余年积累的服务理念、基础设施、管理经验、专业技术向社会全面输出，这一创举使其在该领域获得了成功，成为全球供应链基础设施服务商。

京东物流以系统化物流服务为基础，打造高效、精准、敏捷的物流服务；积极开展技术创新，利用技术促进构建智慧化的物流体系；与此同时，建立广泛交流与合作，与行业、社会协同发展，构建共生物流生态。跟随智能化时代的步伐，充分利用智能化布局的仓配物流网络，构建一体化思维与实施模式，积极为商家提供仓储、运输、配送、客服、售后的正逆向一体化供应链解决方案、快递、快运、大件、冷链、跨境、客服、售后等全方位的物流产品和服务以及物流云、物流科技、物流数据、云仓等物流科技产品。在物流网络的数量方面，京东在行业中是有一定优势的，它拥有中小件、大件、冷链、B2B、跨境和众包（达达）六大物流网络的企业。

根据相关数据，截至 2024 年，京东物流的仓储网络已几乎覆盖全国所有的县区，包括由其运营的 1600 多个仓库和由云仓生态平台上第三方业主经营的 2000 多个云仓，40 座大型智能化物流中心"亚洲一号"，投用全国首个 5G 智能物流园区。包含云仓在内，京东物流运营管理的仓储总面积达到 3200 万平方米。京东物流大件和中小件网络已实现大陆行政区县几乎 100%覆盖，自营配送服务覆盖了全国 99%的人口，90%以上的自营订单可以在 24 小时内送达，90%的区县可以实现 24 小时送达。

7.1.2 第三方物流模式

第三方物流（Third-Party Logistics，3PL），也称委外物流或合约物流，多数情况为企业专注生产或经营，将自身的物流服务委托给专业的物流公司，以合同制保持长期稳定的物流业务的代实施与管理，如运输、仓储、存货管理、订单管理、资讯整合及附加价值等服务。第三方物流随着企业生产与经营的规模化和物流业的蓬勃发展而来，是为适应高速发展的网络经济的发展而采用的一种全新的物流模式，又称物流代理，是物流专业化的关键模式，是电商业和物流业高速发展的必然产物，在电商领域，企业对第三方物流模式的使用率较高。该模式的使用程度，与一个国家物流产业的整体发展水平息息相关。

使用第三方物流的有利之处：

（1）企业可以专注于核心业务，利于核心竞争力的培育与提升。任何企业的资源都是有限的，无法做到在任何方面的投入。所以，企业应把有限的资源投入到主营业务中，把物流等辅助业务交由专业的物流公司。

（2）弹性。灵活运用新技术与方案，合理利用资源，实现以信息换库存，降低成本。

（3）降低固定资产投资，提高资本周转率。自营物流需要投入较大的成本配备相关物流设施与资源，如物流仓库、信息网络、人员等专业物流资源。多数物流资源对于小规模的企业是有一定成本压力的。使用第三方物流公司解决物流服务的方案不仅可以降低不必要的成本，还解决了仓库、车队、人员方面的资源占用，提高了资源利用效率和资金周转率。

使用第三方物流的不利之处：

（1）企业无法直接监督和控制物流业务与流程。

（2）企业无法确保产品准确和及时抵达客户端。

（3）企业无法保证顾客服务质量和顾客维系。

（4）企业将难以对物流技术进行创新和研发等。

7.1.3 物流一体化

物流一体化是指以物流系统及其效用为主，由主要参与者，如生产企业、物流企业、商贸企业等直至客户的供应链的整体性、系统性与一致性。它是在第三方物流的基础上发展起来的新型物流模式。它的出现是以理论发展为基础的，20 世纪 90 年代，西方发达国家如美、法、德等提出物流一体化现代理论，这一理论对于推动物流领域的理论与实践发展有了奠基作用，其应用取得了显著效果。这一理论的应用，以及随之而生成的物流模式的采纳使得物流企业通过与生产企业建立广泛的代理或长期契约关系，让产品在更为广泛、高效的供应链环境中快速流转，使供应链中的各参与企业实现共赢，使整个社会获得显著的经济效益。这一模式还可以为客户之间创造广泛交流提供信息的环境，使得闲置资源可以得到充分的利用。在电子商务时代，这是一种更成熟、更完善的物流配送模式，它的出现标志着物流业发展过渡到了更为高级的阶段。

物流一体化的发展可进一步分为三个层次：物流自身一体化、微观物流一体化和宏观物流一体化。

物流自身一体化是指物流系统思维的确立和流程的实施，使包装、运输、仓储、装卸等物流要素获得进一步完善，促进了各子系统协调运作和系统化发展。微观物流一体化是指行业中的主体企业将物流服务与流程提高到重要的战略地位，并以物流战略作为依据建立广泛联系与合作的企业联盟。宏观物流一体化是指物流业在社会产业占比中发展到一定的程度，如物流业占到国家国民总产值的相当比例，在社会经济生活中起着重要的作用，它使跨境商业从内部职能专业化和国际分工的快速发展中获得规模经济效益。

物流一体化是物流逐步专业化和产业化的发展趋势，它需要以第三方物流的充分发展和完善为基础。物流管理的水平则是实现物流一体化的关键，即达到一定专业化水平的管理人员和技术人员，提高专业化物流设备和设施的利用，创新物流技术，创新物流管理方法，达到整体最优的效果。同时，物流一体化趋势为第三方物流创造了较好的运用环境并充分挖掘了市场需求。

物流一体化是以第三方物流为基础，逐渐发展和完善的新型物流模式。这一模式是物流企业通过代理与买断方式将物流服务与流程植入生产或商贸型企业的合作过程，与生产或商贸企业形成较为稳定的契约关系。这一过程将生产企业的产品或相关信息搜集与整理后，按订单信息配送到店铺。该模式通常还包括为客户之间的沟通提供相关信息，从而起到资源高效共享与利用的效果，可以在一定程度上避免资源闲置或浪费的情况。在电子商务领域中，这是一种完善的、系统的物流配送模式，如海尔集团的物流模式在一定程度上符合物流一体化模式的标准。

7.1.4 物流联盟模式

物流联盟（Logistics Alliance）是指两个或多个企业组织为达到特定的物流目标而采取的长期联合与合作，最终目标是实现多方合作共赢。物流联盟具有互为依存、业务一致性、专业化、利益关联、强调合作和相对灵活的特点，是一种介于自营和外包之间的物流模式。企业采用物流联盟模式更多的是为了实现合作共赢的效果，与联盟中的组织成员构建互信互助、风险分散、效果共享的物流服务优势。这样可以避免个别企业自身利益最大化情况，进而趋近但不完全实现共同利益最大化，更进一步形成优势互补、要素双向或多向流动的中间组织。合作与联盟关系是随着内外界情况变化而变化的，契约关系的开始与结束，决定了合作与联盟关系的建立与解除。狭义的物流联盟的建立通常发生在非物流企业之间，广义的物流联盟包括第三方物流模式。

7.2 快递公司的选择

对于中小型的网店卖家来说，安全、可靠且性价比高的快递服务是必不可少的。选择合作的快递公司，需要详细了解各快递公司的特点，并结合自身店铺实际情况与快递公司构建起良好的合作关系。

7.2.1 快递公司的分类

我国的快递企业大致分为四类。

第一类是外资快递企业，包括联邦快递（FEDEX）、敦豪（DHL）、马士基物流、天地快运（TNT）、联合包裹（UPS）等，外资快递企业具有跨境物流服务的丰富经验、服务范围较广，实力雄厚以及全球网络发达等特点，适用于发展跨境电商市场。

第二类是国有快递企业，包括中国邮政（EMS）、中国物流（CLG）、民航快递（CAE）、中铁快运（CRE）等，国有快递企业主要具有地域资源优势和完善的国内网络在国内快递市场处于领先地位，但部分由于采纳成本相对民营快递企业较高，多数普通的网店商家较少选择此类快递企业建立合作。

第三类是大型民营快递企业，包括顺丰速运、中通快递、京东快递、宅急送、申通快递、韵达快递、圆通快递等，不少大型民营快递企业在多年行业运营中获得快速发展，有部分企业物流服务已在全国推广。网店物流行业中常提到的"四通一达"指的是此类快递企业类型。

第四类是小型民营快递企业，这类企业通常有其地域性、小范围运营、经营模式弹性灵活的特点，其业务主要针对特定区域的同城快递或省内快递业务。此类快递企业在管理方面还有很多不足，如服务质量差、服务范围小、服务纠纷处理难、存在一定的风险等问题，因此不常出现在网店快递选择的备选项中，网店商家对这类快递企业的需求与合作较少。

7.2.2 常见的网店物流快递公司

7.2.2.1 顺丰速运

顺丰（图 7-2）在国内是家喻户晓的快递物流综合服务商，是大型民营快递企业，它诞生于 1993 年，经过业内多年稳定的运营与发展，已初步建立为客户提供一体化综合物流解决方案的能力，为客户提供预约快递服务、仓储管理、销售预测、大数据分析等业务的服务。多年来，顺丰在《财富》中国榜单中表现突出，多次上榜，2024 年世界 500 强排行榜，顺丰以营收超 365 亿美元排在 109 位，其实力雄厚，领先中国其他大型民营快递企业。

顺丰的快速发展，与它站在经济时代风口，且拥有突出的航空物流业务息息相关。作为国内快递行业中首家拥有自有全货机的公司，也是国内全货机总量最多的大型民营快递企业，截至 2024 年 9 月，顺丰拥有 87 架全货机，航空总货量超过 990000 吨，顺丰国内货量占全国航空货邮运输量的 35.2%，日均航班超 4600 次。运营中转场站 429 个，运营食品冷库 104 座，超过 74 万平方米，医药仓库 19 座，超过 16 万平方米，运营海外仓库 1357 座，超过 290 万平方米。顺丰盈利主要来自生鲜物流、高频运行和海外市场。

图 7-2 顺丰速运图标

7.2.2.2 中国邮政（EMS）

中国邮政速递物流公司是中国速递行业的最大运营商（图 7-3），隶属于中国邮政集团有限公司，经营范围广泛，以快递业为主，如国际、国内 EMS 特快专递业务。2002 年 12 月注册成立，是中国合同物流业务的先驱。EMS 特快专递业务于 1980 年开办，随着国内和国际业务的不断发展，业务量逐年增长，业务种类不断丰富。EMS 在业务和服务的多元化、专业化和个性化方面做了大量的努力，除提供国内、国际特快专递服务外，EMS 还推出省内次晨达和次日递、国际承诺服务和限时递等高端服务。与此同时，还提供代收货款、收件人付费、鲜花礼仪速递等增值服务。

图 7-3 EMS 图标

特点：资费比较高；快递时效性不稳定，速度较慢；网点多，几乎可配送国内任何地区。

7.2.2.3 邮政小包

邮政小包又叫中国邮政航空小包（图 7-4），以速度快、灵活性强为优势。它是中国邮政开展的一项国内、国际邮政小包业务服务，属于邮政航空小包的范畴。它区别于普通平邮，是一种通过国内国际邮政渠道寄送的小型商品包裹，且以经济实惠的国际快件服务著称。快递服务网络广泛，可寄达全球 230 多个国家和地区各个邮政网点。

图 7-4　国际航空小包图标

特点：覆盖广，价格低，广泛运用于外贸和跨境电商。

7.2.2.4 四通一达

四通一达，是申通快递、圆通速递、中通快递、百世汇通、韵达快递五家民营快递公司的合称（图 7-5）。

图 7-5　四通一达图标

（1）申通快递。又称上海申通，创立于 1993 年，截至 2022 年底，有 4850 家独立的网点，4826 辆自有车辆，72 个直属转运中心，业务量超过 129 亿件。申通快递基本覆盖到全国地市级以上城市和发达地区地市县级以上城市，尤其是在江浙沪地区，基本实现了派送无盲区。

特点：服务一般；速度相对稳定，网点广泛，是全国最大的民营快递公司，适合中小型物品，非急件。

（2）圆通速递。上海圆通速递（物流）有限公司成立于 2000 年，公司主营包裹快递业务，形成了包括同城当天件、区域当天件、跨省时效件和航空次晨达、航空次日下午达和到付、代收货款、签单返还等多种增值服务产品。圆通公司已发展成为一家集快递物流、科技、航空、金融、商贸等为一体的综合性国际供应链集成商。为客户量身定制速递方案，提供个性化、一站式的服务，被评为"中国行业十大影响力品牌"。

特点：服务质量一般；江浙沪很快，上海有"当天件"服务，东北、西北地区较慢；网点涵盖区域：网点少，只涵盖市级城市，很多县地级城市没有覆盖。价格：收费较低廉，也是圆通的优点。

（3）中通快递。中通快递股份有限公司于 2002 年 5 月 8 日在上海成立，是一家集快递、物流及其他业务于一体的大型集团公司。截至 2023 年，中通服务网点达 31000 多个，有 99 个转运中心，与 6000 多个网络伙伴合作，10000 辆干线运输车辆，3900 多条线路，通达 99%以上的区县，乡镇覆盖率超过 96%，此外，中通快递还提供国际物流服务，在多个国家设立中转仓。2024 年，中通快递荣获了"首都劳动奖状"，是北京市快递行业唯一入选单位。

特点：平价快递公司，统一定价，量多优惠；速度一般；偏远地区价格更高，投诉较多。

（4）百世汇通。百世汇通成立于 2003 年，截至 2023 年 10 月，该公司快运业务已覆盖全国，拥有超过 19600 个各级服务网点，开通了近 500 条全网省际干线班车，100 个转运中心，省市覆盖率达 100%，乡镇覆盖率达 99%；供应链服务网络覆盖 29 个省、直辖市及自治区的 150 个城市，拥有 397 个云仓；在海外 7 个国家开展业务。百世集团集快递、快运、仓配供应链管理、国际和跨境电商物流等业务板块于一体。2021 年将快递业务转让给极兔速递。百世集团在 2020—2021 连续两年登上中国民营企业 500 强榜单。

特点：服务良好；速度相对稳定；费用相对低廉；网点数量多，覆盖广泛。

（5）韵达快递。韵达快递，是集快递、物流、电子商务配送和仓储服务为一体的全国网络型品牌快递企业，创立于 1999 年，总部位于中国上海，服务范围覆盖国内 31 个省（自治区、直辖市）及港澳台地区。拥有遍布全国的 40000 余家营业网点（包括公司、服务部、分部、门店），在全国建设了 70 余个分拨中心。

特点：服务良好；相对于顺丰、EMS、京东等快递公司价格便宜；网点数量多，覆盖广泛。

小资料：物流与快递的区别

（1）从派送形式上。物流通常不送上门，较少提供门到门、点到点、门到点等服务。若需上门，则额外计费。快递通常送货上门，重视时效、签收情况等。

（2）从运输速度上。不同类型有所差异，物流速度慢，专线物流快，但价格高。快递因距离和网络速度不同，通常速度快，且稳定。

（3）从运输模式上。运输时间点有差异，快递：一般按时按点，按规定流程进行。物流：时间不固定，货装满发车或采取整车零担的方式等。

（4）从运输货物上。物流：通常是大件大货重货、不规则的、难运输的、单程的，往返运输效益更好。快递：通常为小件规则货物，重量上限有的是 20kg，有的是 50kg。

（5）从价格上。物流价格相对快递便宜，专线物流贵，速度快但产品单一。快递价格通常以货品重量计算，比较固定，即首重加续重，或者1kg增加特定金额。

7.2.3 运费模板与运单模板的设置

商家在经营网店过程中，客户下单后，在为客户寄送商品时会涉及快递的选择和运费的计算，所谓运费模板就是针对客户下单后交易达成时，卖家修改运费的一种运费工具。运费模板的使用，可以让卖家解决处在不同地区客户的产品配送运费差异化的问题，以及同一客户在店内购买多件商品时的运费合并问题。除此之外，运费模板的使用，还可以让卖家设置不同的运费减免活动，从而达到促销或提升客户体验的目的，如淘宝卖家在发布宝贝（商品）前需先设置运费模板才可开展发货活动，需要设置的内容有发货时间、自定义运费、全国包邮（卖家承担邮费）、计价方式、指定条件包邮及运费计算器等。

电商物流模式设置

7.2.3.1 新建模板

登录淘宝卖家中心，选择"物流工具"→"运费模板设置"→"新增运费模板"（图7-6）。

图 7-6 新增运费模板设置

7.2.3.2 模板详细内容设置（图7-7）

模板名称：一般以所选择的快递公司、合作厂家或运费相关内容命名。

宝贝地址：填写相关商品配送地址，为不同的客户或商品情况等计算运费。需要确保地址正确，避免物流信息、运费出现错误等。

发货时间：按实际情况填写，实际发货时间应在此设置时间内，超出此设置的，卖家有可能被客户投诉。

是否包邮：此选项若选择卖家承担费用（即为全国包邮），则设置的模板可应用于全国包邮商品；一般选择"自定义运费"后再进行细节内容的设置。

计价方式：一般以重量计价，但实际情况下应以快递公司的计价方式为准。

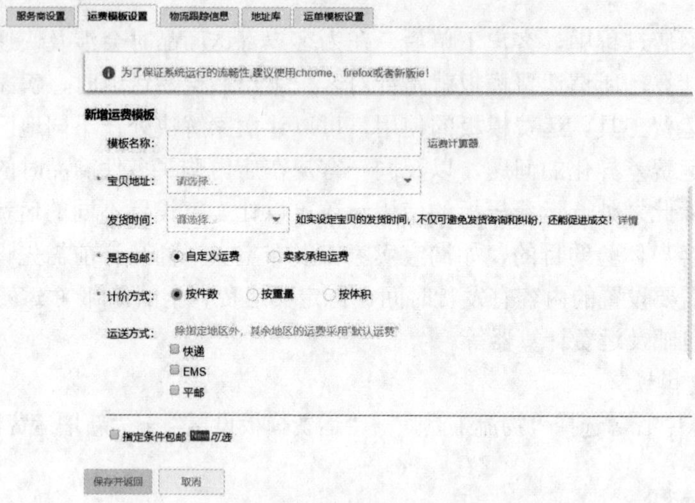

图 7-7　运费模板设置

7.2.3.3　自定义运费模板设置

按实际情况填写完成"模板名称"和"宝贝地址"后，在"是否包邮"处勾选"自定义运费"选项；运送方式以最常见的快递为例，勾选"快递"选项，即可出现地区运费设置框。

其中默认运费是指除了设置成功的地区以外，其他地区统一的运费标准，此项为必填项（图 7-8）。

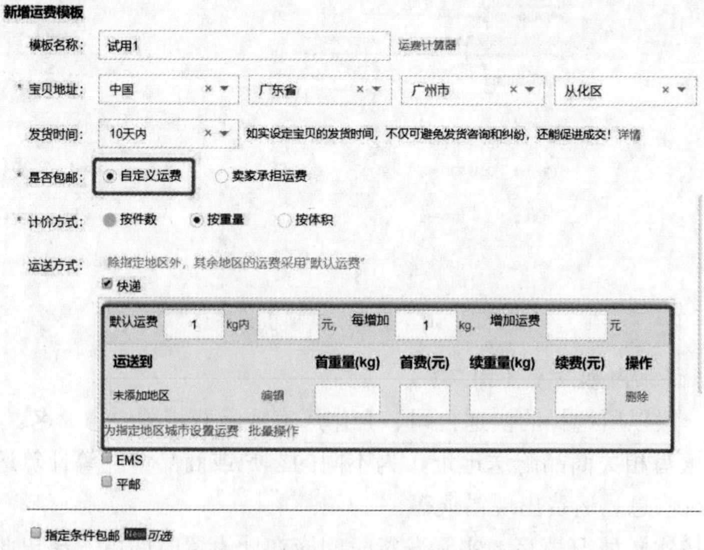

图 7-8　自定义运费设置

单击"编辑"命令即可选择不同区域作为运送目的地，如图 7-9 所示。

图 7-9　选择区域

完成地区设置后需再根据实际情况对首重量（kg）、首费（元）、续重量（kg）、续费（元）等输入框进行补充。

填写此部分时，请根据店铺所选择合作的快递公司运费标准进行设置，按不同地区进行划分（图 7-10）。

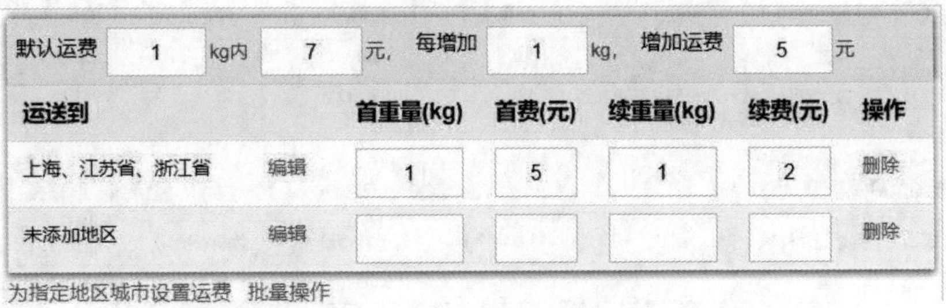

图 7-10　按重量设置运费模板

此部分的填写，需特别注意的是港澳台及海外等特殊地区的运费设置，在了解该地区运费标准时可以按实际情况进行设置；若不确定运费标准，但该地区又可以购买到此商品，一般情况下，可以将运费设置为最大值，如 1kg 运费 999 元。这样可以避免该地区客户下单后系统使用默认运费计算邮费，使得物流费用增加。若遇到特殊地区的客户购买商品，卖家应建议其使用淘宝国际转运服务。

7.2.3.4 增加指定条件包邮设置

勾选"指定条件包邮"选项后，可以对不同地区实行不同的包邮条件设置。包邮条件有重量、金额、重量+金额等可选择条件，如图7-11所示。

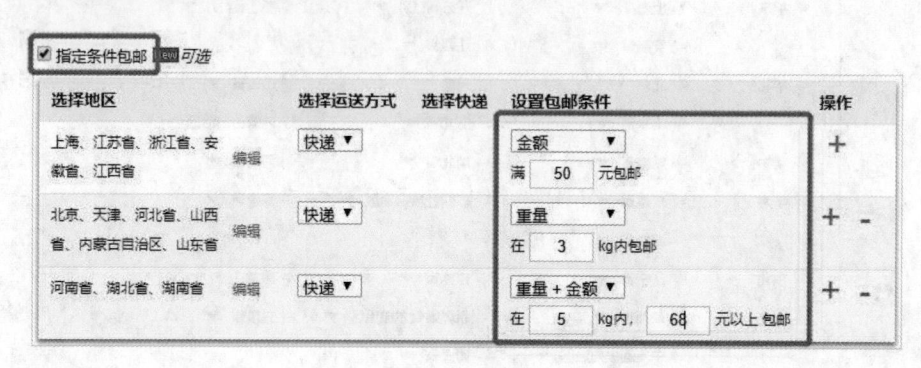

图 7-11 设置包邮条件

7.2.3.5 完成并保存

设置完成后，单击"保存"及"返回"命令，即可返回页面首页，已设置成功的运费模板的详细信息便会被保存及展现（图7-12）。

图 7-12 设置运费模板成功

保存好的运费模板可在商品售卖阶段直接使用，方便了卖家管理及与顾客的沟通。

7.2.4 发货和退货管理

发货和退货是店家在网店运营中常遇见的两种情况。客户在店铺购买宝贝后就进入了准备发货的流程；此时，如果客户对宝贝有退换货求，店家也需及时进行沟通。卖家及时有效的发货及退货管理可以有效提升顾客体验，提升店铺的竞争力。

7.2.4.1 发货流程

第一步，进入淘宝卖家中心，在左侧交易管理栏中选择"已卖出的宝贝"选项，接着单击"待发货"按钮（图7-13）。

图 7-13 单击"待发货"按钮

第二步，单击"发货"按钮，进入发货详情界面（图7-14）。

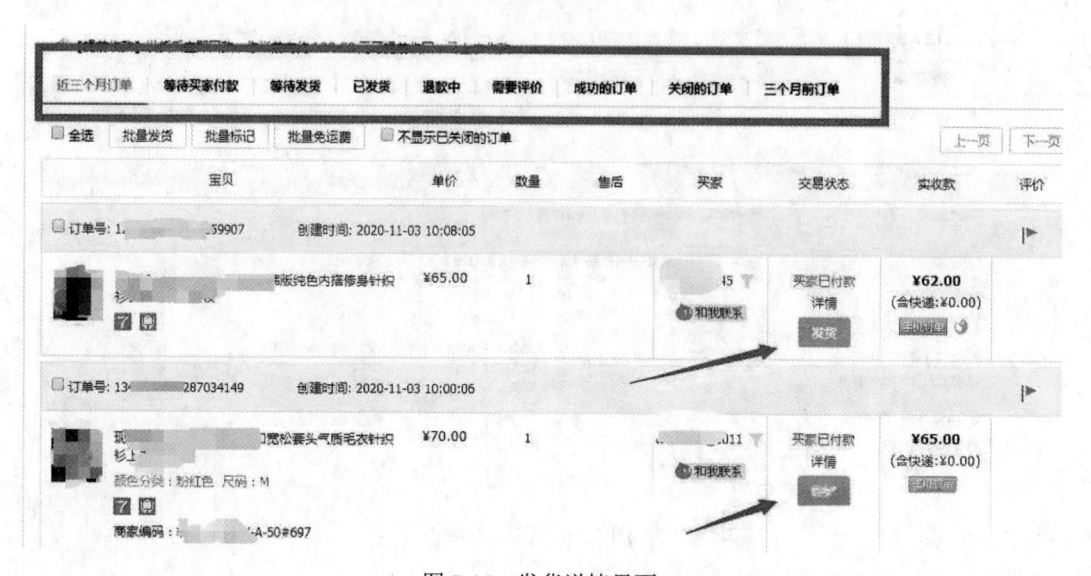

图 7-14 发货详情界面

（1）在发货详情界面确认顾客所订购宝贝的详细信息，若有需要备注的可以在"我的备忘"栏中进行填写。

（2）确认发货及退货信息，包括发货地址、发货人联系方式以及退货地址、退货人联系方式（图7-15）。

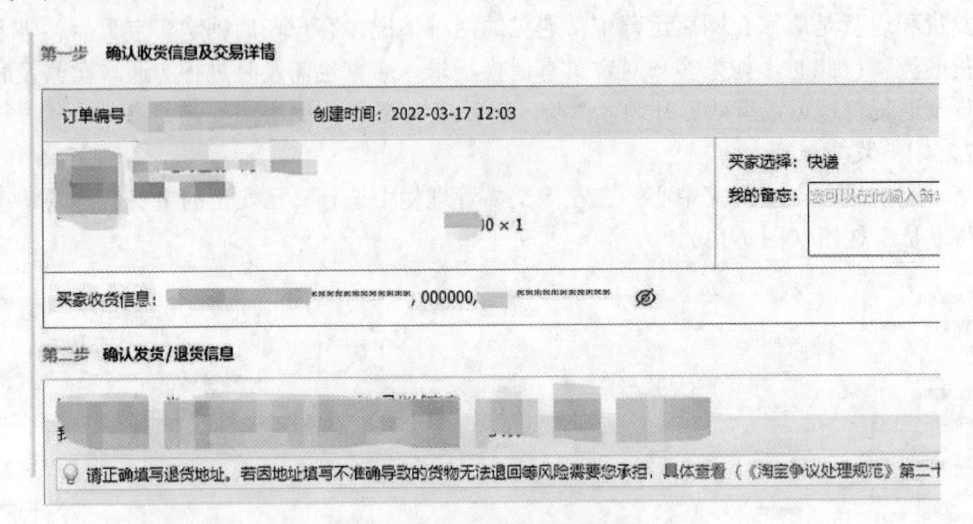

图7-15 确认发货及退货信息

第三步，选择物流服务。

现阶段，淘宝平台提供了四种物流方式供店家进行选择。

（1）在线下单：在线下单界面是提供给卖家选择的与淘宝有合作关系的快递公司，淘宝联系相应的快递公司上门取货，店家根据实际情况自助设置快递公司上门取货的日期和时间。目前与淘宝合作并在该界面推荐选择的物流公司有 EMS、申通、圆通、韵达、宅急送、中通（图7-16）。

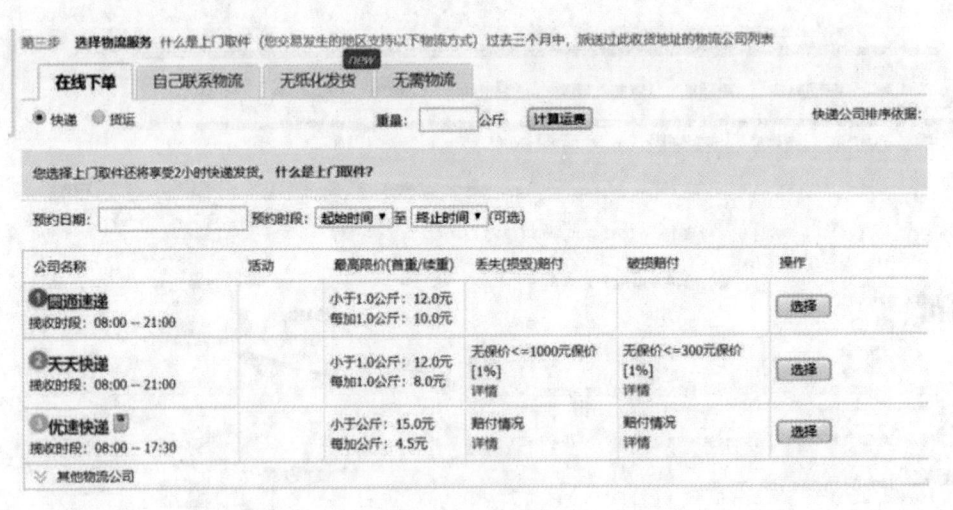

图7-16 在线下单

（2）自己联系物流：除选择淘宝提供和推荐的物流公司外，卖家还可以直接联系本地物流公司，确认发货后将运单号与物流公司输入对话框即可完成发货（图7-17）。

（3）无纸化发货：可以减少纸质资源的使用，节约成本，提高效率。选择无纸化发货需先进行合作关系的配置（即与快递员建立服务订购关系）；配置合作关系成功后，在下拉框中选择合作的快递员进行一键发货，最后将发货成功页面上的揽件码书写到包裹上即发货完成（图 7-18）。

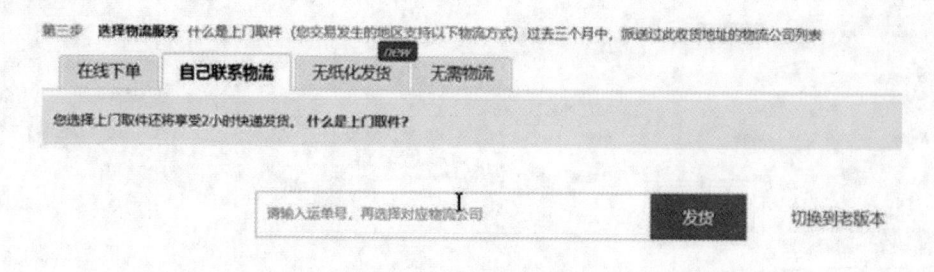

图 7-17　自己联系物流

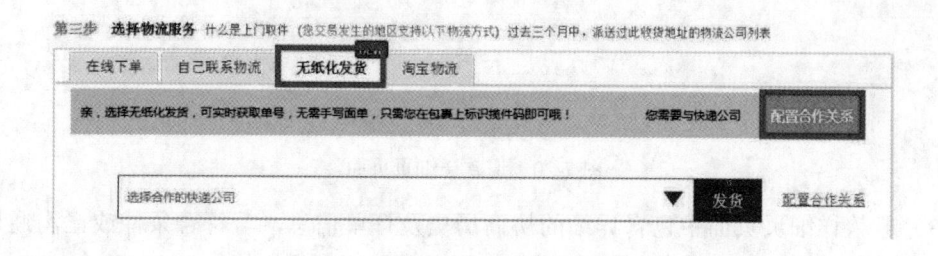

图 7-18　无纸化发货

（4）无需物流：如果卖家出售的是虚拟物品或本地自取，不需要物流运输，在"无需物流"里直接单击"确认"按钮即可完成发货。

7.2.4.2　退货流程

（1）登录卖家中心，左侧客户服务栏中单击"退款管理"选项，进入退款管理界面，如图 7-19 所示。

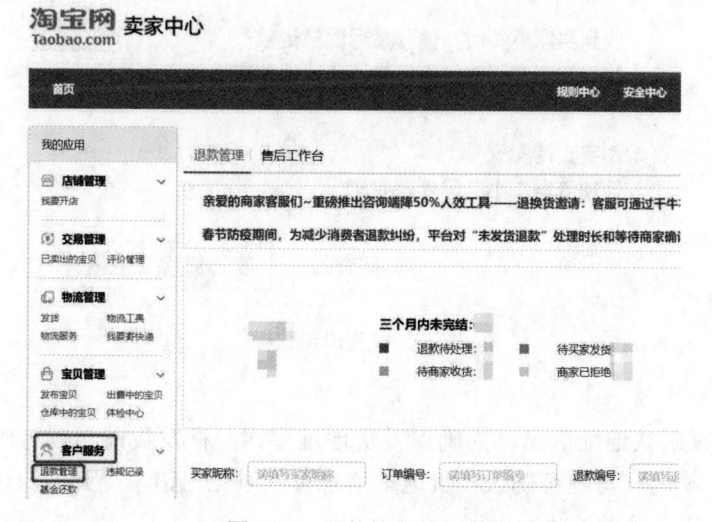

图 7-19　退款管理界面

（2）进入页面后，找到对应的退款订单并单击"退款详细页"按钮，打开如图 7-20 所示页面。

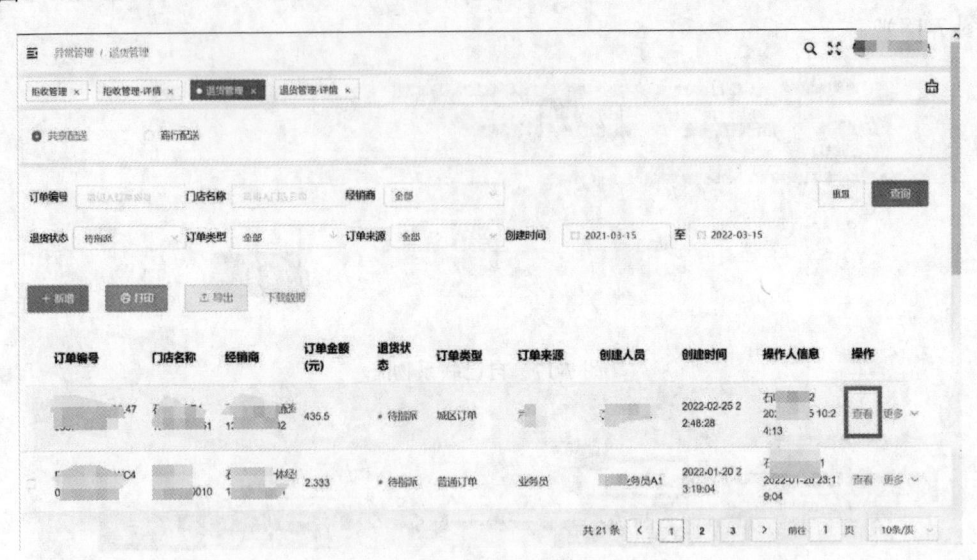

图 7-20　退款详细页页面

（3）退款详细页页面中包含详细的协商历史及订单信息，若符合条件或已沟通协商成功，便可以按页面提示操作完成对顾客的退款，如图 7-21 所示。

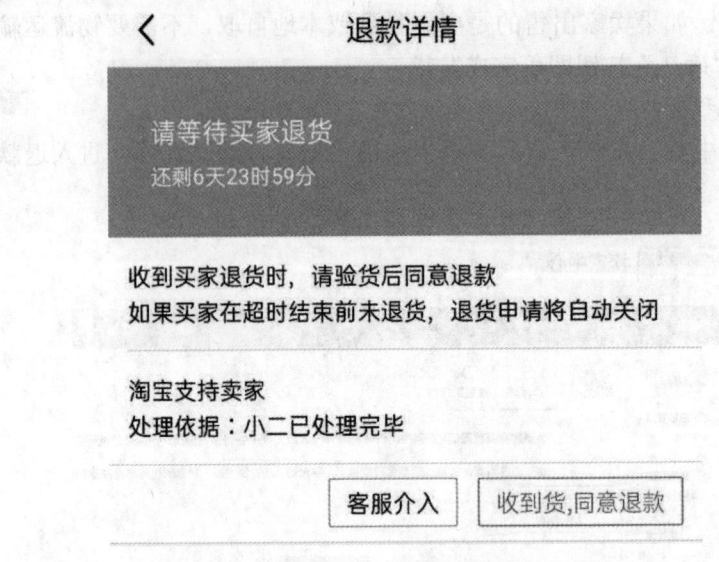

图 7-21　完成退款操作

7.2.4.3　注意事项

（1）与买家确认地址信息。为确保发货地址无误，在发货前与顾客确认地址信息是发货流程中不可或缺的。与顾客确认收货地址信息可以避免出错，提升客户体验与服务，提高发货效率，减少错发等意外状况出现。

（2）买家地址选择或填写错误。在网购过程中，买家客户端系统中可能存在多个收货地址，容易出现地址选择或填写错误，或是帮他人购买选错地址等情况，此时卖家需要配合买家更改地址。

卖家针对未发货的商品变更地址较简单，只要通过后台卖家中心的"已卖出的宝贝"→"等待发货"，编辑需要修改的订单，对"详情"选项进行修改。对于已发货的商品，卖家变更地址需要及时通知合作的快递公司，且将最新的物流信息反馈给买家。

（3）代销发货流程。代销是比较常见的一种店铺运营模式。一般情况下，卖家自身并没有充足的库存，需通过供应商代发货完成订单，如"一件代发"模式。

代销模式与自有货源的发货流程有着较大的差异，如阿里巴巴的一件代发模式，卖家依据买家的订单信息在 1688 网站下单，确认买家订购的商品和收货地址等信息。完成下单后，将快递单号更新至淘宝平台，完成代销发货流程。

（4）订单的批量处理。某些店铺经过卖家长时间的运营积累，已达到一定的级别，订单数量较多。日常处理大量的订单是一项繁重的工作。为提高效率，卖家可以借助淘宝平台服务市场中有关发货的应用（"卖家中心"→"软件服务"→"我要订购"），根据实际所需帮助店铺管理订单发货；也可以选择购买扫描器，方便、快捷地批量处理订单。

（5）退换货注意事项。处理退换货订单是网店运营中的日常事务。对于不喜欢、不想要了/拍错了、协商一致退款、其他类型的退款等符合退换货条件的商品，允许买家提出退换货申请。如果已发货，可等买家把包裹退回后再同意退款；若未发货则可根据协商结果，直接同意退款。

卖家由于"缺货/未按约定时间发货"的原因导致买家发起的退款申请，这一原因若被确认，可能对店铺造成违规。此时，首先需要核实情况是否属实，若情况属实，可以为买家办理退款；若情况并非如此，则需要与买家沟通，如若买家坚持退款，可进一步沟通，引导买家改为其他类型退款。

对于以"质量问题""商品描述不符""假冒品牌"等申请退款退货的申请，一般需要多次和买家积极沟通和解释，尽量协调买家改为"不喜欢/拍错"，因为这些退货退款理由将导致系统判断店铺出现违规或售假行为，造成店铺信誉受损，影响店铺的发展。

7.2.4.4　七天无理由退换货规则

"七天无理由退换货"指商家（下称"卖家"）使用淘宝商城提供的规章、技术和服务等向买家提供的特别售后服务。允许买家提出申请，按规则及其他公示规则的规定对其已购特定商品进行退换货。买家在签收商品之日起七天内（按照物流签收后的第二天零时起计算时间，满 168 小时为七天）发起申请售后退换货，表 7-1 为淘宝七天无理由退货类目表。

（1）淘宝平台买家提出"七天无理由退换货"申请的条件：

1）买家签收商品后，经检查确认不满意、不喜欢、不想要了或发现产品质量有问题，都可以向商家提出"淘宝商城七天无理由退换货"申请。

2）买家向卖家提出"淘宝商城七天无理由退换货"的需求，并在平台的客户端点击退货申请，时限应在确认签收商品之日起七天内（以物流签收时间为准）。

表 7-1 淘宝七天无理由退货类目表

分类	类型	商品举例
不支持"七天无理由退货"	买家定制类商品	个性定制、设计服务（如服装等）
	鲜活易腐类商品	鲜花绿植、水产肉类、新鲜蔬果、宠物（如多肉植物、大闸蟹、苹果、变色龙等）
	在线下载或者买家拆封的音像制品、计算机软件等数字化商品	网游、话费、数字阅读、网络服务、电子凭证（如付费音乐、付费网络小说/视频等）
	交付的报纸、期刊	订阅的报纸、期刊（如纸质版/电子版学术期刊等）
	服务类商品	本地服务、代购服务（如跨境代购型）
	闲鱼市场个人闲置类物品	—
	二手、竞拍商品	—
卖家可选支持"七天无理由退货"	一经激活或者试用后价值贬损较大的商品，商用商品，或者短期内价值频繁波动的商品	智能商品、商用厨电、黄金等（如智能扫地机、金饰等）
	拆封后影响人身安全或者生命健康的商品，或者拆封后易导致商品品质发生改变的商品	食品、保健品、贴身用品等
必须支持"七天无理由退货"	除以上九类商品外的所有品类商品，均需支持"七天无理由退货"	服装服饰（除贴身用品）、数码产品及配件、家纺居家日用、母婴用品（除食品、贴身用品）、宠物用品（除食品、药品）、图书、珠宝钻石类、家具、家电等

3）买家提出申请的"淘宝商城七天无理由退换货"的商品，必须满足未破坏原包装、从未使用过且不影响商家二次销售，符合退换货条件。如买家认为是商品质量问题，能提交证明质量问题的相关图片或视频，退换货不受限制。

4）"退换货条件"另有规定的情况下，买家应遵守特别规定。如"三包法"中的特别退换货规定。

5）买家在签收商品七天内，发现不满意、不喜欢或质量等问题，向商家申请"七天无理由退换货"而被商家拒绝，或商家中断其经营或服务，甚至无法联系商家的情况，由于商家未在"交易成功"后14天内履行"七天无理由退换货"服务的承诺，买家可以直接向淘宝商城申请"七天无理由退换货"售后服务申请，督促卖家履行退换货服务。

（2）卖家的义务如下：

1）卖家只要在淘宝商城平台上出售商品，且商品类别包含在"七天无理由退换货"列表中，则必须提供"淘宝商城七天无理由退换货"的售后服务，并且严格遵守本规则执行。

2）买家有权在签收商品物流后的七天内向商家提出"淘宝商城七天无理由退换货"的申请。卖家经审查后符合该规则的退换货条件，执行"淘宝商城七天无理由退换货"服务时，以淘宝的相关规则条款要求及订单创建时的商品描述、价格等信息和退换货服务规则为准（如有冲突，以《淘宝商城七天无理由退换货规则》为准）。

3）卖家在处理申请时须要注意处理的时间，若买家提出以"七天无理由退换货"为退货原因的退款申请时，卖家需在三天内点击同意买家的退款协议，超时自动达成退款协议。

4）关于买家提出的"淘宝商城七天无理由退换货"申请，卖家若拒绝履行承诺，买家可以在交易状态显示为"交易成功"后的七天内，点击"要求售后服务"向淘宝申请七天无理由退换货售后服务。淘宝商城的客服在对买家提供的资料经过审核后，可以通知支付宝公司直接划扣商户根据《淘宝 B2C 服务协议》缴存于商家支付宝账户的保证金进行处理，通过强制卖家履行"淘宝商城七天无理由退换货"承诺，以此来保障买家权益。卖家收到退货后（以签收记录为准），淘宝在 20 个工作日内有权按本规则执行前述退款和划扣。

5）卖家需要向买家提供退换货咨询服务，解答买家疑问，不得欺瞒和误导。若卖家存在违反退换货规则的行为，买家申请处理，经商城核实，有权将卖家撤出淘宝商城。

6）淘宝有权依据规则对卖家的支付宝账户及保证金进行处置，确保卖家"淘宝商城七天无理由退换货"的承诺得以履行。

（3）买家提出申请"七天无理由退换货"，若非卖家责任（包括商品质量问题、商品与描述不符问题），邮费处理如下：

1）若为卖家包邮的商品，则由买卖双方分别承担发货运费。

2）若非卖家包邮的商品，且商品无质量等问题，所有退换货邮费均由买家承担（邮费支付方式双方可以协商确定）。若商品存在瑕疵而发起的退换货申请的处理，其邮费将依照交易争议补充规则的相关规定执行。

7.3 网店客服

网店客服服务是网店运营中至关重要的一种顾客服务形式。随着电子商务模式和网购市场的不断发展、成熟和完善，几乎所有的电商平台都为注册商家提供了专业、高效的客服软件后台系统。如以淘宝为例，阿里软件提供给淘宝掌柜千牛、旺旺等在线客服软件，商家合理运用此类软件可以便于卖家高效地管理网店，掌握商机，与客户沟通，进而达成交易。

客服在网店推广、产品销售及售后客户维护方面均起着极其重要的作用，高质量的客户服务可以提升顾客体验感；塑造良好的店铺形象；提升成交量及复购率，是网店成功运营所必不可少的要素。

7.3.1 成就高质量客服的方法与技巧

7.3.1.1 热情、积极、礼貌的服务态度

良好的客户服务能带给客户高质量的购物体验。在虚拟网络环境下，客户第一个接触到的沟通对象就是客服人员，客服人员的态度与服务质量直接影响顾客的体验和购买行为。在与顾客沟通交流的过程中，客服人员要时刻保持积极的服务态度和及时的回应速度，对于客户提出的疑问要耐心地予以解答。热情、友善、礼貌地对待每一位前来咨询的顾客是客服人员应具有的基本素质。

7.3.1.2 熟悉产品的功能特点

客服人员需要为客户解答各类问题，最为关键的就是产品信息。应当充分了解店铺中所有宝贝的功能及特点，包括产品规格型号（尺寸大小、重量、容量、颜色等）、产品材质、产

品功能特点及产品优势等基础信息。例如，销售服装的店铺，客服人员需要了解每款服装所针对的销售人群、尺寸大小、颜色、材质特点、风格特征等。掌握了全面的产品信息，客服人员才能在顾客进行咨询时对答如流，为顾客提供合理的建议，塑造出专业、高水平的客服人员形象，更好满足顾客的需求。

7.3.1.3 清楚店铺活动规则

在进入店铺购物过程中，很多买家都会关注店铺的各类优惠活动，比如满减、包邮、买赠等。但由于一些店铺公告表述不够清晰，买家会拿不准购买的商品是否符合优惠活动的要求，顾客会选择联系客服进行确认。对店铺活动的通知和内容有清楚的理解是解答顾客疑问的前提，只有自身详细了解了店铺的活动规则，才能更好地向顾客介绍、传达活动内容，促进顾客积极的购买行为。

7.3.1.4 合理利用系统工具

客服系统的合理利用对店铺的客户服务有至关重要的影响。以淘宝的千牛系统为例，千牛客服平台为卖家提供了很多快捷实用的工具，例如快捷回复、自动催付、收货地址确认等。客服可以自主设置快捷回复内容，在店铺忙碌和非工作时间也可以回复顾客。尤其是对常见问题可以设置固定内容的回答，如买家提问中有"满减"关键词，则系统可以自动回复有关满减的条件规则。快捷回复也可依照客服状态进行提前设置，例如非工作时间，可以设置类似"亲，实在不好意思，我们的工作时间是 8:00～22:00，常见问题请您查看自动回复，或在工作时段进行咨询"的回复语，可以缓解顾客的焦虑感，提升顾客体验。

7.3.1.5 重视客服员工的培训及心理建设

客服人员作为直接与消费者沟通的店铺员工，直接影响着顾客对店家的印象。客服工作需要长时间保持积极的态度面对顾客，尤其是遇到负面情绪较多的顾客，容易出现心理压力大的情况，对客服的心态是有一定影响的。所以，积极的员工培训和心理建设是不可或缺的。网店管理者应当充分认识到心理健康对客服工作人员的重要性，保持积极乐观的态度，掌握顾客服务技巧，既可以提升顾客的购物体验，增加其购买的可能性，还可以使客服人员保持愉快的心情和积极的状态投入到工作中，实现自我价值。

7.3.2 售前客服

售前客服是客户进入网店寻求咨询时最先产生沟通并体验到的服务内容，初次印象感知对其购买体验与行为起到了关键的作用。售前客服服务质量的高低会对淘宝店铺的整体转化率产生直接影响。提升售前客服质量，首先需要明确售前客服人员的工作职责，在此基础上学习顾客心理和沟通技巧并重视实操经验的讨论和总结，组织员工学习，培养专业、优秀的售前客服人员。

7.3.2.1 售前客服的工作职责

售前客服主要从事售前疑问解答，消费引导性的服务，如解答客户对促销、配送、产品质量等方面的问题，售前客服的主要职责（表 7-2）有以下几个方面：

（1）负责每日客户的沟通工作，快速应答并及时回复客户咨询的问题，引导客户理解产品，鼓励其下单，登记特殊订单并交给售后和仓库处理。

（2）针对已拍下未付款的订单进行再沟通，理解客户的诉求，鼓励客户付款并达成交易（买家拍下但未付款，可能存在顾虑，客服人员需要加强沟通消除其疑虑，促成交易）。

（3）核对已付款的订单信息，如确认收货地址，避免出错。

（4）接受培训，加强交流和学习，积极主动深入了解产品信息。熟悉产品，掌握新产品的沟通与营销技巧，能够配合运营部门的营销计划做出自己的总结，组织客服人员讨论和学习。

（5）负责店铺页面信息纠错，及时反馈客户需求，关注库存情况。

表 7-2 网店售前客服工作职责

岗位目的		掌握专业知识，熟练业务技能，服务好每位进店的客户，增强客户体验与购买行为
		通过向客户介绍店铺产品，扩大客户的选择范围，提高好评率和转化率
		用详细耐心的解答，积极的态度抓住客户的心，增加复购与口碑营销
提高咨询下单率	工作任务	统一快捷的应答和回复语，让客户感受高效、热情的售前服务
		自动化与人工结合使用，标准化与流程化，提高接单质量与效率
		深入了解产品的属性，如尺码、颜色、款式、卖点等，实施精准营销
		熟悉整个购物流程，为客户提供流程信息方面的相关服务
		通过合理的沟通和交流，了解客户需求，引导客户购买
提高支付率	工作任务	真诚服务，积极热情，较强的责任心，换位思考，态度友善（不和客户争执或语言冲突）
		核单：确认相关信息正确，保证货物及时、准确送达。若仅是拍下，可沟通了解顾虑原因，催促顾客付款，可设置相应的快捷回复语
		催付款：编辑自动快捷短语，发给只下了订单，没有付款的客户
提高客单价	工作任务	向客户推荐优质的、高性价比的爆款产品
		向客户做各类活动通知，鼓励客户积极购买
		向客户推荐关联产品，鼓励客户积极购买
提升客服接待能力	工作任务	熟练机器应用技能和沟通技巧，如提高打字速度，输入速度，提升客服的接单效率及降低客服首次响应时间
		去别的店铺沟通交流学习，积累客服经验，提高团队竞争能力
		平时多与同事交流营销经验，向优秀学习，提高整体接待能力
		多学习间接经验，如在淘宝论坛看帖子、看视频、学习其他店铺的经验，提高客服的综合接待能力
协助老客户的维护	工作任务	活动通知：旺旺留言通知、短信通知、邮箱通知
		售后回访：电话、短信或旺旺回访
		特权：老客户有新品的折扣价，可以满多少送礼物，满多少送优惠券

7.3.2.2 售前客服常见话术技巧分类

（1）主动与买家打招呼。称呼方面尽量使用"您"来代替"你"，添加积极的表情也可以迅速赢得好感，拉近距离。同时，也可以利用比较惬意、欢快、放松的语气和表情营造一种正向的氛围，让双方得以延续后续的交谈。如"您好亲，在的，有什么可以帮到您呢？（微笑）"。

（2）咨询存货问题。是否有货也是客户经常咨询的问题。首先客服需要对产品的库存情况有一定的了解。回答的时候语言措辞也需要兼具专业可靠度，让客户感觉到踏实与信任。

（3）关于尺码、搭配、款式选择等。线上购物主要依赖视觉感知，缺乏对实体产品的触感等，此时，客户便会向客服进行咨询。客服人员可以针对客户顾虑的点，提出一些专业性的建议，多提供一些备选项让客户做选择。例如，客户咨询服装两个款式哪一个更好，可以回答两个款式都很好，目前选择短装的客户比较多；对于尺码方面的咨询，客服可以根据尺寸对照表为客户提供建议，依据实际情况，引导客户购买。

（4）产品色差、质量问题。若是店铺自拍的产品图，首先要向客户承诺照片上的产品是真实的，同时提醒客户可能因为显示器分辨率、屏幕亮度及视觉感官的不同，可能会存在些许色差，如果在意的话，请谨慎选择。质量方面要坚定向客户承诺质量有保证，让客户放心，并告知若有质量问题，支持七天内无理由退换货，免除顾客的后顾之忧。

（5）发货、到货问题。发货及到货时间问题的回答，可以用"将第一时间为您安排发货"来表达店铺对顾客的积极重视的态度和高效的工作效率，之后平台系统客户端会显示具体的发货时间；到货问题，根据客户的实际收货地址及宝贝的发货地，预估预计的到货时间并告知客户，之后也可以提醒客户随时关注物流动态。

（6）对顾客适度承诺。在沟通过程中，对客户的承诺是关键的，可靠的承诺可能会使客户改变自己的购买行为，需要谨慎的是，如若对客户做出承诺就务必履行承诺，如承诺满减或折扣等。

7.3.3 售后客服

售后服务是指网店卖家把产品或服务成功销售给买家之后，因为产品质量或买家不满意等问题，客服需要为买家继续提供一系列如退换货、返修、退补差价、处理中差评、解决维权纠纷等服务。由于顾客通常是在产品有问题、有疑问或不满意的情况下才会向售后客服提出异议，因此，售后客服面对的多数是带有情绪的顾客，售后服务岗位的压力较大。优质的售后服务有助于提高买家对店铺的认可度和满意度，也有助于化解买卖双方的纠纷和矛盾，是维护店铺长久发展的重要基础。对售后服务不重视的店铺将口碑受损、评价较差、投诉不断，影响销售，甚至影响店铺的长期发展及品牌后续的整体运营和发展。

7.3.3.1 售后客服的工作职责（见表7-3）

（1）及时发送产品配送物流信息，让客户感受到店铺对客人的重视。

（2）出现退款申请应及时处理，积极协调，减少纠纷。如果退款金额较高，应积极回访，了解到买家反馈的问题，及时改进，不断完善。

（3）交易结束后及时进行评价，信用很关键，多数买家也重视信用度的变化。

（4）针对差评务必要积极协调和解释，如果买家对商品做出了错误的、不公正的评价，可以及时在评价下面做出正确合理的解释，避免对其他买家产生误导。不可出现辱骂客户，与客户相互指责的情况。如有违规店铺会在差评后对买家进行言语攻击和打击报复，这种做法远比客户给的差评带来的影响更大，需要知道这个解释是给后面的消费者看的，与客户争吵会引来不必要的误会。

（5）定期给买家发送有针对性的、买家感兴趣的邮件和旺旺消息。售后过程中也需要通过各种方式提升客户对店铺的好感以及店铺的综合能力，好的售后服务可以带给买家更好的购物体验。如在淘宝市场中,往往很多店铺忽略售后服务,售后综合指标低于行业90%的情况,这样导致店铺没有资质报名官方活动。售后是客户给的再一次的接触机会,客服人员应做好售后服务工作,无论是对老客户复购频率的增加,还是对店铺的口碑宣传,都是有利的。

表7-3 售后客服工作职责

岗位目的		掌握淘宝退换货规则,服务客户,降低退款和维权纠纷率
		掌握售后客服标准化,提高响应速度,积极协调,提升售后服务水平
		熟练掌握快递物流信息,及时通知,提高查询快递信息的速度和质量
收集客户对产品的品质反馈,提高客户满意度	工作任务	顾客购买产品后疑问的解答,快速甄别问题,提出解决方案
		快速反应,尽量让客户不满的情绪化为对店铺的忠诚
		客户情绪激动,及时安抚和解释,做出诚恳的道歉,不让坏口碑流传
		维护老客户,定期回访
增强纠纷处理能力,提高动态评分,减少负面影响	工作任务	物流的及时查看和跟踪,有异常应立即回应客户,提供解决方案
		积极协调退款维权纠纷,及时处理,进行回访,查明原因,做好记录
		注意每天的客户评分,查清下降原因,进行回访,做好记录
		查看每天的客户评价,积极回访,对有误导的要做出合理的解释
负责公司销售推广活动的协助和活动后的后续工作	工作任务	对活动前期工作的协助配合,对于销售人员的支持
		对活动后期工作及后续工作的跟踪
提升客服接待能力	工作任务	通过提高打字速度以及快捷短语的输入速度,提升客服的接单效率,客服首次响应时间应尽可能缩短
		通过与别的店铺的客服聊天,积累客服经验,讨论学习,提高竞争力
		可以在平时多与同事相互交流服务经验,提高整体服务能力
		珍惜间接学习机会,在淘宝论坛看帖子、看视频,学习其他店铺的经验,提高客服的综合服务能力
协助老客户的维护	工作任务	活动通知:旺旺留言通知、短信通知、邮箱通知
		售后回访:电话、短信、邮件或旺旺回访
		特权:老客户复购有新品折扣价,买满送礼物,满多少送优惠券

7.3.3.2 售后客服提升技巧

(1) 换位思考,关注顾客情绪。首先,客服人员应在售后服务中感受到顾客的情绪,此时可以分析顾客的显性需求以及隐性需求,积极协调,提出合理化建议,运用专业沟通技巧与顾客进行交流和沟通,高效地解决客户的问题。

(2) 用积极的态度服务客户。客户投诉以寻求售后服务,正是因为对产品或服务产生了不好的评价和体验,此时客服的态度尤为重要,客服人员的表现可以改善客户的感受和体验。客服应积极将客户的诉求放在首位,从客户的角度出发,为客户积极解决问题,得到客户的认可,降低客户不愉快的购物体验,为店铺挽回口碑和声誉。

(3) 提升处理顾客反馈的效率。能及时处理客户反馈,是体现客服人员职业水平的一项指标，也体现了客服人员对买家的重视以及店家的诚意。及时回复客户反馈的信息有助于提升店铺形象，增加客户黏性，缓解顾客的不安情绪，降低中差评风险。

（4）合理运用补偿策略。客户选择投诉，很大程度上是因为对产品或服务存在不满，希望通过售后服务得到解决，客服人员需要依据不同客户的售后诉求针对性地解决问题。通常情况下，补偿、退换等是解决客户问题的常用手段。良好的补偿策略不仅可以高效地解决问题，也会给店铺带来回头客，增加复购率，提升店铺收益，所以售后问题的妥善解决对店铺的发展是有利的。

7.4 客户关系管理

客户关系管理（Customer Relationship Management，CRM）的概念最早诞生于美国，是指管理者通过有效的管理制度和技术工具，对客户的需求进行沟通与挖掘的过程。CRM 的关键是"以客户为中心"，通过探索并满足客户需求，尤其是客户个性化需求的满足，以此提高客户忠诚度，实现缩短销售周期、降低销售成本、增加收入、拓展市场、全面提升企业盈利能力和竞争能力的目的。任何企业探索与践行客户关系管理，其目标都是为顾客创造更多的价值，同时提高自身收益，实现"双赢"的局面。

目前，淘宝的客户对店铺商品和服务的评价体系主要是依托以 DSR 评分标准为主进行评估的。店铺 DSR 评分是综合评分，它不是一个单一分值，是由多个指标构成，包括宝贝与描述相符、卖家的服务态度、物流服务的质量组合。每项店铺评分取连续六个月内所有买家给予评分的算术平均值（每天计算近六个月之内数据）。一个店铺的起始评分是 5.0，DSR 评分高意味着店铺处于一个良性发展的阶段，会有更好的买家体验。

7.4.1 淘宝评价体系介绍

（1）宝贝与描述相符。描述是否相符的评价反映的是客户对店铺所购买的产品的质量等的评价，如主图中介绍的质量和详情描述等是否和客户收到的实物相符等。如果店铺的描述相符这一项分数下降，有可能就是以上因素没有做好。

给买家的打分参考标准：

5 分——质量非常好，与卖家描述的完全一致，非常满意。

4 分——质量不错，与卖家描述的基本一致，挺满意的。

3 分——质量一般，没有卖家描述的那么好。

2 分——部分有破损，与卖家描述的不符，不满意。

1 分——非常差，与卖家描述的严重不符，非常不满。

（2）卖家的服务态度。服务态度反映的是店铺商家整个团队的综合服务水平，也就是店铺有没有把客户服务好，各阶段的服务如何，是否让客户获得满意的购物体验。

5 分——卖家的服务太棒了，非常周到，完全超出预期。

4 分——卖家服务挺好的，沟通挺顺畅的，总体满意。

3 分——卖家回复很慢，态度一般，沟通不够顺畅。

2分——卖家态度不耐烦，无法兑现承诺的服务。

1分——卖家态度很差，言语不雅，无视顾客诉求。

（3）物流服务。物流服务反映产品配送的整体水平，包括发货速度、到货时长、客服服务态度、物流人员的服务能力和服务态度等。高效、专业、态度良好的服务是该指标评估的依据。

5分——卖家发货速度非常快，包装非常认真、仔细、严实；物流公司服务态度很好，运送速度很快。

4分——卖家发货较及时，运费收取合理；物流公司态度良好，送货速度较快。

3分——卖家发货速度一般，提醒后才发货；物流公司服务态度一般，运送速度一般。

2分——卖家发货较慢，催促后发货；物流公司服务态度较差，运送速度太慢。

1分——卖家发货非常慢，多次催促后发货；耽误时间，包装不认真仔细；物流公司态度非常差，送货慢，外包装有破损。

买家给卖家的评价期：

1）在淘宝交易订单的订单状态显示"交易成功"后的15天内应提醒客户及时评价，过了15天的评价期，评价入口关闭。

2）评价机会仅有一次，如果客户给予店铺中差评，客服可以与客户沟通，提供一次修改或删除的机会。

卖家给买家的交易评价有效期为交易成功后的15天内。进入"已卖出的宝贝"页面，找到"交易成功"的交易（含货到付款的交易），单击"评价"选项即可。商城回卖家没有评价权限，买家评价之后系统自动回评。

（4）卖家信用等级计算方法。卖家的等级信用对客户的信任和购买行为有一定的影响作用。通常来说，好的等级信用可以为店铺带来较好的顾客流量和收益。淘宝会员在淘宝网每使用支付宝成功交易一次，就可以对交易对象作一次信用评价。评价分为"好评""中评""差评"三类，每种评价对应一个信用积分，"好评"加一分、"中评"不加分、"差评"扣一分。

在交易中作为卖家角色，其信用度分为20个级别，如图7-22所示。

卖家信用等级作为量化的数据，是消费者对店铺的重要参考依据，对买家的第一印象及评价至关重要。信誉等级和店铺评分都是店铺的信誉度表现，店铺商家应予以重视，并在日常注意积极累计相关指标分值。在参加部分淘宝官方活动时，平台也会对商家信誉有一定的要求，对于卖家来说，良好的信誉等级是店铺成功的关键要素。

（5）中差评对卖家的影响。

1）影响好评率。若卖家收到中、差评，会影响店铺整体好评率，好评率是买家在挑选卖家时的参考因素。

2）影响信誉。通常买家给好评是对信誉增值，差评则相反。日积月累则形成了店铺的信誉度评价，每次差评会给店铺减一分，店铺的差评多，信誉就会直线下跌。

3）影响搜索排名。淘宝的"人气搜索"与店铺好评率息息相关，需要积极关注，减少中差评，一旦中差评过多，好评率过低必将影响搜索排名，使得店铺人气及流量下降，最终影响产品销量和店铺收益。

所积分数	等级图标	信誉等级
4分-10分	❤	一星
11分-40分	❤❤	二星
41分-90分	❤❤❤	三星
91分-150分	❤❤❤❤	四星
151分-250分	❤❤❤❤❤	五星
251分-500分	◈	一钻
501分-1000分	◈◈	二钻
1001分-2000分	◈◈◈	三钻
2001分-5000分	◈◈◈◈	四钻
5001分-10000分	◈◈◈◈◈	五钻
10001分-20000分	♛	一皇冠
20001分-50000分	♛♛	二皇冠
50001分-100000分	♛♛♛	三皇冠
100001分-200000分	♛♛♛♛	四皇冠
200001分-500000分	♛♛♛♛♛	五皇冠
500001分-1000000分	♛	一金冠
1000001分-2000000分	♛♛	二金冠
2000001分-5000000分	♛♛♛	三金冠
5000001分-10000000分	♛♛♛♛	四金冠
10000001分以上	♛♛♛♛♛	五金冠

图 7-22　卖家信用等级

4）中差评浪费宣传费用。加大投入宣传力度与费用，可以提高店铺销量。很多淘宝店主花费巨额广告费引流，然而，店铺自身情况不良，中差评过多，可能会导致引来的流量没能转化成订单，还使店铺信誉受损。

5）失去参加活动的权利。依据淘宝平台制定的规则，好评率一旦低于 97%，则无法使用直通车进行推广活动，这将导致店铺宣传不力与销量下降的恶性循环。如果店铺无法使用直通车等进行推广，这将极大影响店铺的客流和销量，对其运营与发展是不利的。

7.4.2　客户管理工具

淘宝提供的千牛卖家工作台是新手卖家进行客户关系管理的一个非常高效和便利的工具。千牛平台为商家提供了多种软件系统工具，帮助卖家掌握大量数据，如了解店铺的顾客信息并帮助卖家依据数据及分析消费者的类型制定具体的、有针对性的运营策略，为卖家高效、合理地运营店铺提供依据。下面就以千牛为例，详细介绍其有关客户管理工具的应用。

千牛客户管理工具入口：千牛后台→营销中心→客户运营平台。

千牛客户管理工具是淘宝客户运营平台的核心和关键工具，其中包括客户列表、客户分群和客户分析三部分。运用此系统工具可以协助店铺商家进行多元化，多维度订阅会员的筛选、变更专属关系、设置邀请条件、设置关联营销和主动营销配置，如图 7-23 所示。

客户列表界面展示了详细的客户信息，包括客户的个人信息及历史交易记录，为卖家提供了规范和系统的分类信息和数据，卖家可以根据这些信息对客户进行分组，更好地进一步管理店铺。

图 7-23　客户列表

客户分群界面将店铺客户依据不同的购买特征归类为不同的人群，依据这类信息和数据，店铺商家可以在此界面（图 7-24）新建人群、查阅客户数据进行人群分析，并根据不同群体类型的客户情况制定不同的、有针对性的运营策略。

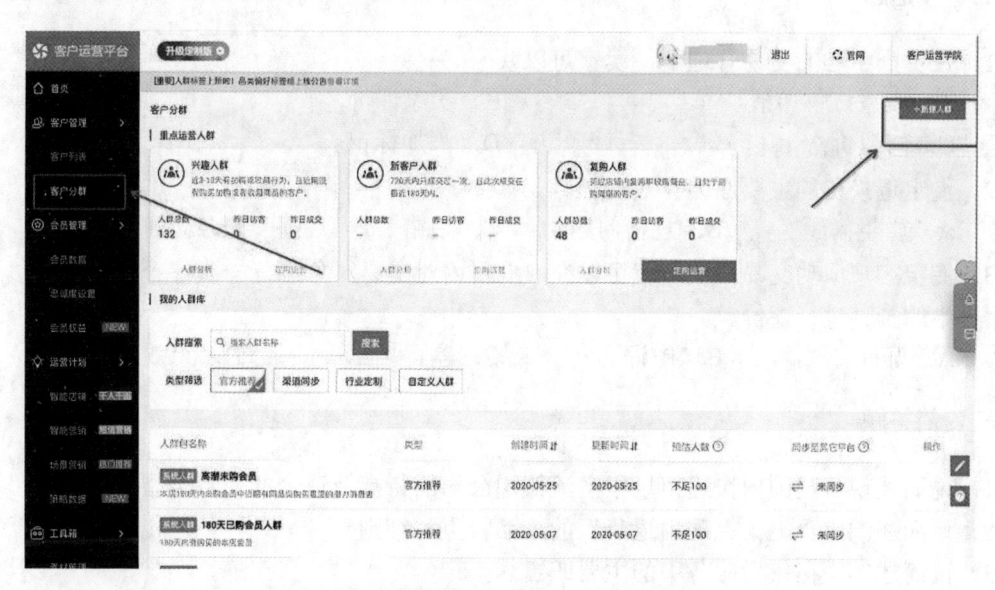

图 7-24　客户分群

本 章 小 结

物流是电商运营与管理的关键，决定着商品是否能真正到达客户手中。客户关系管理是网店口碑与持续盈利的重要环节。本章的物流部分介绍了网店物流和快递公司的选择，客户关系管理介绍了网店客服和客户关系管理，分别从理论和实操的角度展开了描述。希望读者通过本章的学习，可以对网店物流和客户关系管理有深入的认识，以此指导实践过程。

课后习题

一、单选题

1. 下列选项中（　　）是淘宝提供给卖家的重要的沟通工具。
   A．淘宝助理　　　B．千牛　　　　C．淘宝客　　　　D．咚咚
2. 售前客服在（　　）内没有回应，潜在客户就有可能流失。
   A．30秒　　　　B．1分钟　　　　C．5分钟　　　　D．1小时
3. 两颗钻的信誉分是（　　）分。
   A．41～90　　　B．91～250　　　C．251～500　　　D．501～1000
4. （　　）运送方式最贵，但高效、安全。
   A．平邮　　　　B．EMS　　　　C．圆通快递　　　D．中通快递

二、多选题

1. 在卖家中心的交易管理下，卖家可以（　　）。
   A．查看订单详情　　　　　　　　B．买家评价
   C．修改价格　　　　　　　　　　D．添加标记
2. 淘宝退换货的主要原因有（　　）。
   A．质量问题　　B．规格问题　　C．拍错　　　　D．喜好问题
3. 淘宝客户成功交易一次，就可以在15日内对交易对象进行一次综合评价，可以选择（　　）中的一种进行评价。
   A．好评　　　　B．中评　　　　C．差评　　　　D．无效

三、简答题

1. 请简述现阶段国内快递市场中主流快递公司的特点及适合的业务类型。
2. 请简述淘宝"七天无理由退货"的产品特点与细则。
3. 请简述客服在售后服务中的主要职责。
4. 请简述淘宝的客户评价及店家信誉体系。

四、实训任务

实训名称：模拟客服活动。

实训内容：3～5人一组，邀请有兴趣的学生分别扮演店铺客户和客服人员进行情境模拟表演。针对网购中客户最常遇到的售后问题，重点关注客户的提问与客服人员的表现。完成模拟后，请客户对客服人员进行打分并说明理由，客服人员对自身表现进行反思总结。

实训目标：

1. 通过情境模拟的形式使学生将理论与实践应用相结合，加深对客服服务知识的理解。
2. 锻炼学生的换位思考能力以及快速反应能力，提升思考与实践能力。

第 8 章　网店运营数据分析

学习目标

通过学习网店运营数据分析的意义，了解网店运营数据分析在运营过程中的重要性；学习客服相关数据的概念，掌握客服数据的提升方法；学习 DSR 数据的相关知识，掌握 DSR 数据的优化方法；了解店铺分析的工具，掌握网店运营数据分析工具的使用方法。

知识框架

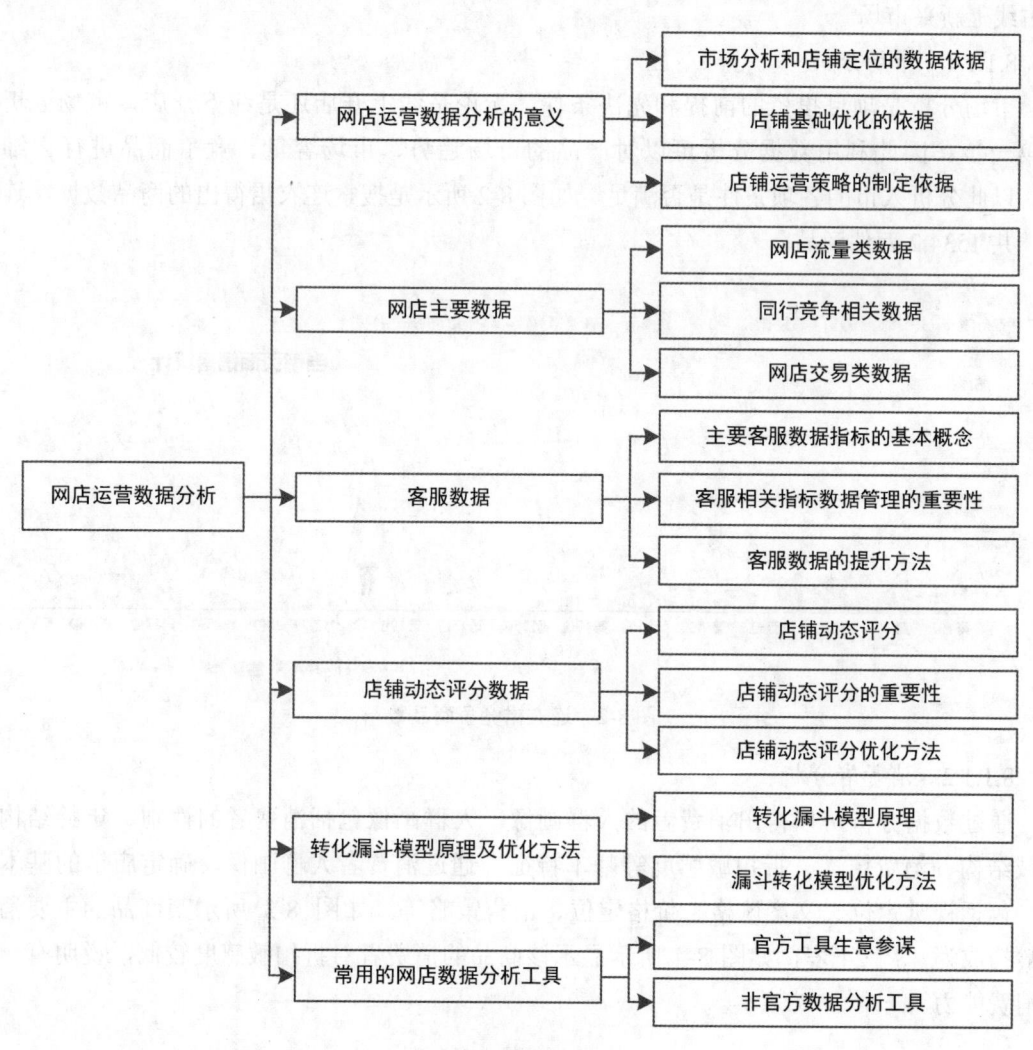

```
                                  ┌─ 市场分析和店铺定位的数据依据
                  网店运营数据分析的意义 ─┼─ 店铺基础优化的依据
                                  └─ 店铺运营策略的制定依据

                                  ┌─ 网店流量类数据
                  网店主要数据 ─────┼─ 同行竞争相关数据
                                  └─ 网店交易类数据

                                  ┌─ 主要客服数据指标的基本概念
  网店运营数据分析 ─┤ 客服数据 ─────┼─ 客服相关指标数据管理的重要性
                                  └─ 客服数据的提升方法

                                  ┌─ 店铺动态评分
                  店铺动态评分数据 ─┼─ 店铺动态评分的重要性
                                  └─ 店铺动态评分优化方法

                                  ┌─ 转化漏斗模型原理
                  转化漏斗模型原理及优化方法 ─┤
                                  └─ 漏斗转化模型优化方法

                                  ┌─ 官方工具生意参谋
                  常用的网店数据分析工具 ─┤
                                  └─ 非官方数据分析工具
```

图 8-1　本章思维导图

8.1 网店运营数据分析的意义

网店运营数据分析是店铺日常运营工作的重要内容，是市场分析和店铺定位的基础数据依据，是店铺基础优化的数据决策依据，是运营策略制定的指导依据，是店铺诊断的数据决策依据。

8.1.1 市场分析和店铺定位的数据依据

网店运营数据分析是从市场分析开始的，开网店的第一步是对市场进行深度分析，包括市场容量、市场发展趋势、竞争对手核心数据挖掘等，数据分析还可以进行蓝海市场挖掘，抢占线上新兴市场。

8.1.1.1 市场分析

市场分析是项目投资的前提和先决条件，无论是线上开店还是线下开店，市场分析都是第一步。因此利用数据分析可以对产品的市场趋势、市场容量、竞争商品进行详细分析，以此分析入市的各项条件是否满足。如图 8-2 所示是搜索连衣裙得出的商品数据，连衣裙一共 1534.2 万件商品。

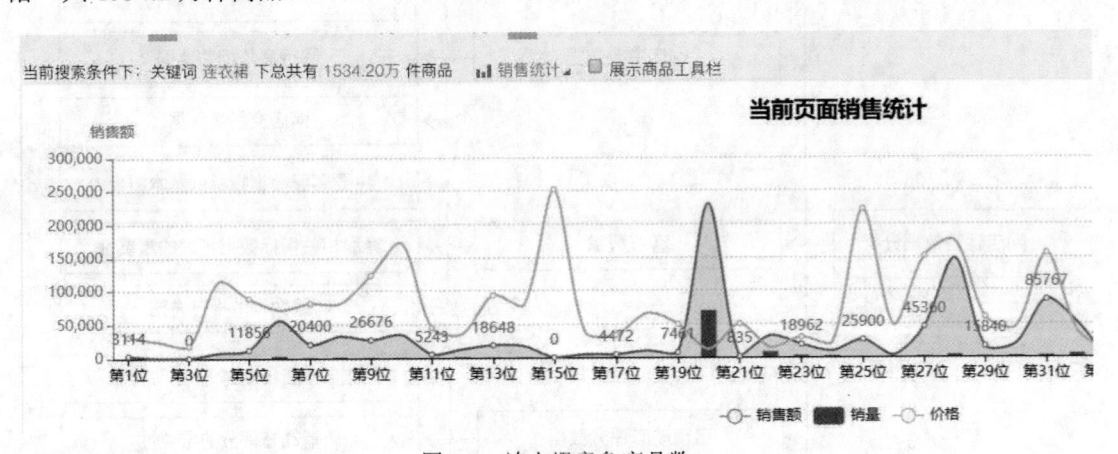

图 8-2 连衣裙竞争商品数

8.1.1.2 消费者分析

通过数据分析可以得出消费者的人群画像，人群画像包括消费者的性别、年龄结构、区域结构、消费层次、折扣敏感度等基本特征。通过消费者人群画像，确定店铺的基本定位，包括视觉定位、文案风格、价格定位、销售策略等。如图 8-3 所示某商品的主要消费年龄构成为 18~24 岁，如图 8-4 所示显示该商品的消费者对折扣敏感度较低，说明有一定的消费能力。

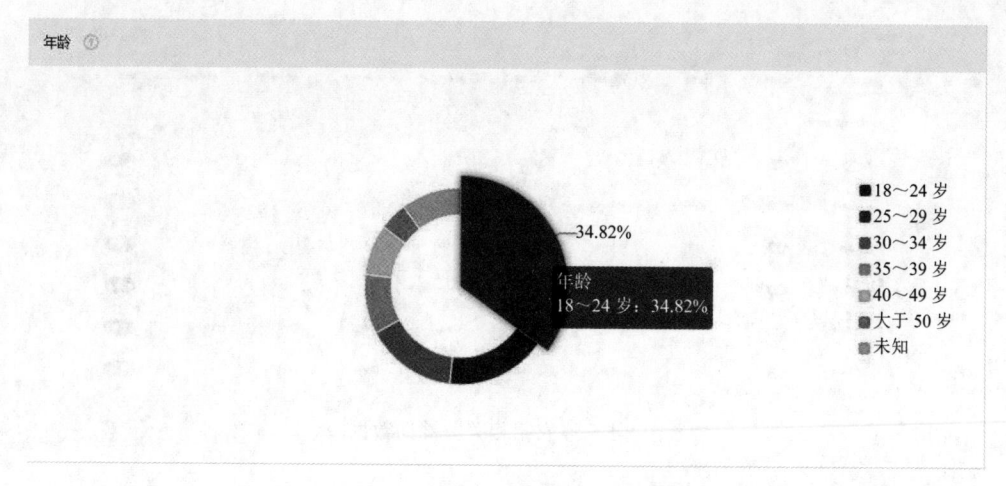

图 8-3　某商品消费者的年龄结构

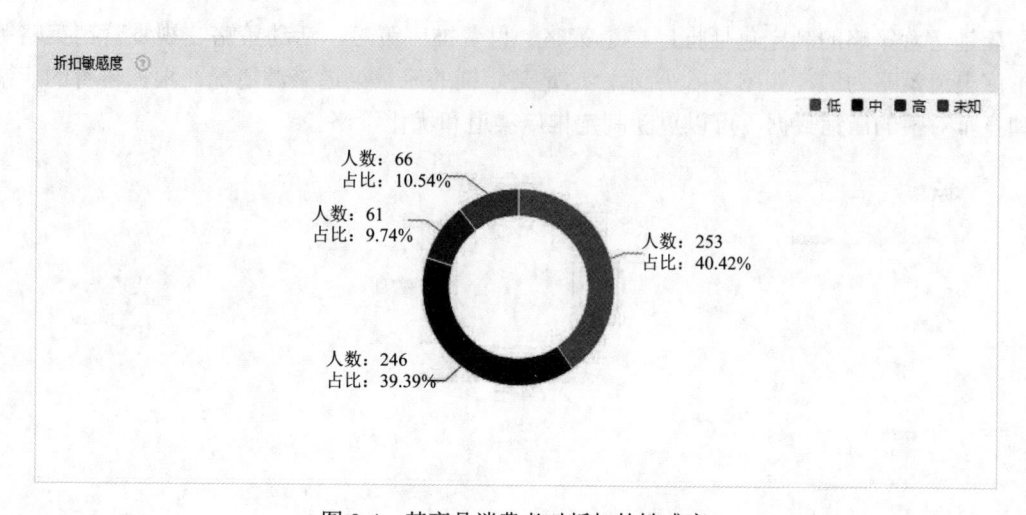

图 8-4　某商品消费者对折扣的敏感度

8.1.1.3　竞争分析

竞争对手分析无论是开店前还是运营中都是极其重要的，是店铺运营者的日常工作。通过了解竞争对手的核心数据，可以制定出适合的运营策略，例如竞争对手的成交关键词、关键词的成交量、每天的成交金额、活动的历史数据等。

8.1.2　店铺基础优化的依据

店铺的基础优化包括关键词分析、标题优化、产品上架属性优化、产品主图优化、产品详情优化等。以关键词分析为例，商品在进行产品关键词选择时可以通过分析关键词的转化率、展现量、点击率等来进行商品关键词的选择。如图 8-5 所示，我们在进行关键词选择时，通过数据对比筛选可以找到最优关键词进行商品标题制作。

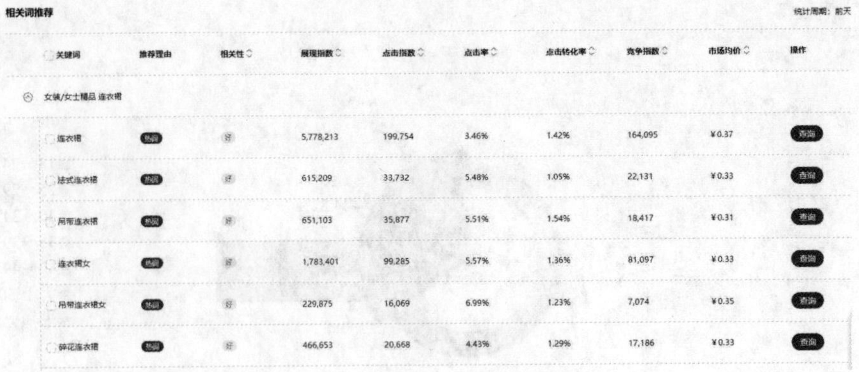

相关词推荐　　统计周期：前天

关键词	推荐理由	相关性	展现指数	点击指数	点击率	点击转化率	竞争指数	市场均价	操作
女装/女士精品 连衣裙									
连衣裙	热词	好	5,778,213	199,754	3.46%	1.42%	164,095	¥0.37	查询
法式连衣裙	热词	好	615,209	33,732	5.48%	1.05%	22,131	¥0.33	查询
吊带连衣裙	热词	好	651,103	35,877	5.51%	1.54%	18,417	¥0.31	查询
连衣裙女	热词	好	1,783,401	99,285	5.57%	1.36%	81,097	¥0.33	查询
吊带连衣裙女	热词	好	229,875	16,069	6.99%	1.23%	7,074	¥0.35	查询
碎花连衣裙	热词	好	466,653	20,668	4.43%	1.29%	17,186	¥0.33	查询

图 8-5　连衣裙相关关键词数据

8.1.3　店铺运营策略的制定

店铺运营策略的制定包括推广渠道策略、付费推广策略、活动策略、视觉营销策略等。以推广渠道策略为例，如图 8-6 所示，这是某店铺的流量渠道来源情况，根据自身的店铺数据和竞争对手的店铺数据，可以重新制定推广渠道和优化策略。

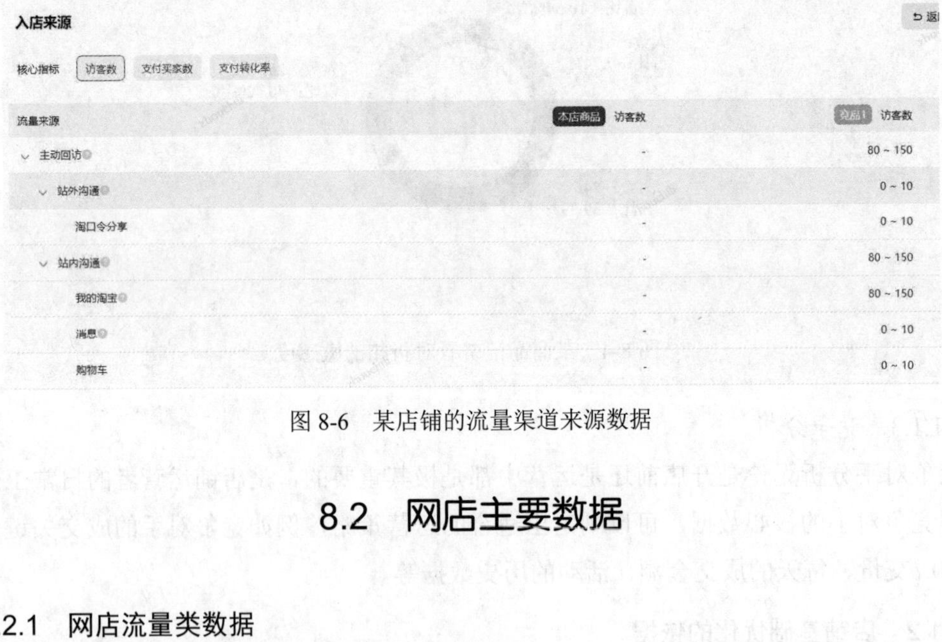

入店来源

核心指标　访客数　支付买家数　支付转化率

流量来源	本店商品 访客数	竞品1 访客数
主动回访	-	80 ~ 150
站外沟通	-	0 ~ 10
淘口令分享	-	0 ~ 10
站内沟通	-	80 ~ 150
我的淘宝	-	80 ~ 150
消息	-	0 ~ 10
购物车	-	0 ~ 10

图 8-6　某店铺的流量渠道来源数据

8.2　网店主要数据

8.2.1　网店流量类数据

网店流量类数据包括流量渠道数据、浏览量（PV）、访客数（UV）、平均停留时间等。网店流量类数据需要掌握其算法、影响因素才能制定出适合的优化方法，提升店铺运营水平。

8.2.1.1　浏览量

浏览量（Page View，PV），即页面浏览量或点击量，是店铺或商品详情页被访问的次数，同一个人在统计时间内访问多次记为多次。所有终端的浏览量等于电脑端浏览量和手机端浏览量之和。如图 8-7 所示某店铺流量总览图，其中浏览量为 5327。

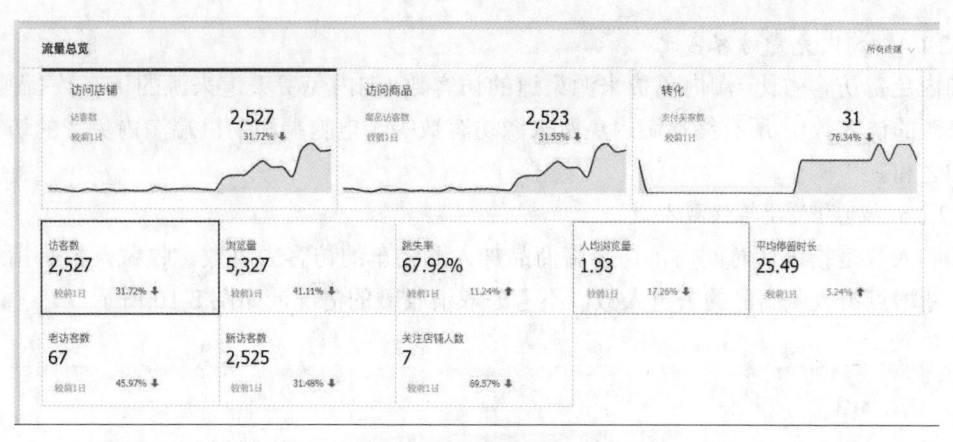

图 8-7　某流量类数据

8.2.1.2　访客数

访客数（Unique Visitor，UV）是统计周期内访问店铺页面或宝贝详情页的去重人数，同一个人在统计时间内访问多次只记为一个，如图 8-8 所示。所有终端访客数为电脑端访客数和手机端访客数相加去重。所以店铺的浏览量通常是大于访客数的。浏览量和访客数的计算方式不一样，其表达的意义内涵也不同。

图 8-8　某店铺访客数据

8.2.1.3　平均停留时长和跳失率

平均停留时长（图 8-9）是指来访问店铺的所有访客总的停留时长/访客数，单位为秒，多天的人均停留时长为各天人均停留时长的日均值。跳失率统计时间内，访客中没有发生点击行为的人数/访客数，即 1-点击人数/访客数，该值越低表示流量的质量越好。多天的跳失率为各天跳失率的日均值。平均停留时长和跳失率是可以反映页面设计的视觉水平、店铺的关联营销效果、小视频内容的质量等。

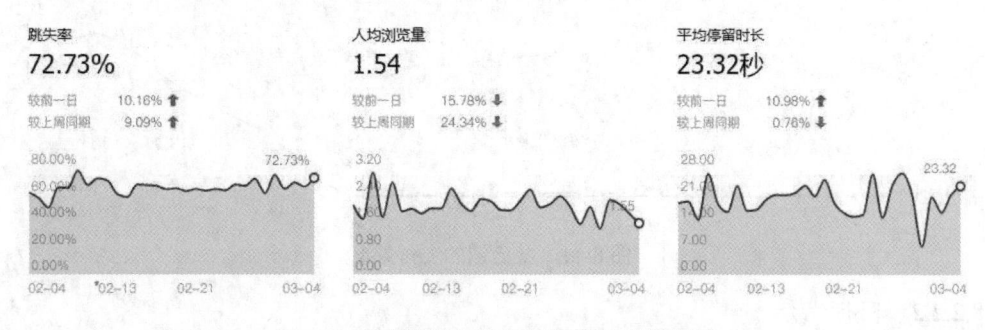

图 8-9　某店铺跳失率和平均停留时长数据

8.2.1.4 淘内免费访客占比

淘内免费访客占比=淘内免费来源渠道的访客数/(淘内免费渠道来源的访客数+淘内付费渠道来源的访客数),所有终端淘内免费来源访客数等于电脑端和手机端淘内免费的访客数直接相加之和。

8.2.1.5 加购人数与收藏人数

加购人数是指统计时间内,访客将商品加入购物车的访客去重数。收藏人数是指统计日期内,新增点击收藏商品的去重人数,不考虑取消收藏的情况,如图 8-10 所示。

图 8-10 收藏和加购数据

8.2.2 同行竞争相关数据

同行竞争相关数据用于了解目前店铺所处的竞争位置,掌握同行优秀和平均的数据值,对于店铺制定销售目标和营销策略有积极意义。

8.2.2.1 同行平均

如在所选的比较二级类目中,处于所在市场(淘宝或天猫)该行业 60%分位的同行的指标值,超过这个指标值,意味着处于行业前 40%范围内。如图 8-11 所示,该店铺 2019 年 10 月开设,2019 年 11 月支付金额超过同行同层平均商家,此数据表示该店铺已经进入行业同层前 40%的范围。

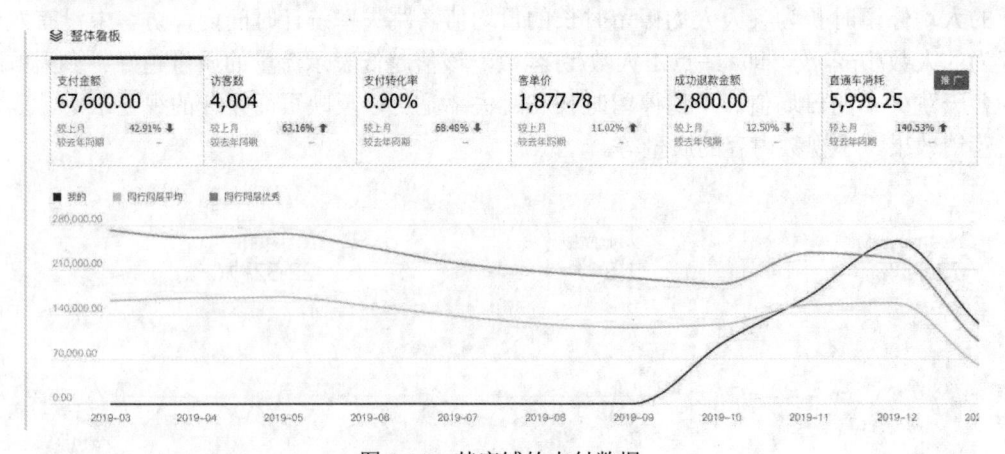

图 8-11 某店铺的支付数据

8.2.2.2 同行优秀

如在所选的比较二级类目中,处于所在市场(淘宝或天猫)该行业 90%分位的同行的指标值，超过这个指标值，意味着处于行业前 10%范围内。如图 8-12 所示某店铺在 2020 年一月份的直通车消耗数据低于同行平均和同行优秀，同行同层平均消耗为 4747.8 元，同行同层优秀的消耗为 10930 元，该店只有 2494.14 元。

图 8-12　某店铺的直通车消耗数据

8.2.2.3　流失金额

流失金额（图 8-13）是指买家有进本店，但并没有产生购买数据而是流失到其他店铺的数据。通过跟踪店铺流失数据，分析引起流失的原因，对店铺进行优化整改。

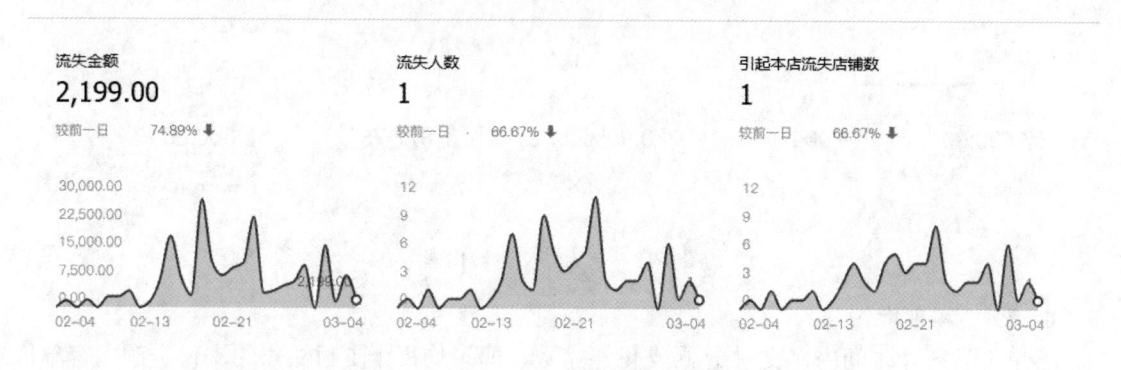

图 8-13　某店铺流失数据

8.2.3　网店交易类数据

8.2.3.1　支付金额

支付金额归属到对应渠道的支付买家，所对应的支付金额。对于有多个来源渠道的访客，支付金额统计会体现在多个来源中，是以路过原则计算其支付金额。支付金额可用于评估来源渠道引入访客质量。支付金额算法为：买家拍下后通过支付宝支付的金额，未剔除售中售后退款金额，预售阶段付款在付清尾款当天才计入内，货到付款订单确认收货时计入内。所有终端的支付金额为电脑端支付金额和手机端支付金额之和，如图 8-14 所示。

图 8-14 某店铺支付金额

8.2.3.2 下单金额

下单金额是归属到对应渠道的下单买家，店内商品被买家拍下的累计金额。对于有多个来源渠道的访客，下单金额统计会体现在多个来源中，是以路过原则计算其下单金额。可用于评估来源渠道引入访客质量。

8.2.3.3 支付转化率

支付转化率是店铺转化的重要统计指标，是指统计时间内，支付买家数/访客数，即来访客户转化为支付买家的比例。如图 8-15 所示某店铺的支付转化率为 0.9%，转化率相比于同行来说过低。影响支付转化的因素是多方面的，包括客服水平、商品详情页、商品评价、价格水平、商品视频等，需要对这些因素进行逐条分析，找到原因解决问题。

图 8-15 某店铺支付转化率

8.2.3.4 客单价

客单价为统计时间内，支付金额/支付买家数，即平均每个支付买家的支付金额。客单价与商品销售单价的概念不同，客单价是店铺利润的重要影响因素，提升店铺客单价水平，有利于提升店铺的盈利能力。客单价的提升可以通过关联营销、搭配营销、优惠组合等方式进行提升。

8.2.3.5 支付新买家

支付新买家为统计时间内支付一次且 365 天内首次支付的买家去重人数；可能会存在以前有下单未支付而统计时间段内来支付的买家。

统计时间内支付多次（>1 次），或前 365 天有过支付且统计时间内再次支付的买家去重人数；可能会存在以前有下单未支付而统计时间段内来支付的买家。

8.3 客服数据

8.3.1 主要客服数据指标的基本概念

客服数据是平台考核店铺的重要指标，客服数据包括阿里旺旺回复率、旺旺响应速度、旺旺在线时长、客服转化能力等；客服数据是公司考核客服的重要依据，是制定客服 KPI 的数据依据，是有效提升客服水平的手段。

8.3.1.1 阿里旺旺回复率

阿里回复率是指统计所选周期内，（个人工客服回复人数+店小蜜接待人次）除以所有咨询该客服总人数的值。以 30 天为例进行计算，阿里旺旺回复率=近 30 天阿里旺旺在 1 个自然日内有效响应人次（店小蜜接待人次+人工主动回复人次）/近 30 天阿里旺旺在 1 个自然日咨询人次总数。回复率在计算过程中只计算有效客服率。有效回复率的定义如下：

（1）店小蜜：都算主动回复。

（2）人工：店小蜜智能辅助回复和人工手工回复内容。

（3）系统自动回复和千牛服务助手不会统计为有效回复，且千牛服务助手会作为独立账号统计咨询次数。

如图 8-16 所示，某店铺客服 1 的咨询客服人数为 182 人，客服回复人数为 179 人，未回复人数为 3 人，客服回复率等于 179/182=98.35%。

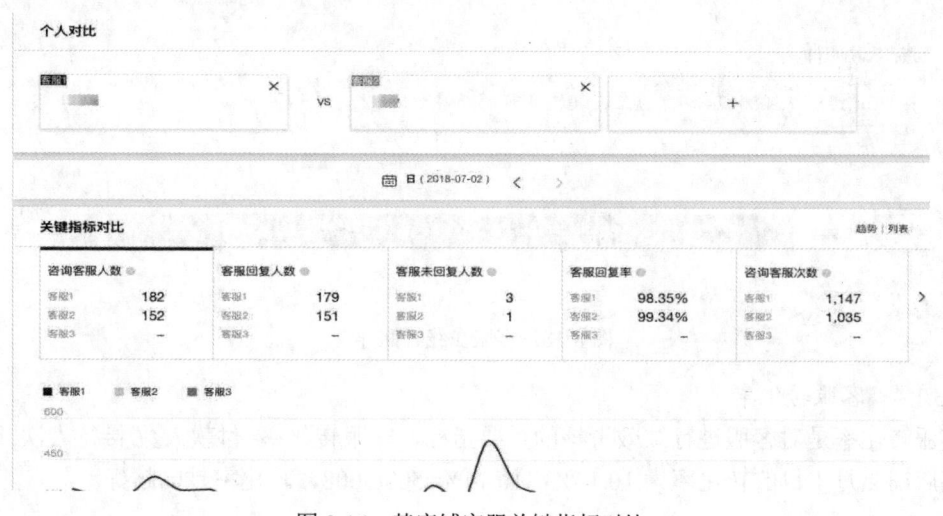

图 8-16 某店铺客服关键指标对比

8.3.1.2 旺旺响应速度

旺旺响应速度指的是某一时间段内客服回复买家时间差的平均值，包括旺旺首次响应时间、平均响应时间、当前人均响应时长。图 8-17 中可看到某店铺的客服响应速度，首次响应时间为 21 秒，平均响应时间为 33 秒，平均接待时长为 3 分 25 秒。旺旺首次响应时间是指买家第一次咨询客服的回复时间，旺旺首次响应时间越短越好。

图 8-17　某店铺绩效

8.3.1.3　旺旺在线时长

旺旺在线时长是指卖家账号登录电脑客户端的时长，手机千牛端的不计入。因此商家在进行旺旺在线时长提升的时候，应该电脑端和手机千牛同时在线，这样才能提升旺旺在线时长。如图 8-18 所示，该公司售前客服某天的在线时长数为 15.0h，离线时长为 9.0h。

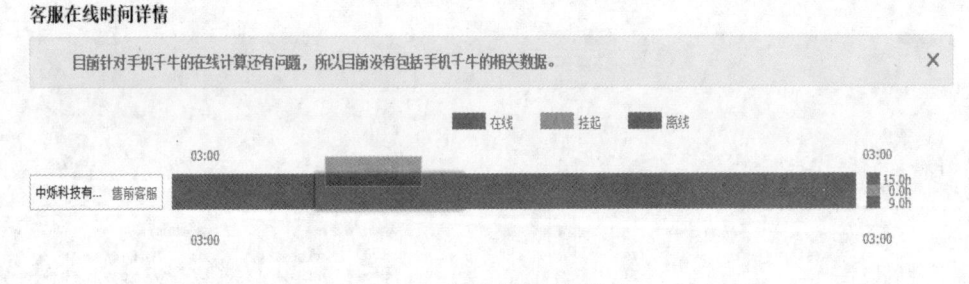

图 8-18　客服在线时间详情

8.3.1.4　客服转化率

客服转化率是对客服进行绩效考核的重要指标，客服转化率=付款人数/接待人次，表 8-1 所示某店铺 2 月 1 日的转化率为 10.14%，10.14%=508/5008，转化率越高越好。

表 8-1　某店铺客服转化率

日期	接待人次	付款人数	客单价	转化率
2月1日	5008	508	500	10.14%
2月2日	6889	650	450	9.44%
2月3日	8105	780	520	9.62%
2月4日	9487	1200	482	12.65%

续表

日期	接待人次	付款人数	客单价	转化率
2月5日	12002	1058	508	8.82%
2月6日	12890	1200	498	9.31%
2月7日	13897	1498	380	10.78%

8.3.2 客服相关指标数据管理的重要性

8.3.2.1 提升销售额的有效途径

管理好客服相关数据指标有助于提升销售额、降低店铺的流失率。在买家购物过程中，我们通过换位思考的方式试想一下，卖家 A 和卖家 B，在所销售产品的品质和价格没有太大差异的情况下，响应速度快和回复率高的店铺是不是体验更佳，下单购买的意愿也就更强，因此做好客服各项数据指标的提升，可以显著提升销售额。

8.3.2.2 提升商品排名的有效方式

商品排名是根据商品的综合实力进行排序的，影响因素非常多，客服的相关数据是影响商品排名因素之一。做好店铺客服数据管控，有利于提高商品的排名。

8.3.2.3 客服相关数据指标是参加活动的必要条件

在淘宝营销活动的准入条件中，一共考核 5 个维度，包括综合商品体验、物流体验、售后体验、咨询体验、纠纷投诉，这 5 个维度是体现商家综合服务能力的重要指标。售后体验、咨询体验、纠纷投诉这 3 个维度都同客服的相关数据指标有关。

8.3.2.4 客服相关数据指标是平台考核评定的重要指标

在天猫店铺星级考核指标中，客服相关数据是重要指标，包括阿里旺旺回复率、阿里旺旺人口响应时长等，商家如没有达成考核要求，将不能继续进行平台运营。如图 8-19 所示，某店铺的综合体验分为 4.92，3 分钟人工响应率为 100%，整体服务指标超过同行，属于优秀等级，对于店铺的商品排名提升有一定的帮助。

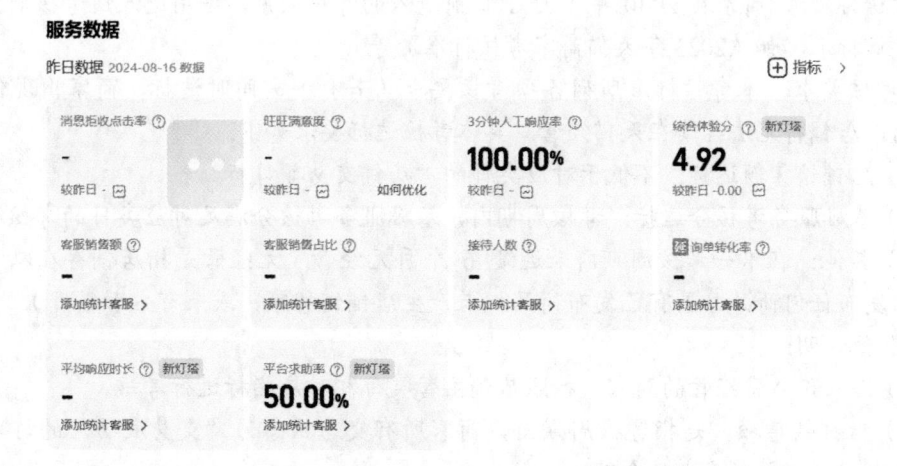

图 8-19 天猫星级考核标准

小资料：2024天猫商家考核标准，如基础服务考核分不达要求，将无法进行运营。

2024年天猫商家考核标准

1. 考核对象：在营天猫商家均须参加考核且须符合该考核标准（含下表中具体"考核指标"要求），如不符合任何一项考核指标要求的，您将无法继续在天猫经营。

2. 考核周期：

（1）免考期：首次服务开通时间（店铺上线时间）始于每月15日前（包含15日）的商家免考期从当月1日起计算3个自然月，首次服务开通时间（店铺上线时间）晚于每月15日的商家免考期从次月1日起计算3个自然月。

（2）试考期：免考期结束后的12个自然月，运动户外、男装、女士内衣/男士内衣/家居服、女鞋、流行男鞋、手表类目试考期的店铺销售额要求为正式考核期店铺销售额要求的25%，其他类目试考期的店铺销售额要求为正式考核期店铺销售额要求的50%，其他指标与正式考核期指标保持一致。

（3）正式考核期：试考期结束后，进入正式考核期，正式考核期以12个自然月为一个周期实行循环制考核，即一个考核周期结束后，自动进行下一个考核周期。（例如：商家自2019年2月1日0时开始考核，2024年1月31日24时考核结束；2024年2月1日0时自动进入新的考核周期。）

3. 考核标准的更新及适用：

天猫商家考核标准发生临时调整或年度更新（以下合称"变更"）的，不影响商家已进入的考核周期。考核中的商家将沿用变更前的考核标准直至当前考核周期结束，商家进入下一考核周期（包括变更时处于免考期的商家进入试考期、变更时处于试考期的商家进入正式考核期、变更时处于正式考核期的商家进入新的正式考核期等）时，适用当前最新生效的考核标准（即最近一次变更后生效的考核标准）。

例如：《2024年天猫商家考核标准》于2024年1月1日正式生效，商家在2024年1月1日及之后新进入的考核周期（不论是免考期、试考期还是正式考核期）均适用《2024年天猫商家考核标准》，商家在2040年1月1日前进入的考核周期，适用进入该考核周期时最新生效的考核标准，如《2023年天猫商家考核标准》等。

4. 考核要求：本考核标准所列各项考核要求（若有）需同时达标，商家出现任一不达标情形的，店铺将无法继续在天猫经营。具体考核达标要求如下：

（1）店铺销售额达标：不低于对应类目的"店铺交易额目标"；

（2）基础服务考核分达标：考核周期内，基础服务考核分满足对应类目的考核标准；

（3）其他：在单一考核周期内未连续6个月无经营（无经营是指店铺存在以下任一情形的：未发布任何商品、虽有已发布商品但未产生店铺销售额，或未有主营类目）。

5. 其他说明：

（1）涉及跨类目经营的商家，按照店铺主营类目相对应指标进行考核。

（2）店铺销售额，是指考核周期内，商家所有交易状态为"交易成功"的订单金额总和，不包含以下订单所产生的金额：

1）虚假的交易订单等违规订单；

2）邮费等一级类目名称为"其他"类目下商品产生的订单。

3）因维权、售后等原因导致交易失败或者消费者未确认收货的订单。

（3）基础服务考核分是天猫综合商家店铺的商品体验、物流体验、售后体验、咨询体验、纠纷投诉五个维度的表现后所得出的体现商家综合服务能力的综合分值。

（4）该标准在法律允许范围内如需调整，天猫将依法提前公示并通知商家。

8.3.3 客服数据的提升方法

8.3.3.1 客服培训

新客服上岗前，应该开展淘宝规则学习、千牛软件实操培训。必须展开为期一周的淘宝规则学习，只有掌握淘宝规则，在进行客户接待过程中，才能避免踩踏客服红线，造成店铺违规。

通过千牛客服软件的实操培训，可以提升回复速度，客服在实际操作过程中，效率更高。如图8-20所示，客服在千牛后台将日常咨询的语句设置成快捷回复短语，有利于提升响应速度。

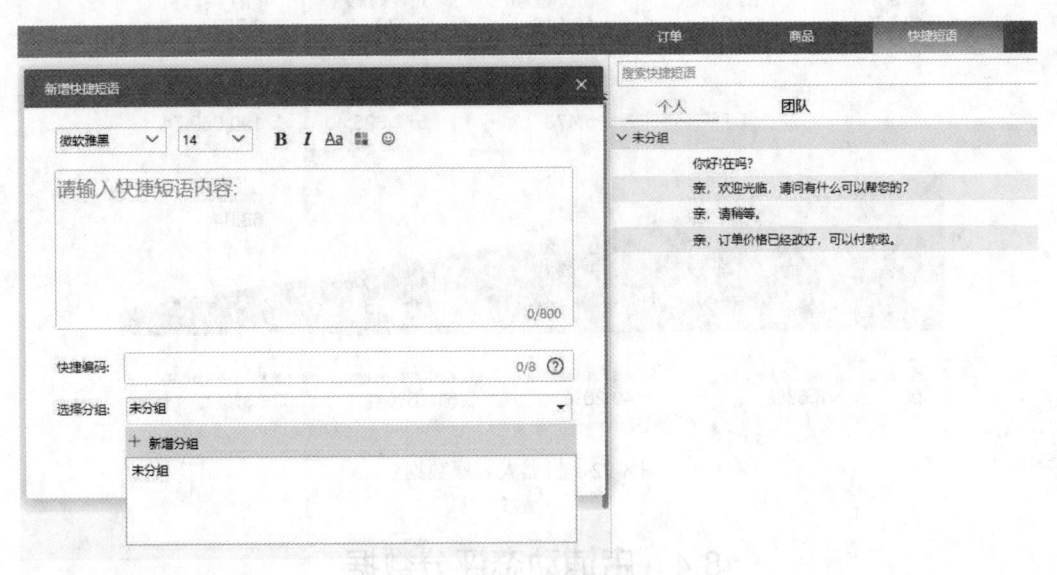

图 8-20　千牛快捷短语设置

8.3.3.2 打字速度训练

打字速度是影响客服回复速度的因素，提升打字速度非常必要，很多公司在招聘客服过程中都会对打字速度做出硬性要求，如图8-21所示招聘要求打字速度在50字以上每分钟。

8.3.3.3 产品知识的学习

客服无论是售前还是售后都必须拥有专业的产品知识，这样在进行商品销售或者售后处理的时候才能得心应手，要提升客服的相关数据，就必须加强客服的产品专业知识学习。

8.3.3.4 利用客服机器人

针对产品专业度不是很高，有静默下单能力的产品，可以采取机器人客服进行服务。如图8-22所示为机器人客服的接待详细数据。

任职要求:

1. 中专或以上学历,有网络客服工作经验优先考虑

2. 熟悉使用办公软件,打字速度快,50字以上/分钟

3. 工作细致认真、有耐心、亲和力及有责任感

工作时间:单休,早上9:30-12:00;下午13:30-18:30;晚班19:00-23:30(可在家办公)。需轮班

图 8-21　客服招聘要求

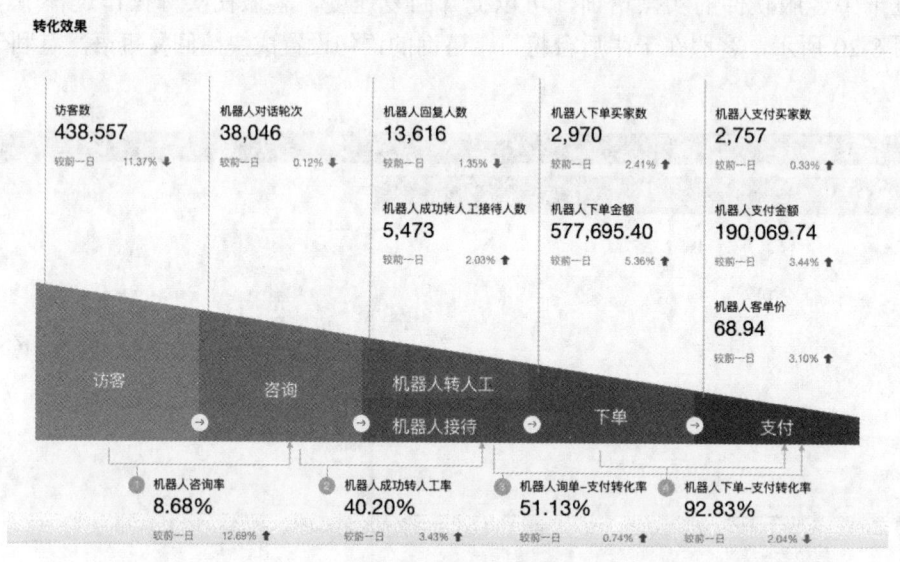

转化效果

访客数	机器人对话轮次	机器人回复人数	机器人下单买家数	机器人支付买家数
438,557	38,046	13,616	2,970	2,757
较前一日 11.37% ↑	较前一日 0.12% ↑	较前一日 1.35% ↑	较前一日 2.41% ↑	较前一日 0.33% ↑
		机器人成功转人工接待人数 5,473 较前一日 2.03% ↑	机器人下单金额 577,695.40 较前一日 5.36% ↑	机器人支付金额 190,069.74 较前一日 3.44% ↑
				机器人客单价 68.94 较前一日 3.10% ↑

访客 → 咨询 → 机器人转人工 / 机器人接待 → 下单 → 支付

① 机器人咨询率 **8.68%** 较前一日 12.69% ↑
② 机器人成功转人工率 **40.20%** 较前一日 3.43% ↑
③ 机器人询单-支付转化率 **51.13%** 较前一日 0.74% ↓
④ 机器人下单-支付转化率 **92.83%** 较前一日 2.04% ↓

图 8-22　机器人客服数据

8.4　店铺动态评分数据

8.4.1　店铺动态评分

DSR 动态评分(Detailed Seller Ratings),是指在淘宝网交易成功后,买家可以对本次交易的卖家进行如下三项评分:宝贝与描述相符、卖家的服务态度、物流服务的质量。每项店铺评分取连续六个月内所有买家给予评分的算术平均值(每天计算近 6 个月之内数据)。

8.4.1.1　店铺动态评分展现位置

1. 电脑端展现位置

店铺动态评分(图 8-23)在电脑端的展现位置有 2 个,分别在店铺首页导航条顶部和商品详情页面的左侧(淘宝在右侧)。

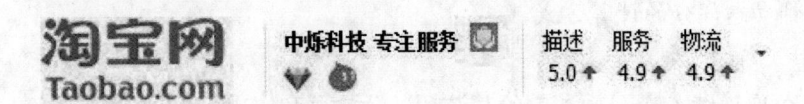

图 8-23 淘宝某店铺的动态评分数据 （电脑端）

2. 手机端展现位置

店铺动态评分在手机端展现位置有 2 个，店铺首页位于店铺印象中，商品详情页位于店铺评价和店铺推荐之间的位置，如图 8-24 所示。

图 8-24 淘宝某店铺的动态评分数据（手机端）

8.4.1.2 买家动态评分标准

虽然淘宝官方有给买家评分标准，但大部分买家在进行评价时比较随意，更多人则不清楚评分标准，而且买家动态评分属于匿名式，无法查出某个买家给的评分，就算有恶意评分也无法查出，这给卖家管理动态评分带来很大困难，见表 8-2。

表 8-2 淘宝 DSR 打分标准

宝贝与描述相符		卖家的服务态度		物流公司的服务	
分值	标准	分值	标准	分值	标准
5	质量非常好，与卖家描述的完全一致，非常满意	5	卖家的服务太棒了，考虑非常周到，完全超出期望值	5	物流公司服务态度很好，运送速度很快
4	质量不错，与卖家描述的基本一致，还是挺满意的	4	卖家服务挺好的，沟通挺顺畅的，总体满意	4	物流公司态度还好吧，送货速度挺快的
3	质量一般，没有卖家描述得那么好	3	卖家回复很慢，态度一般，谈不上沟通顺畅	3	物流公司服务态度一般，运送速度一般
2	部分有破损，与卖家描述的不符，不满意	2	卖家有点不耐烦，承诺的服务也兑现不了	2	物流公司服务态度挺差，运送速度太慢
1	差得太离谱，与卖家描述的严重不符，非常不满	1	卖家态度很差，还骂人、说脏话，简直不把顾客当回事	1	物流公司态度非常差，送货慢，外包装有破损

8.4.1.3 店铺动态评分的计算方式

1. 计算方法

每项店铺评分取连续 6 个月内买家给与该项评分的总和/连续 6 个月内买家给与该项评分的次数。店铺评分最高分满分 5.0。每个自然月,相同买、卖家之间交易,卖家店铺评分仅计取前三次(计取时间以交易成功时间为准)。店铺评分一旦做出无法修改。另外,淘宝系统对于动态评分有以下规定:

(1) 交易成功后的 15 天内,买家可本着自愿的原则对卖家进行店铺评分,逾期未打分则视为放弃,系统不会产生默认评分,不会影响卖家的店铺评分。

(2) 若买家在进行店铺评分时,只对其中 1 项或几项指标作出评分就提交,则视为完成店铺评分,无法进行修改和补充评分,剩余未评指标视作放弃评分,不会默认评分。

(3) 天猫商城订单买家完成店铺评分后,系统会自动代卖家给买家一个好评。

2. 计算举例

某店铺的宝贝描述相符项一共有 5250 个买家参与评分,每个买家只参与一次,3000 人给 5 分,1000 人给 4 分,500 人给 3 分,450 人给 2 分,300 人给 1 分,动态平均分为:(3000 人*5 分)+(1000 人*4 分)+(500 人*3 分)+(450 人*2 分)+(300 人*1 分)=21700 分,除以总给分次数(5250 次)=平均分 4.13 分,见表 8-3。

表 8-3 某店铺宝贝描述相符项打分情况表

分值	5	4	3	2	1
打分人数	3000	1000	500	450	300

8.4.2 店铺动态评分的重要性

8.4.2.1 店铺动态评分对于搜索排名的影响

淘宝搜索排序是根据综合维度来考量的,参与计算的权重因子很多,其中动态评分是影响因子之一,由于动态评分是动态变化的,其影响也是动态变化的。至于动态评分低于多少会有降权影响,官方没有明确的值,但大多数商家动态评分以 4.7 分为最低限值进行管控。

8.4.2.2 店铺动态评分对于转化率的影响

由于店铺动态评分处于店铺比较重要的展现位置,是买家决策过程中重要的参考依据,动态评分对于店铺转化率有着重要影响,维护好动态评分有利于店铺的转化率提升。

8.4.2.3 店铺动态评分对于报名活动的影响

店铺动态评分是淘宝大促活动及日常活动重要的考核指标,淘宝日常活动包括聚划算、天天特卖、淘抢购、淘金币等,这些活动的参与报名条件之一就是店铺动态评分必须达标。不同类目对于动态评分的要求有差异。

小资料: 聚划算生活服务类招商标准部分内容

第二章 准入

第一节 报名

第六条 商家条件 商家必须同时符合以下条件，方可报名。同时聚划算也有权基于选择更为优质商品/商家等原因，面向满足特定要求的商家定向招商：

（一）商家基本资质：

1. 商家须符合《营销平台基础招商标准》要求。
2. 报名医疗及健康服务类目的商家须是成功入驻阿里健康的天猫商家。
3. 保险类目店铺及阿里健康天猫旗舰店要求开店时长在 30 天及以上，其他店铺的开店时长必须在 90 天及以上。
4. 除主营一级类目为"保险"的店铺外，其他报名店铺的近半年"宝贝与描述相符""服务态度""物流服务"三项 DSR 评分在 4.7 及以上。
5. 近 30 天内参加过聚划算的店铺，除主营类目为保险的店铺外，近 30 天参聚订单金额退款率不超过 50%；除特殊主营类目店铺外，其他店铺近 30 天参聚订单未发货金额退款率不超过 30%。

（1）主营类目为男装，女装/女士精品，女士内衣/男士内衣/家居服，箱包皮具/热销女包/男包的店铺近 30 天参聚订单未发货金额退款率不超过 40%。

（2）主营类目为医疗及健康服务、保险的店铺，无近 30 天参聚订单未发货金额退款率的要求。

6. 医疗及健康服务类目下电子凭证类商品参与聚划算必须支持售中未使用退款和过期自动退款。
7. 非天猫旗舰店需要提供有效的自有品牌（商标）证明、品牌（商标）授权证明或完整的进货链路证明，且商家所提供的相关资质文件必须真实完整并确保合作期内持续有效。
8. 商家应合法、合规经营并确保所参聚商品及其来源、售卖（含价格）完全符合国家法律法规等有关规定，确保商品无任何质量、权利瑕疵，并保留所有相关有效凭证。

8.4.3 店铺动态评分优化方法

8.4.3.1 完善商品主图和详情页描述

主图的拍摄和详情页的描述文案一定要和实物相符，文案切忌用夸大词汇，实物拍摄注意色彩的真实度，对于不同显示器实物和描述会有差异一定要在详情中说明。

8.4.3.2 客服服务态度提升

加强客服管理，客服在进行接待过程中有接待服务标准，客服标准用语。加强客服技能提升和客服响应速度。

8.4.3.3 物流服务提升

商品发货一定要及时，选用优质的物流服务商进行服务，对物流服务商要进行送达及时率考核、货物破损率考核、货物派送准确率考核、快递员服务态度考核。对物流发生异常的要及时跟进，并同客户进行合理解释，增加客户的好感度。

8.5 转化漏斗模型原理及优化方法

8.5.1 转化漏斗模型原理

转化漏斗模型原理源于营销漏斗模型，是指将网店运营中影响转化的五大数据以漏斗形式进行呈现，网店运营中的五大数据分别是展现、点击率、询单、转化率、销售订单。通过漏斗模型可以将数据指标，层层剖析，分析发现问题所在，提出优化方案。如图 8-25 所示，这是某店铺的交易漏斗模型数据图，该店铺某日的交易模型漏斗数据为，访客数 2018，下单数为 118，支付数为 104。

图 8-25 某店铺交易漏斗模型图

将网店的销售逻辑图进行细化可以得出流量漏斗模型图，网店的销售逻辑为展现量→点击率→询单率→转化率→订单数。如图 8-26 所示就是转化漏斗模型图，通过此图可以清楚掌握影响销售订单的各个环节，本模型不将静默下单纳入计算模型中。

图 8-26 某店铺转化漏斗模型图

8.5.2 漏斗转化模型优化方法

8.5.2.1 展现量的优化方法

展现量处于漏斗模型的顶端，其数值越大，后面的数据才有可能增大，因此店铺运营过程中提升展现量非常重要，具体方法有如下。

（1）提升商品排名，商品排名越高，展现就越多。

（2）增加推广费用，店铺前期推广可以通过增加推广费用获取更多的展现，包括直通车关键词展现、钻展商品图片展现、超级推荐商品主图展现等。

（3）增加商品展现渠道，包括好物点评、淘宝经验、手淘首页、直播、淘宝头条等。

8.5.2.2 点击率的优化方法

影响商品点击因素有很多，包括主图质量、文案内容、价格、销量、商品位置。因此对于商品的点击率优化需要从多个维度进行提升。

（1）通过直通车进行测图，将点击率最好的图片和文案测试出来。

（2）通过分析消费者最喜欢的价格，进行价位设定，可以采取 SKU 定价技巧设置引流价格。

（3）通过淘宝客等活动进行销量积累，提升买家信任度。

8.5.2.3 询单率的优化方法

影响商品询单率的主要因素有评价、详情页、视频。对于询单转化率过低主要从以下几方面进行优化。

（1）制作会销售的详情页非常关键，从详情布局、产品图片拍摄、详情文案都要能打动消费者，促使买家有询单和下单的购物欲。

（2）评价的维护对于商品的询单和转化极其重要，特别是一些致命的中差评。在日常店铺经营活动中，要保障商品质量、物流发货速度和控制货损，出现中差评要及时同客户进行沟通，尽量协商，可以通过补偿消费进行中差评消除。实在无法消除的中差评要在评价中进行解释说明。

8.5.2.4 询单转化率的优化方法

影响商品询单转化率的主要因素是客服能力和价格。价格如果不能进行调整，需要通过提升客服转化能力和服务质量来弥补价格劣势。

8.6 常用的网店数据分析工具

8.6.1 官方工具生意参谋

生意参谋是阿里巴巴重兵打造的商家统一数据平台，已为超过 500 万淘宝天猫商家提供一站式、个性化、可定制的商务决策体验。集成了海量数据及店铺经营思路，在比较清晰的数据分析中可以享受大数据赋予的商业价值。生意参谋有很多功能模块，功能不同所获得的数据信息不一样。

8.6.1.1 数据实时直播功能

1. 实时概况

生意参谋实时模块功能（图 8-27）具有数据实时直播功能，可以对店铺的实时数据进行随时掌控。可以将店铺的实时概况，包括访客数、流量、支付金额、支付子订单数、支付买家数等进行实时展现，让店铺运营工作者和公司管理层能实时掌握店铺动态数据，当店铺数据发生异常增加和异常减少时，可以立即做出调整策略。

图 8-27　店铺实时概况

2. 实时来源

店铺的流量来源渠道（图 8-28）有十多个，包括付费自然搜索流量、类目流量、购物车流量、收藏流量、内容营销流量、直通车、淘宝客、智钻、客户来源区域等。生意参谋中的实时来源可以掌握店铺流量的来源渠道，分析流量来源渠道，对每个渠道针对性地进行优化，有助于店铺访客和流量的全面提升。

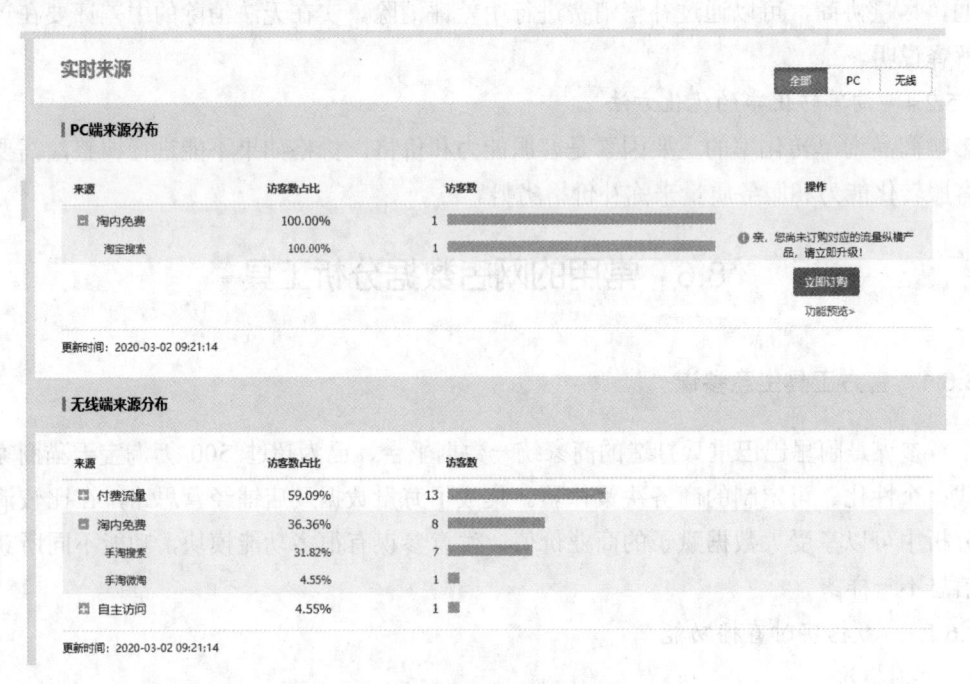

图 8-28　店铺实时来源渠道

3. 实时榜单

实时榜单（图 8-29）是店铺所有商品数据的实时情况，实时榜单展现的是店铺的商品实时的浏览量、访客数、支付金额、支付买家数、支付转化率。

4. 实时访客

实时访客功能（图 8-30）将访客的入店来源、入店关键词、入店时间、访客位置等均做了详细描述。

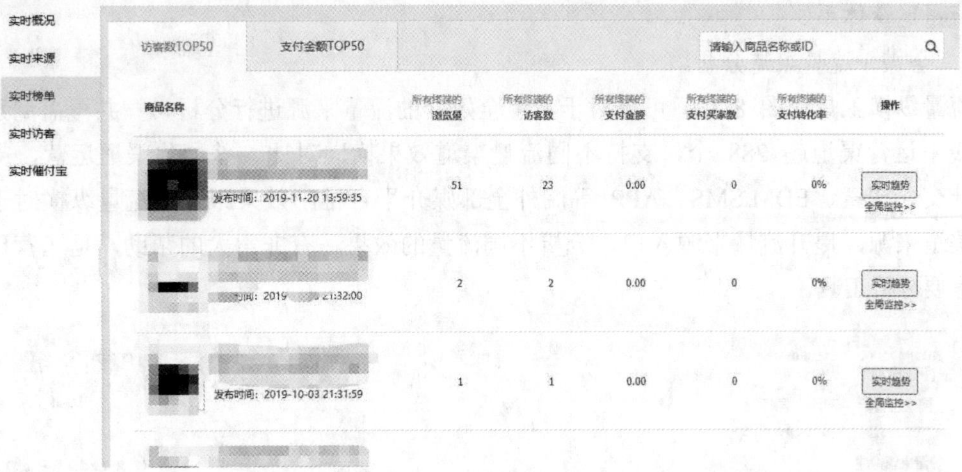

图 8-29　店铺实时榜单

排名	省份	展现指数
1	广东	1,168,257
2	江苏	817,673
3	浙江	712,906
4	四川	656,858
5	山东	594,077
6	河南	557,424
7	上海	472,129
8	湖北	461,791

图 8-30　店铺实时访客

8.6.1.2　数据作战室

作战室是围绕商家日常监控、活动营销、大促作战三大场景打造的实时数据分析平台，主要提供作战大屏、活动分析、竞店监控等数据服务。作战大屏可实时追踪经营动态，彰显企业数字化形象；活动分析可沉淀历史活动数据，深度分析聚划算、双十一、双十二等多种活动效果；竞店监控可密切关注竞店异动情况，知己知彼，百战百胜。

8.6.1.3 流量纵横

流量纵横是生意参谋中的流量分析工具,是为商家提供一站式全媒介、全链路、多维度的流量数据分析平台。专业版更在标准版的基础上新增人群特征洞察和淘外媒介效果监控,并整合装修分析,结合渠道消费者画像,帮助商家多维度分析渠道效果,建立以消费者为驱动的流量运营体系。

1. 全媒介流量渠道分析

流量纵横工具(图 8-31)可以对于淘宝全媒介的流量来源进行分析,一共覆盖淘系官方线上线下运营渠道超 288 个,支持不同流量渠道效果横向对比,差异化渠道运营,支持视频、社交、搜索、EDM/SMS、APP 等淘外全部媒介平台推广效果跟踪。流量纵横对于优化流量渠道来源,提升流量来源入口,分析不同流量的效果,有非常大的帮助,是运营日常使用的重要分析工具。

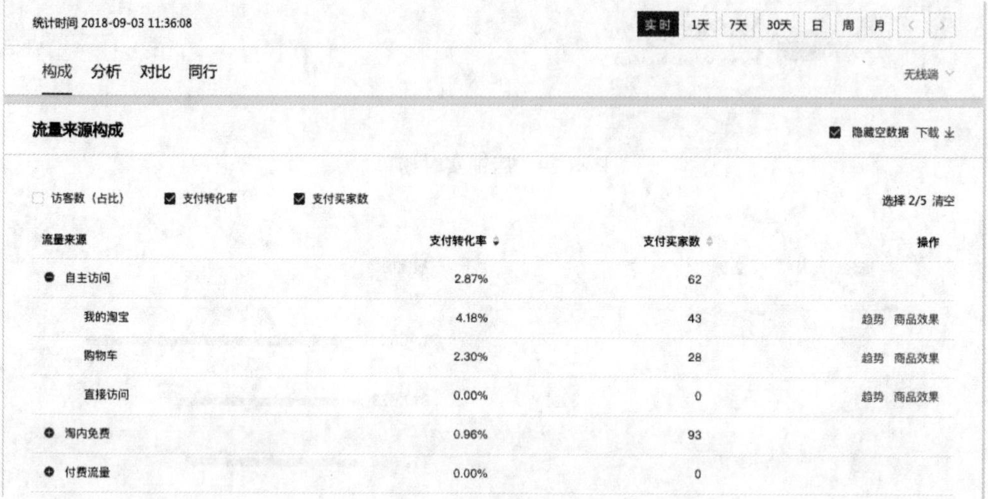

图 8-31 288 个流量来源渠道统计分析

2. 消费者动线全链路分析

支持店铺首页、官方承接页、自定义页、商品详情页,最近 30 天页面访问、点击、转化数据排行及趋势分析,支持单品模块点击数据监控,页面引导商品成交效果分析。流量纵横页面模块点击效果分析,可以用于监控美工设计页面效果,分析对比页面数据,根据效果监测结果及时做出替换或者调整策略,如图 8-32 所示。

8.6.1.4 品类罗盘

品类罗盘是为商家提供全店商品实时监控,商品人群精准营销,新品上市效果追踪,异常商品问题诊断等商品运营场景服务;功能包括 360 度宝贝和品类分析,标题异常诊断优化,竞品实时监控对比,连带营销推荐,新品专题分析;帮助商家制定商品和品类的精细化运营策略,助力商品有效管理,全方位提升店铺整体成交转化。

1. 人群管理精准应用

品类罗盘(图 8-33)可以实现商品人群的精准营销,包括人群的基础特征、年龄分布、性别占比、兴趣爱好等。人群精准管理有利于店铺转化能力提升，店铺人群标签打造。

图 8-32 页面模块点击效果分析

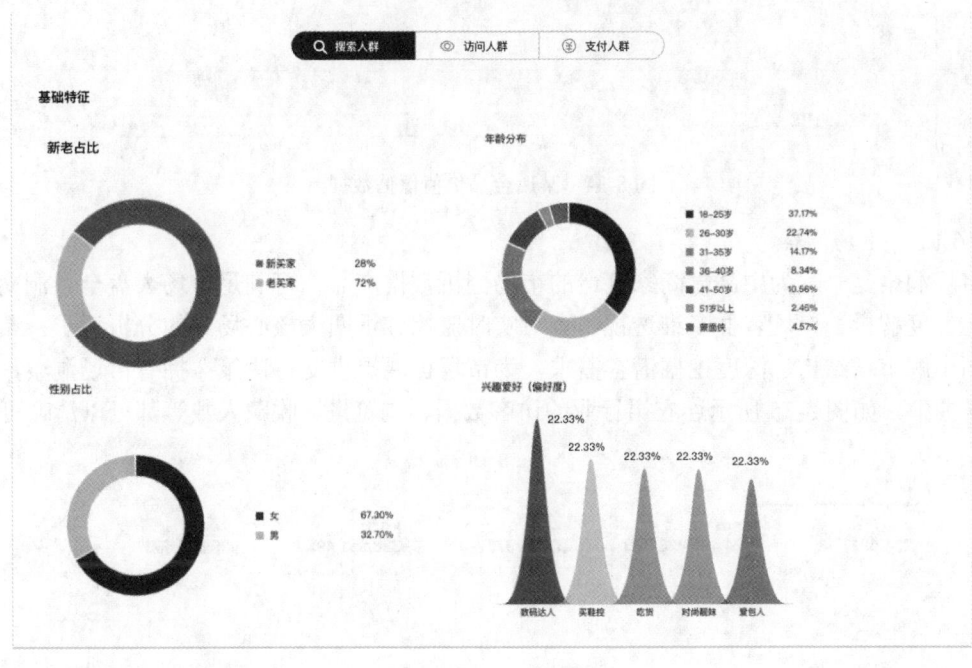

图 8-33 人群画像

2. 竞争单品分析及全品价值分析

全品罗盘还可以对竞品进行全面分析，包括竞品的流量构成（需订购流量纵横）、销售分析、客群洞察、转化关键词等核心竞品表现。通过了解竞品的详细数据，学习对手的运营方法，做到知己知彼，百战不殆。

全品罗盘还可以对全品价值评估，如图 8-34 所示某店铺的全品价值评估为 A 级品类 1 个，B 级品类商品共 30 个，C 级商品共 169 个，D 级商品 0 个。根据品类不同投入的资源和运营方法不一样。根据官方指导意见，各个级别商品运营策略如下：

（1）A级商品是指核心运营重点商品，需要投入核心资源进行多维度精细化运营。

（2）B级商品是指潜力重点商品，对此类商品需要投入推广资源进行多渠道扶持，快速成长为A级。

（3）C级商品是指基础平销商品，商品丰富度和利润贡献的商品，以稳定运营为主。

（4）D级商品是指长尾滞销商品，需要决策是否继续售卖，如长期没有销量需要尽快下架，从商品中清理掉。

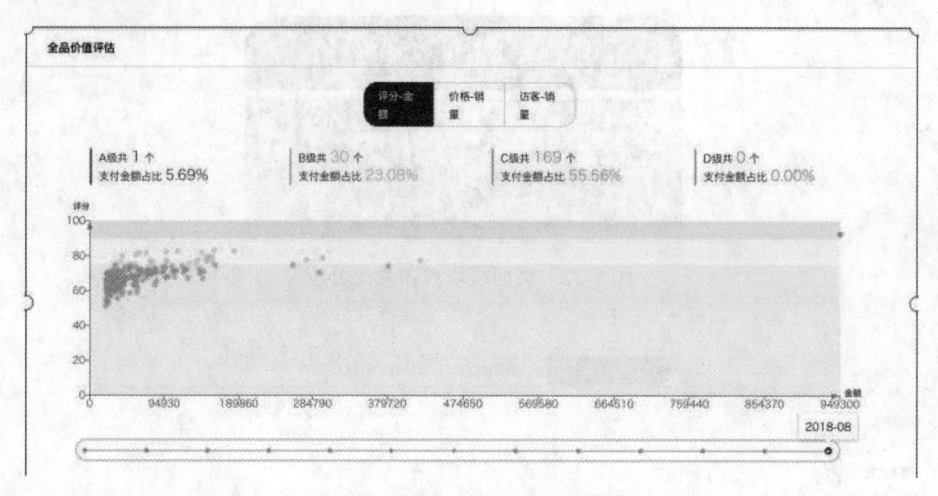

图 8-34　某店全品价值评估数据

8.6.1.5　市场洞察

市场洞察是一款为中高端商家打造的市场分析数据产品，可满足市场大盘全景洞察、市场机会深度解析、市场客群多维透视、竞对实时监控分析四大核心场景的分析诉求；帮助店铺清晰了解市场结构，深度挖掘潜客需求，为市场扩展提供支持决策；拥有市场洞察，机会尽在掌握中。如图 8-35 所示连衣裙行业的访客数据、浏览量、收藏人数等都可以清晰可见。

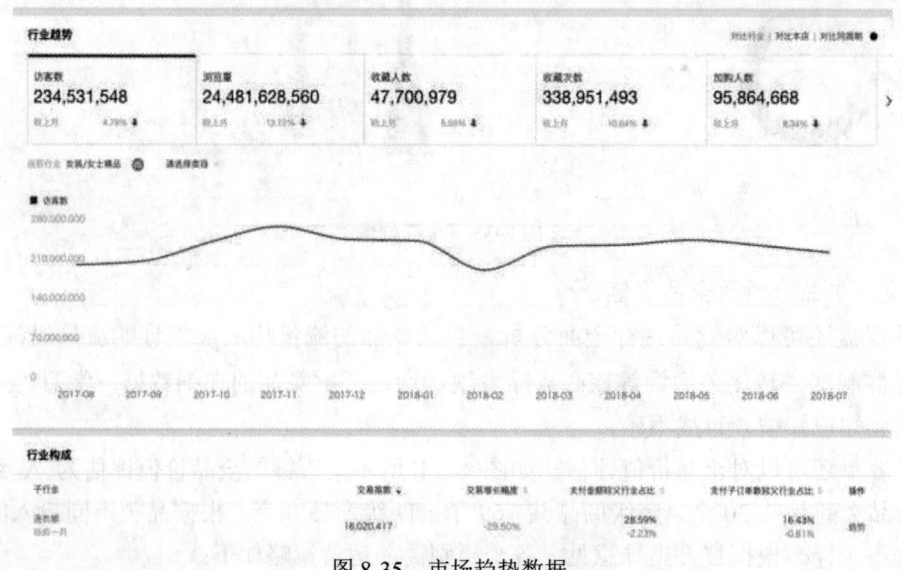

图 8-35　市场趋势数据

8.6.2 非官方数据分析工具

除淘宝生意参谋外,还有大量的第三方工具可以用来做数据分析。商家和店铺运营管理者可以根据自身的店铺情况,选择适合的软件对生意参谋进行补充。

8.6.2.1 创客工具箱

创客工具箱是一款综合性的软件数据分析工具,一共有 40 款软件可以选择,包括市场分析、竞争对手分析、关键词挖掘、淘客商品大数据等。以创客工具箱中的市场分析精灵为例,市场分析精灵可以抓取竞争对手的核心数据。还可以对这些数据进行一个整体分析,将行业热销产品的属性、关键词等分析出来,如图 8-36 所示。

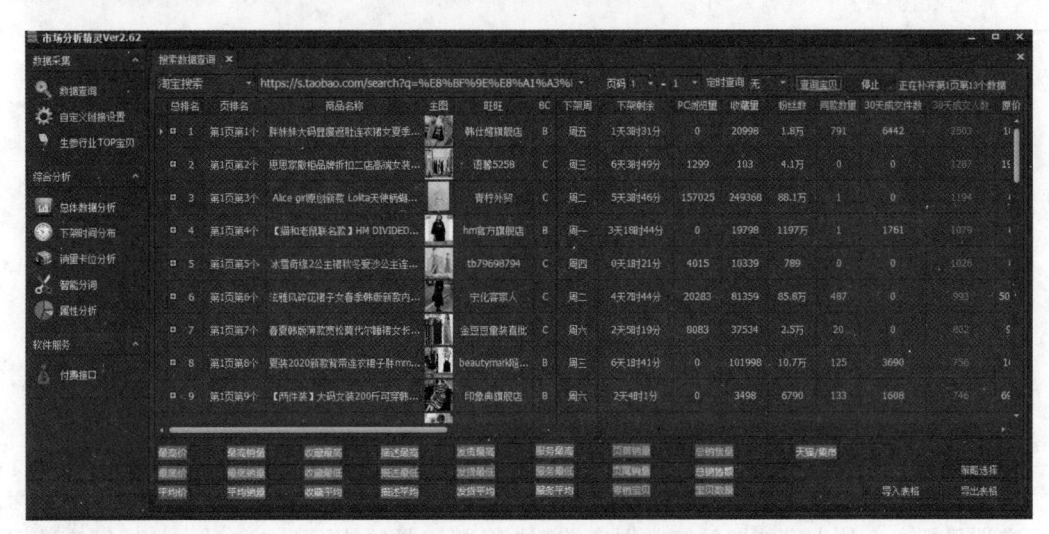

图 8-36 市场分析精灵

8.6.2.2 其他工具介绍

第三方数据分析工具除创客工具箱外,还有魔镜、店查查、店侦探、电商记、超级店长等上百款第三方数据分析工具,一定要结合店铺的发展和需求,软件的特色功能进行选择,因为这些工具几乎都是付费的。以魔镜为例,魔镜是一款多电商平台的电商数据分析软件,包括拼多多、天猫、京东、淘宝、速卖通等多家平台,魔镜的产品特色是直通车数据分析,魔镜可以揭示同行店铺和单品的直通车推广是通过哪些关键词获得曝光,每一个词排在搜索结果页的什么位置及曝光指数,如果店铺比较依赖直通车推广,可以购买类似这样的软件进行直通车数据分析。

本 章 小 结

本章主要从网店数据分析的意义进行讲述,说明网店运营数据分析对于市场分析和店铺定位的重要性;数据分析是店铺基础优化的依据;是店铺运营策略制定的依据。应重视网店数据分析,掌握其重要意义。本章将网店运营的主要数据做了分析,并将概念和算法一一讲解,让大家不仅能够快速掌握这些概念,还能进行数据计算。本章将网店主要数据分为网店流量类数据、同行竞争相关数据、网店交易类数据三种，方便大家进行归类学习，掌握数据规律。客服数据作为店铺运营数据中服务模块有其特殊的重要性，客服数据从主要数据基本概念、客服相关指标的重要性、客服数据提升方法三方面进行阐述，学完客服数据模块后，读者不仅了解了基本理论，还掌握了客服数据提升的方法。动态评分模块分为动态评分、动态评分的重要性、动态评分优化方法三个部分，在了解基本概念的同时还能掌握动态评分的计算方法和优化方法。通过学习漏斗转化模型，了解漏斗转化模型的原理，掌握漏斗转化模型的方法，学习完成后可以对店铺所有运营数据进行全面诊断。本章最后介绍了常用的数据分析工具，以官方工具为主、第三方工具为辅，通过掌握更多数据分析工具提升数据分析能力。

课 后 习 题

1. 请简述网店数据分析的意义。
2. 如何提升买家的停留时间？
3. 客服相关指标的重要性有哪些？
4. 简述 DSR 的重要性。
5. 简述漏斗转化的原理。

实 训 任 务

实训名称：网店数据诊断报告撰写。

实训目标：一让大家能够熟练掌握店铺数据分析工具的使用；二能独立撰写网店数据分析报告；三锻炼大家的数据分析能力，团队合作能力。

实训内容：利用漏斗转化原理，分析店铺的数据，包括流量数据、转化数据、客服数据、DSR 数据等，形成一份完整的网店数据运营报告，并针对报告中的问题提出整改方案。

实训步骤：第一步，利用生意参谋工具分析店铺数据。第二步，根据数据分析结果，找出店铺存在的问题。第三步，针对目前存在的问题提出整改方案。

实训具体要求：

1. 数据分析要全面，数据分析要严格按照漏斗转化原理进行。
2. 数据分析报告不低于 3000 字。
3. 将店铺数据截图到数据报告中。
4. 整改方案要具体有可执行性。

参 考 文 献

[1] 李卓华，张春霞，李艳．电子商务概论[M]．北京：中国水利水电出版社，2005．

[2] 毛锦庚，钟肖英．新编电子商务概论[M]．广州：中山大学出版社，2018．

[3] 柏万里，饶泉发．电子商务师[M]．北京：北京理工大学出版社，2007．

[4] 孟泽云，李爱红．新编电子商务概论[M]．北京：电子工业出版社，2010．

[5] 王海洲．电子商务干部培训教程[M]．北京：经济科学出版社，2002．

[6] 元呈明．电子商务概论[M]．北京：化学工业出版社，2006．

[7] 周勇，孙映，聂艳．农业管理信息系统理论与实践[M]．北京：化学工业出版社，2007．

[8] 沈凤池．电子商务基础[M]．北京：清华大学出版社，2005．

[9] 赵吉兴．电子商务基础[M]．北京：中国海洋大学出版社，2003．

[10] 吴爽．电子商务理论与实务[M]．北京：清华大学出版社，2010．

[11] 罗承廉，韩文报．信息化建设理论与应用[M]．北京：中国电力出版社，2006．

[12] 方玲玉，曹虎山，黎利红．电子商务概论[M]．长沙：中南大学出版社，2004．

[13] 牟彤华，汪治．电子商务应用[M]．沈阳：东北财经大学出版社，2010．

[14] 樊世清．管理信息系统[M]．徐州：中国矿业大学出版社，2010．

[15] 马跃月，艾比江，陈全君．物流管理与实训[M]．北京：清华大学出版社，2008．

[16] 杨路明，巫宁．现代旅游电子商务教程[M]．北京：电子工业出版社，2007．

[17] 白东蕊．电子商务基础与实务[M]．北京：人民邮电出版社，2020．

[18] 白东蕊．电子商务基础[M]．北京：人民邮电出版社，2021．

[19] 王学东，易明，杨斌．电子商务概论[M]．武汉：武汉理工大学出版社，2005．

[20] 廖俊，张璐，秦李，等．淘宝天猫网店美工全能一本通本色抠图装修无线店铺[M]．北京：人民邮电出版社，2017．

[21] 王昂，胡敏，王萍．淘宝天猫网店美工实战教程微课版[M]．北京：人民邮电出版社，2017．

[22] 佘碧蓉，周持莅．视觉营销与美工[M]．北京：北京理工大学出版社，2018．

[23] 黑马程序员．淘宝天猫店美工设计实操[M]．北京：清华大学出版社，2019．

[24] 徐奕胜，许耿，赵瑜．Photoshop CC 网店美工全能一本通[M]．北京：人民邮电出版社，2018．

[25] 闫寒，徐文瑞，李莉，等．网店美工视觉设计实战教程全彩微课版[M]．北京：人民邮

电出版社，2018．

[26] 王莎，夏收．网店美工视觉设计实战教程[M]．北京：人民邮电出版社，2020．

[27] 蔡雪梅．电商训练营网店美工[M]．北京：人民邮电出版社，2019．

[28] 麓山文化．淘宝新手视觉营销开店一本通[M]．北京：机械工业出版社，2015．

[29] 京东大学．京东店铺装修与设计从入门到精通[M]．北京：人民邮电出版社，2019．

[30] 淘宝大学．网店视觉营销[M]．北京：电子工业出版社，2013．

[31] 吴治刚．视觉界面设计[M]．成都：西南交通大学出版社，2015．

[32] 黑马程序员．淘宝天猫店实用教程[M]．北京：清华大学出版社，2021．

[33] 王楠．网店美工宝典 2015 版[M]．北京：电子工业出版社，2015．

[34] 谢文芳，贡玉军．Photoshop 网店美工设计[M]．北京：人民邮电出版社，2022．

[35] 曹天佑，刘绍婕，时延辉．店铺运营网上店铺视觉营销指南[M]．北京：清华大学出版社，2017．

[36] 麓山文化．淘宝美工全攻略[M]．北京：人民邮电出版社，2016．

[37] 陈志轩，欧丹丽，张运建．淘宝网店运营全能一本通[M]．北京：人民邮电出版社，2017．

[38] 张璐，王婷婷，郭利民，等．Photoshop CC 网店美工视觉设计实战全彩微课版[M]．北京：人民邮电出版社，2023．

[39] 蔡雪梅，黄彩娥，何明勇．网店美工实战教程[M]．北京：人民邮电出版社，2017．

[40] 白东蕊．网店运营与管理[M]．北京：人民邮电出版社，2019．

[41] 陈志轩，张运建，张艳格，等．淘宝网店运营全能一本通[M]．北京：人民邮电出版社，2020．

[42] 李星，张海波，徐奕胜，等．淘宝网开店[M]．北京：人民邮电出版社，2017．

[43] 王涛，李想，任珍珍，等．淘宝天猫网店运营从入门到精通视频指导版[M]．北京：人民邮电出版社，2018．

[44] 刘喜咏，纪伟娟，顾孔平．电商运营与营销[M]．北京：人民邮电出版社，2019．

[45] 何晓琴．电商训练营网店运营[M]．北京：人民邮电出版社，2019．

[46] 赵礼玲，李星．淘宝网开店、装修、运营、推广与管理[M]．北京：人民邮电出版社，2021．

[47] 罗芳．淘宝天猫电商运营与数据分析[M]．北京：中国铁道出版社，2019．

[48] 曹五军．网店运营实务[M]．成都：西南财经大学出版社，2022．

[49] 袁野．电商有道运营有法[M]．北京：机械工业出版社，2017．

[50] 罗勤．电商训练营淘宝天猫开店[M]．北京：人民邮电出版社，2019．

[51] 邬向群．沟通技巧[M]．北京：高等教育出版社，2015．

[52] 李岩松．淘宝精准运营策略营销与客户服务[M]．北京：清华大学出版社，2021．

[53] 蒋杰. 新手学网店营销、管理与推广[M]. 北京：清华大学出版社，2017.
[54] 葛青龙，陈建胜，詹建峰，等. 网店运营与管理[M]. 北京：电子工业出版社，2018.
[55] 毛豆商学院. 淘宝天猫运营从入门到精通[M]. 广州：广东人民出版社，2021.
[56] 柴振佳，石烁. 网店运营案例分析项目实战[M]. 天津：天津大学出版社，2020.
[57] 明小波，冉敏，刘毅. 电子商务运营基础[M]. 重庆：重庆大学出版社，2022.
[58] 王淑清，杨秀义，吕品. 网店经营与管理[M]. 北京：化学工业出版社，2011.
[59] 张朦朦. 基于视觉营销的网店首页布局研究[J]. 电子商务，2016（5）：3-5.
[60] 姜兆刚. 企业上网系列讲座（七）电子商务[J]. 计算机与农业，2001，(10)：25-27.
[61] 任永昌，邢涛. 电子商务软件开发成本估算方法研究[J]. 中国管理信息化，2008（23）：57-62.
[62] 冯靖曾. "网红"麦片王饱饱：上线20天，销售额突破200万[J]. 大众投资指南，2020，(3)：12-14.
[63] 张晓霞. 电子商务对社会经济的影响[J]. 现代农业，2008（3）：93-96.
[64] 陈怀玉. 电子商务向我们走来[J]. 山西经济管理干部学院学报，2001（2）：54-55.
[65] 杨云勇. 浅析电子商务的经济学特征及对经济结构的影响[J]. 商场现代化，2008（32）：71-72.
[66] 董锐，李亮，胡新中，等. 我国燕麦产品特点及消费需求分析[J]. 粮油食品科技，2021（6）：66-68.
[67] 王士龙，朱立. 浅析网络视阈下我国公民的政治参与[J]. 长春市委党校学报，2013（4）：90-92.
[68] 陶玲. 浅析淘宝分销平台代销的利与弊[J]. 商情，2012（22）：23-25.
[69] 张洪军. 业务综合性电子政务系统及其解决方案研究[J]. 山东师范大学学报（自然科学版），2016（3）：107-112.
[70] 樊西峰. 我国电子政务发展的再提升与整合[J]. 理论导刊，2012（5）：68-73.
[71] 冯雨. 基于SWOT分析法的O2O商业模式研究[J]. 市场周刊，2015（1）：75-77.
[72] 傅业涛，玉峰. 电子商务企业价值评估初探[J]. 中国农业会计，2015（11）：29-31.
[73] 张霞. 新评价体系下《烛之武退秦师》的教学策略变化[J]. 名师在线，2020（18）：23-25.
[74] 刘宁. 浅议淘宝网站营销策略[J]. 读书文摘，2017（18）：89-92.
[75] 庞海英. 电子商务环境下物流模式探析[J]. 中国商界，2010（6）：90-93.
[76] 吕惠敏. 香港职业教育见闻及启示[J]. 现代技能开发，2001（7）：45-48.
[77] 张永哲. 电子商务中物流模式的探讨[J]. 现代技能开发，2001（7）：67-69.
[78] 王新利，王吉恒. 黑龙江垦区物流一体化模型[J]. 中国农垦经济，2003（6）：101-104.
[79] 张学军，何蔚华. 关于五年制高职课堂教学评价体系的构建[J]. 中国商界·上半月，2010（6）：47-49.

[80] 申超，李濠臣，朱彦杰．淘宝店铺竞争力评价体系构建[J]．科技经济市场，2013（4）：17-19．

[81] 马佳．图书如何进行直播带货[J]．传播与版权，2020（9）：28-30．

[82] 陈雨潇，吴肖蓉．中通快递股份有限公司投资价值分析[J]．大众投资指南，2019（20）：45-49．

[83] 晏鹏，张宁．电子商务网的信用度与链接分析——以淘宝网为例[J]．新西部（下半月），2008（3）：162-163．

[84] 周丽娜．华北地区C2C电子商铺空间分布特征分析[J]．科教导刊，2013（5）：53-54．

[85] 刘洁．M零食企业战略管理分析[J]．中外企业家，2023（13）：59-60．

[86] 杨光明．"互联网+汽车后市场"运作模式分析[J]．汽车维护与修理，2015（11）：126-127．

[87] 朱振华．浅析中小企业网站推广的方法．科技经济导刊[J]，2016（9）：55-56，90．

[88] 徐蕙．基于供应链管理的第三方物流战略研究[J]．物流时代周刊，2022（5）：38-39．

[89] 陈佳，章玉．重庆市城市物流配送模式研究[J]．科学时代，2013（24）：23-26．

[90] 尹亚仙．京东商城物流模式研究[J]．文渊（高中版），2019（1）：44-47．

[91] 邓小红．浅析民营快递企业的声誉影响因素与相关建议[J]．经营管理者，2012（17）：33-38．

[92] 殷梦．浅析快递行业发展存在的问题及未来的发展方向[J]．科学与财富，2015（28）：126-127．